叢書・ウニベルシタス　941

象徴形式の形而上学

エルンスト・カッシーラー遺稿集　第一巻

エルンスト・カッシーラー
笠原賢介／森 淑仁 訳

法政大学出版局

Ernst Cassirer

Nachgelassene Manuskripte und Texte,
Band 1: Zur Metaphysik der symbolischen Formen.

目次

象徴形式の形而上学

基礎現象について

象徴形式　第IV巻

付録

凡例

1　本書は、Ernst Cassirer, *Nachgelassene Manuskripte und Texte*, hrsg. von John Michael Krois und Oswald Schwemmer, Bd. 1: *Zur Metaphysik der symbolischen Formen*, hrsg. von John Michael Krois unter Mitwirkung von Anne Appelbaum, Rainer A. Bast, Klaus Christian Köhnke und Oswald Schwemmer (Hamburg 1995) に収められたカッシーラーの遺稿の全訳である。

2　原文の„　"と‚　'は、「　」で示した。

3　原文の»　«は、《　》で示した。

4　右記いずれかの符号が付されていても、あるいは、それらの符号がない場合でも、書物のタイトルと解される場合には『　』を付して訳出した。

5　原文に挿入されている（　）、および〈　〉は、（　）で示した。

6　必要に応じて原語を（　）内に示した。正書法は、原文のままとした。

7　ゲシュペルト（隔字体）は、傍点を付して訳出した。対応する原語は、イタリック体に改めて示した。

8　グロテスク（サンセリフ）体、およびセミボールド体は、ゴシック体で示した。

9　連字符を用いた表現は、そのまま訳出した（例　das eigentümliche Sinn-Ganze →独特な意味の－全体）

10　カッシーラーの遺稿の校訂者クロイスは、遺稿に補填を行ない、［　］を付して示しているが、本訳書では［　］を付さずに訳出した。ただし、各遺稿の束の番号と成立年代の表記については［　］を付し、校訂者によるものであることを示した。
11 訳文中の〔　〕は、訳者による補足、または、別の訳語の可能性を示すものである。
12 文脈の明確化のために、場合に応じて、訳語に〈　〉を付した。
13 原注には、書名、引用頁数等が欠落しているものが見られる。編者クロイスの注記に従ってこれを補い、
［　］で示した。
14 原注等における書名の表記は、イタリック体に改めて示した。
15 必要に応じて、次の略号を用いた。
PsF=E. Cassirer, *Philosophie der symbolischen Formen*, 3 Bde., Berlin 1923-29.
DK=*Die Fragmente der Vorsokratiker*. Griechisch und deutsch von H. Diels, 6. Aufl. hrsg. von W. Kranz, 3 Bde., Berlin 1972-75.
後者からの引用箇所は、DKの略号と章、項、断片番号とをもって注記した（例・DK 59B8）。
16 ゲーテ『箴言と省察』からの引用箇所を示す際には、ヘッカー版（Goethe, *Maximen und Reflexionen*. Nach den Handschriften des Goethe- und Schiller-Archivs, hrsg. von M. Hecker, Weimar 1907）の番号で示した（例・ゲーテ『箴言と省察』一八三）。

象徴形式の形而上学

［東一八四b——一九二八年］

第I章 「精神」と「生」

我々の考察が辿ってきた長い道のり(一)の終わりに際して、視線を後方に向けて、さまざまな段階で我々に示された多様な観点を互いに比較して一つにまとめようとするならば、そのような合一の試みは、それだけでたちまち困難に直面してしまう。この困難は、我々の論究の問題と方法それ自体によって引き起こされている。というのも、理論的《世界》と我々が言い表すのを常としている独特な意味の‐全体(das eigentümliche Sinn-Ganze)は、我々が通常想定しているよりもはるかに大きな諸々の緊張と分裂を含んでいる、ということこそがまさしく、論究を進めるうちに我々がますます強く実感するに至った洞察だからである。そうした意味の‐全体は、我々が通常それに帰しているようなあの単純な規定性、あの徹底して統一的であるような思考上の組み立てをまったく持っていない。確かに、総体としての理論的世界を人倫的なものの世界や芸術の世界と対比してみるならば、理論的世界は、こうした対比のうちで、それ自体のうちに安らい、それ自体のうちで完全に完結した形式として、つまり、見逃しようも見誤りようもない性格を持った独自のものとして現れる。こうした対比のうちでは、批判と分析の卓越した技量によってカントが画した明確な境界線がくっきりと際立つ。「当為」の領域が「存在」の領域から鋭く明確に自らを区分する。「自然」の世界に対して「自由」の世界が現れ出る。さらにそれらの間には、両者に関係しながらも両者から分離して、「美しいもの」の領域がそれ固有の特質において、一個の独立したもの、それ自体で-意義深いもの（Selbst-Bedeutsames）として、存在している。これら理論的意味付与（Sinngebung）、実践的意味付与、美的意味付与、三者の統一のなかで、分節化され区分されながら、なおかつ自らの普遍性と体系的連関を保ちつつ、《理性》の宇宙《コスモス》が姿を現す。この根本的な秩序に比べれば、個々の主要領域の内部で生じる構造の諸々の差異は、いまや相対的にわずかな重要性しか持たないように見えるかもしれない。というのも、純粋に内容的に見てこれらの差異はきわめて重要であるものの、世界の内容よりもむしろ世界の純粋な形式に向かう哲学的考察は、これらの差異を度外視し、超え出てゆかねばならないように思われるからである。理論的なもの、人倫的なもの、美的なものの純粋な形式が、それ自身の内部でまたもや分裂していることは不可能である。このような形式は本質的に一なるものである。すなわちそれは、厳密に等質な一貫した法則性の支配のうちにこそ、厳密な必然性と普遍性を備えた一つのアプリオリな原理のうちにこそ存するのである。批判的な分析がこの原理を明示するには、精神が展開するなかで通ってきた、多様であるために見通し難い錯綜した諸々の道程を辿るのではなく、こうした展開の成果と、こうした展開のそのつど最高の最も熟した結果を注視しさえすればよい。この結果によって、そしてこの結果によってのみ、個々の形式世界に対する規定根拠が明らかになり、個々の形式世界がその「可能性の条件」として依拠している諸々のカテゴリーが確定可能になる。こうして、理論的認識の分析が『純粋理性批判』の内部で辿る道程は《経験》とともに始まり、その際、この経験は、当初はまだ直接的な《所与》という意味に解されるかのように思われるのだが、その道程はこうした所与そのものを目指すことは決してなく、ただちに、厳密な自然科学、数理的な自然認識において我々に示されるような、経験のあの純粋な概念に向かうのである。この概念によって経験の普遍的な《形式》が発見され、この形式が今度は、遡及的に、先行する諸段階、単なる《知覚》や《直観》の諸段階をも明らかにし、それらを意義深く（bedeutsam）、有意味な（sinnvoll）ものにする。それらが準備し先立って指し示す目標こそがはじめて、それらにその理論的意味と内実を与えるのである。理論的なものの本質は、単なる予備的、通過的な諸段階において現れるのではなく、その終局においてのみ、その純粋で完全な成果においてのみ現れる。この終局がはじめて、理論的なものにその完成を与え、同時にそれを認識可能なものにする。そこにおいてはじめて、理論的なものの形式は純粋現実態（*actus purus*）となったのであり、その本来的かつ真の「現実性」に到達したのである。

だが、このような視角、すなわち理論的認識の純粋な《テロス》に明晰かつ意識的に集中することが、きわめて必然的で実り多いものであることは明らかであるものの、「象徴形式の哲学」はこうした視角にとどまり続けるわけにはいかなかったのである。というのも、この哲学が問うのは、諸形式の単なる存立、いわば静力学的な量としてあるものだけではないからである。むしろこの哲学は、特定の存在の諸領域、意義の諸領域の形成や区画がそのうちで、それを通してはじめて達成されるような、意味付与の動力学に関わるのである。この哲学が理解し明らかにしようとするのは、形式 - 生成そのものの謎である。できあがった規定性よりも、規定する過程そのものである。ところがこの過程は、特定の始点から、同様に固定されあらかじめ決定された終点に至るというような、はじめから確定された単一の軌道を経てゆくものではない。ここでは思考は、思考のために整えられた既成の河床のなかを動いてゆくのではなく、自らの道筋をまずは探索せねばならない。いわば、自らの河床を最初に自分で掘らねばならないのである。また、自己自身を探索する思考のこの運動は、あらかじめある単一の方向に制限されてはいない。むしろ、この運動のうちで、さまざまな開始点、さまざまな重心、さまざまな動力学的傾向が、はっきりと際立ってくる。こうした諸傾向、こうした基本諸類型――《世界》の基本諸類型というよりも世界に対する理論的な振る舞いの基本諸類型――こそが、言語において、神話において、そして最後に科学的認識の形式において我々が示そうとし、互いを明確に区別しようと試みたものにほかならない。こうした振る舞い方の各々は、それに固有の根源的な原理に従って解釈され、それ特有の諸々の「カテゴリー」が問われなければならなかった。ところがいまや、このようにして個々の道筋の区分がなし遂げられたあとでは、つまり現象学的分析が言語的思考、神話的思考、科学的思考の原形式（Urform）を際立たせることを試みたあとでは、いっそう緊急にかつあらがい難く、総合がふたたびその権利を要求しているように思われるのである。分析はおおむね、また一方的に、諸々の差異の認識に向けられなければならなかった。しかし、それにもかかわらず、まさにこれらの差異自体がふたたび、これら差異を諸々の契機として包含し互いに結合させる一つの包括的な全体を指し示すはずではないだろうか。確かに、この結合は、神話の構成、言語の構成、理論的認識の構成において示されたような特徴的な諸々の形式原理がふたたび消し去られ平準化されてしまうような、単なる一様化と解されてはならないであろう。むしろ、《諸々の水準面（Niveauflächen）》の差異そのものは、無条件かつ無制限に固執されなければならない。しかし、この差異は単に事実（Faktum）として受け入れられねばならないのか、それとも、それは理解可能なものとなるのか、その意味と精神的必然性に関して把握可能であるのか否か、という問いがいまや、まさにこの差異によって浮上するのである。そして、この問いは、それが鮮明にかつ明晰に設定された瞬間に、あたかもすでに答えが出てしまっているかのように見えるのである。というのも、我々の指摘した特殊な諸差異を包摂しそれらを相互に規定するような包括的な類、《最近類（*genus proximum*）》を長らく探し求めるには及ばないと思われるからである。なぜなら、文化諸領域の漸進的な分化が要求し生み出す反省による諸々の抽象的分離をまだ相対的にまぬかれ、このような分離に対しても依然として一つの未分化な統一として、「自然的世界像」の統一として保たれているようなあの体験の層のうちに、我々はこうした類を持っているからである。この自然的世界像を検討するならば、我々はそこに、言語の形態化、神話の形態化、認識の形態化のうちに働いているのが見られたあらゆるモティーフの充溢を再発見する。ところが、この充溢は、ここではまだ分解も分裂もしていないものとして現れるのである。それは、いまだ意味のさまざまな媒体のなかで屈折していない、いわば一致した単一な光線として振る舞っている。我々は先の考察〔二〕において「表情〔表現〕（Ausdruck）〔三〕」という精神的次元（Dimension）を、「描出〔表示〕（Darstellung）〔四〕」の精神的次元、「意義（Bedeutung）」の精神的次元から区別した。そしてこの三区分をある種の理念的な（ideell）座標系として用いた。この座標系によって、神話的形式、言語形式、純粋な認識形式の特性が確認され、いわば解読され得たのである。しかし、これらの次元を意識的に互いに分け隔てたり、異なったものとして《所有する》ことはない。「自然的世界像」は、こうした三つの次元すべてに及んでおり、それらのうちに生き、活動している。自然的世界像は、表情の象徴的機能によって満たされ浸透され、同様にまた、描出のそれや意義のそれによって満たされ浸透されている。だが、哲学者がこれら諸機能の総体、精神のこの生き生きとした織物にあてがうあの分節と区分、あの「一、二、三」〔五〕は、この織物自体にとってはまったく無縁のものである。この織物はそれ自体のうちで完全であり完結しており、それ自体のうちで生き生きとしている。それはひとえに、ここではひと踏みで幾千もの糸が動き、目にもとまらずに糸が流れる〔六〕、ということによってである。思考が事後的に弁別する諸形式の不連続（Diskretum）に代わって、ここではやむことのない往復運動が、一方の極から他方の極への恒常的で絶え間のない移行が支配している。アナクサゴラスは、自然の形成体（Gebilde）について、その一つ一つが「全種子総合体（Panspermie）〔七〕」である、と述べた。すなわち、それは互いに隔てられた個々の元素（Elemente）から組み立てられるのではなく、自然的な全体（Ganzheit）の各々が、すべての元素の胚芽（Keime）と種子（Samen）を内蔵している、というのである。ここで自然《ナトゥーア》の構造、自然《フュージス》の形態化に関して述べられていることは、より根本的で深い意味において、諸々の精神的な形態化についても妥当する。それらの分離とそれらの内的な差異を考えるに際しては、個々の形態が、アナクサゴラスの特徴的で含蓄ある比喩に従って、「斧で断ち切られたように〔八〕」現れる、などと考えてはならない。むしろ精神の本来的な現実性、「具体的な（konkret）」現実性があるのは、精神のさまざまな根本契機すべてが入り組み合い合体し合うこと、つまり、本来的な意味で「凝固結合する（konkreszieren）」ことにおいてにほかならない。したがって、反省によるあらゆる「人為的な」分断が元通りに廃棄され、こうした分断すべてを超えて、精神的なものの本質的な全体が開示されるためには、ふたたびこの根源的な根本統一へと、つまり、体験のこの始源的な具体相（Konkretion）へと還帰しさえすればよいかのように思われるのである。文化の世界は、その客観的な意味と内実に関して、いよいよ明瞭に諸々の独立した「層」へと分解し、これら諸層は最終的にはますます互いに疎遠なものになりかねないのだが、こうした亀裂と疎外には、はじめから、それと正反対の「主観的な」側に向かって、ある明確な限界が設定されている。というのも、文化のこれらさまざまな諸形式、諸方向のすべては、やはり創造的な主観性そのもののうちで繰り返し邂逅し、浸透し合うからである。客観的な諸々の形成体は、それぞれが向かう目標がいかに異なっていようとも、こうした主観性のなかから展開し、身をもぎ離し、主観性と対峙する仕方のうちに、廃棄することも否認することもできない内的な共通性を有している。精神の最も自由で本来的に自律的な諸々の行為（Taten）でさえ、相互に対峙し合う独自性にもかかわらず、この点でなお、自然的な紐帯と結合を有している。それらは、純粋な《理念》という見地、客観的な意義という見地からはきわめてへだたっているように思われるものの、我々がいわば遠近法的に、主観性の視点のもとで考察するならば、このように互いから離れて進みゆくものも、ふたたび接近する。したがって、例えば、神話の世界像は、科学の世界像とはいかなる特徴に関しても比較しようのないものに見えるが、神話と科学は、両者を人間精神の行為として理解するならば、やはり独特の仕方で絡み合っているのである。神話と科学は、極度な対立のただなかにありながらも、やはり、分裂抗争しながらも自らと〔一致和合している〕一者（ἓν διαφερόμενον ἑαυτῷ）[九]のようなものとしか考え得ず、規定し得ないような、「人間性」のあの本質の展開であり刻印（Ausprägungen）なのである。したがって、そうした所産そのものに代えて、それらの産出の仕方、出現の仕方を注視するならば、できあがった所産が拒んでいた統一は、ただちに再獲得されるように思われる。人間精神の本質、ならびに、あらゆる対立にもかかわらず自己と同一な人間精神の存在が最も明瞭に証明されるのは、まさにこのような出現、いわば自然と生の単純な基盤から身を引き剝がす活動（Akt）、においてである。相異なった諸々の光線は、それを主観性というこのフォーカス、この焦点に関係づけ、そのなかに収束させるやいなや、ふたたび邂逅する。

　とはいえ、ここで我々に提示されているかに思われる解決においては、実際には、問題の新たな表現、新たな発端が問題となっているにすぎない。というのも、「諸形式」の客観的な対立性を「生」の統一性のうちに解消させるならば、それによって、弁証論《ディアレクティク》が取り除かれるどころか、むしろ生という概念それ自体のうちへと置き戻されてしまうからである。まさしくこの弁証論こそが、十九世紀の、そして二十世紀初頭の形而上学が繰り返し導かれてゆき、絶えず新たな概念媒体を用いて格闘した相手なのである。《生》と《精神》の対立がこうした形而上学の中心に位置している。この対立が、きわめて枢要かつ決定的であることが明らかとなってくるので、形而上学の歴史のなかで打ち出されてきた他の形而上学的な対概念すべてをしだいにその内部に取り込み、それによってそれらを消滅させてしまうように思われるほどである。《存在》と《生成》、《単一性》と《数多性》、《質料》と《形相》、《心》と《身体》の対立——これらすべては、いまや、かの一つの対置（Antithese）、端的に根本的な対置のうちへと、いわば解消されて、現れるのである。この対置のうちへと、まったく異なった起源とまったく異なった類型を持った問題の系列が、あらゆる方面から流れ込んでゆく。密かな地下の諸力によるかのように、きわめて多様で、一見まったく相異なった諸々の思考の端緒が、再三再四この形而上学的な一つの中心点へと導かれる。ここにおいて、この統一点において、自然の哲学が歴史の哲学と邂逅する。ここにおいて、倫理学と価値論が認識論や一般科学論と浸透し合う。ニーチェとベルクソン、ディルタイとジンメルといった、徹頭徹尾異なった精神の様式、異なった精神的出自を持った思想家たちが、形而上学的な根本対立を改変するこの運動に介入する。こうした展開を単なる「流行の潮流」として片付け得ると思い込むならば、それを見誤り、誤解し、その根源と本来の精神的内実に目を向けていないことになる[1]。というのも、こうした展開の最終的な体系的成果についてはいかように判断しようとも、その諸々の動機が、現代の生の感情、特殊現代的な文化感情の基層ないし原層に根ざしていることは見誤りようがないからである。ここに表出しようとしているのは、こうした生の感情、文化感情それ自体の内的な緊張、両極的な対立性なのである。こうした運動のさなかにいるすべての思想家のうちでも、ジンメル以上にその根源を強烈に感じ取り、明確に意識化した者はおそらくいないであろう。ジンメルが、感じ取られた両極性を純粋に思考された両極性へと変容させ、きわめて単純な論理的定式に至らせることを倦むことなく追い求めたということは、彼の精神的な特質に、諸問題の最終的な弁証法的練成と先鋭化に向かう彼の努力に対応するものである。もちろん、こうした定式は、それが標的としている形而上学的な根本対立を解決するものではなく、ただそれをある一定の側面から表記し、言い表し得るにすぎないであろう。そしてこの表記自体の本質は、論理的な逆説以外ではあり得ない。そのような逆説、思考上の撞着語法として、ジンメルは「生の超越」という概念を打ち出した。生それ自体は、ほかでもない純粋な内的‐存在（Innen-Sein）を意味しているように思われる。それどころか、生はその根本性格において、まさにこうした〈それ自身の‐内に‐在ること（In-Sich-Sein）〉、〈それ自身の‐内に‐とどまること（In-Sich-Verbleiben）〉によって規定されているとさえ思われるのである。生が自らの充溢と運動性から生じさせるものは、何であれ同時に、永遠に湧出するこの充溢の内部に包含されたままである。生はその内実と意義を、生の過程に対峙したり外側から何らかの仕方でそれに付け加わる何かとして持つのではなく、生の過程それ自体の契機としてのみ持っている。生の概念が従来の形而上学の存在概念、ならびにその「存在論」から区別されるのは、まさにこの根本特徴においてである。つまり、生の概念は、純粋な現実態（reine Aktualität）を旨としてそれに解消されるような実体性以外の実体性を知らないのである。しかし、こうした「内在」は生の持つ諸契機のうちの一つにすぎないのであり、それは、もう一つのそれと真っ向から対立する契機と相即不離に、解けがたく結び付いて出現する。というのも、超え出てゆくことそれ自体が依然として生の仕事、生固有の行為であり続けるがゆえに、生が自らの形態を超え出てゆくことは不可能なのであるが、また、生がその諸形態のどれか一つのうちに、あるいは諸形態からなる何らかの完結可能と考えられる総体のうちに解消してしまうこともあり得ないからである。いまや安定し休らえるであろう目標に、生が純粋に自己自身の内部でいずれ到達してしまうであろう、という思考――それは、生の運動の目標、テロスが原理的に生自身の外側に存在するというもう一つの思考と同じく、遂行不可能である。むしろ、生の本来的な運動性が存するのは、両方向に駆り立てられることそれ自体、つまり、二つの極端な位相（Phasen）の間の振動においてにほかならない。生は、同時に自らを超え出ているということによる以外には、自己のもとに在り得ない。自らの制限を構成し（aufbauen）かつそれを突破するという独特で無二の活動が、我々が生に帰することの許されるあの絶対性という特徴を形作っている。したがって、生がそもそも定義され得るとしたら、それは常に、二つの相補的な定義を持つことになる。ジンメルは、自らの根本テーゼを次のように要約している。「生は、やむことなき流れであり、同時に、その諸々の担い手と内容のうちに閉ざされたもの、諸々の中心点の周りに形成されたもの、個体化されたもの（Individualisiertes）である。したがって、他の方面から見るならば、常に限界づけられた形態化でありながら、その限界性を不断に踏み越えてゆく形態化である。これこそが、生の本質を形作る構造（Konstitution）である」。具体的に成就された生の本質は、「(生の存在に付け加わるような何かではなく、生の存在を作りなすのであり) 生には超越が内在するということなのである(2)」。

したがって生は、この内的で必然的な二元性において、精神の根源的な水源地として現れるのみならず、精神の原形象（Urbild）、原型（Prototyp）としても現れる。というのも、これと同じ二重性こそが、精神という存在において一つの新たな高められた姿で提示されるものだからである。この上昇、累乗化（Potenzierung）は、精神がこの二重性を自分自身の一個の保有物として自己の内部に持つということのうちにあるだけでなく、精神がこの二重性について知ってもいるということのうちにある。「我々がおのれの知と無知それ自体を知っており、そのようにして、可能的に無際限なものへと進みゆくこと――これこそが、精神の段階における生の運動の本来の無限性である。これによってあらゆる制限が踏み越えられている。だがそれは無論、制限が設定されていること、すなわち踏み越えられるべき何かがそこにあるということによってにすぎない。自己自身の超越におけるこの運動によってはじめて、精神は端的に生けるものとして姿を現す」。ここでは、ジンメルが精神的なものについてのこの概念規定に結び付けている一般的な形而上学的見通しを追跡するのではなく、もっぱらそれを我々固有の根本問題の側から、《象徴形式の哲学》の側から注視する。ジンメル自身、こうした方向を示唆している。《生》と《精神》という根源的な対置にただちに別の表現を与えることによって、すなわち、それを《生》と《理念》あるいは《生》と《形式》という対置に変化させることによってである。ここにおいては生が、同一の分割不可能な活動のなかで形式を設定し、廃棄し、要求し、否定し、創造し、破壊するものとしてふたたび現れる。生の過程と形式との間には元来、両者を世界形成の原理と見なすならば、深刻な矛盾が存在する。形式とは限界であり、したがって、分けること、際立たせることであり、不断の生成のなかから自立的な統一体として身を引き離す何らかの固有の存在の－存立（Seins-*Bestand*）を主張することである。だが他方で、生成そのものをその全体において、屈折なき統一性において見るならば、このような分離（Absonderung）の概念すら、真の厳密さにおいては、考えることができないように思われる。生成においては、諸形式の継続的な破壊すら問題となり得ないだろう。なぜならば、破壊され得るであろうものは、生成それ自体の純粋な動力学の地盤においては、まったく生じ得ないであろうからである。こうして、あらゆる明確に特徴づけられた〔打ち出された〕（geprägt）形式の必然的条件である個体性は、いかなる完結した特徴〔打刻〕(Prägung)も許容しない生の流れの連続性から絶えず繰り返し逃れ去ってゆかざるを得ないように思われる。生と形式、連続性と個体性の間には、和解しがたい対立が存在する。現実がこの対立をあらゆる瞬間において架橋するように思われること、現実においては、把握し難いことがなし遂げられている〔一〇〕ように思われること、このことは決して、ここに呈示されている概念上の二律背反の本来的な解決を意味しない。むしろそこにおいては、そのような解決への要求、――不可避でありながら、同時に、我々の思考手段では決して適切には成就できない要求が表現されているにすぎない。精神的な生は、何らかの形式において以外には自らを示すことがまったくできない。だが他方で精神的な生は決して、それ固有の全体性を形式のなかに移し置いたり、形式の限界のなかに呪縛することもできないのである。「生であることによって形式を必要とし、生であることによって形式以上を必要とする。生にはこの矛盾が取り付いている。生は形式のなかにのみ宿ることができるものでありながら、形式のなかには宿ることができない……我々の表象や認識、価値や判断が、それらが持つ意義や事柄の明瞭さや歴史的有効性ともども、創造的な生のまったくの彼岸にあるということ――これこそが、生にとって特徴的なことである。生を現在において限界づけている形式を超えてゆく、生固有の次元の内部における生の超越が、より以上の生(Mehr-Leben)である。それは確かに生それ自体の直接的で不可避の本質であるが、同様に、事象内実の次元への生の超越は……生より以上(Mehr-als-Leben)であり、これは生から切り離すことがまったくできない。精神的生それ自体の本質である」(3)。

これらの考察においては、実際、現代の「生の哲学」の中心問題の一つが模範的なまでの含蓄と明晰さで描き出されている。これらの考察から出発するならば、驚くべきことに、現代の形而上学が従来の形而上学と、目標の点では異なりながらも、道筋においてほとんど異ならず、内容上の前提や傾向で異なりながらも、その方法の点ではほとんど異なっていない、ということに気づくのである。というのも、現代の形而上学も、まずは経験の世界、《所与》の世界において現れる諸々の特定の対立を考察して固定し、次にこれらの対立を、有限な現存在（Dasein）の領域でそれらに付着していた相対化と制限から解放し、無限なもののなかに投射する、という仕方で進みゆくからである。この投射の方法によって、無限なものは、有限なものの領域で現れるあらゆる相違、あらゆる対立と矛盾が解決されるべき地点となるが、ここにおいては同時に、それらの相違、対立、矛盾が最高度に凝縮されることにもなる。思考が迫ることのできる最終の無制約的存在は、これらの矛盾を排除せず、むしろ自己のなかに受け入れ、自己のなかに包摂する。これによって無論、この存在は論理的にもはや規定不可能な、端的に《非合理な》性格を帯びることになる。この点で、生という現代の概念は、形而上学的な思考様式そのものの強制のもとにあるかのように、従来の形而上学において神の概念が辿ったのと同じ道筋を辿らざるを得なくなる。神の概念においては、絶対的な全体性という思想から、体系的な必然性と首尾一貫性をもって、《反対の一致（*coincidentia oppositorum*）》という思想が展開される。神とは、すべての現実性を、したがって、何らかの特殊な述語で言明され得るすべてのものを、自己において統一すべき、主語〔主体〕（Subjekt）である。――だが、それとともに神はまた、経験的な領域において、そしてまた論理的反省の諸法則の下において、互いに排除し合うような、あらゆる述語の中心、核心ともなる。神にはいかなる名も妥当しないがゆえに、そしてその限りで、神にはすべての名が妥当する。すなわち神においては、絶対的な定立と絶対的な否定が一致するのである。ジンメルの場合にも、これと完全に類比的な拡張された思考の歩幅によって、彼の形而上学の根本概念、生の絶対性という概念が獲得される。同一律の側からの論理的困難、すなわち、生自身より以上であるべきであるがゆえに、生は生自身でありかつ生自身ではないということ。これは、ジンメルが強調するように、表現の問題にすぎない。実際には、この矛盾に突き当たるのは、生自身の存在、現実性ではない。そうではなく、生のなかに純粋な未分化、完全な無差別状態で含まれているものを必然的に分離し切断せねばならない、この現実性についての我々の思考の側にすぎないのである。「直接に生きられた生を、限界設定と越境の統一、個体的な中心化と自らの周辺を超え出ることとの統一として記すならば、それは、事後的な解釈である。というのも、直接に生きられた生は、まさにこの統一点によって寸断されてしまったからである。概念的な表現にとっては、量と質（Quantum und Quale）における生の性質とこうした量や質の彼岸とが、この統一点においていわば触れ合うことができるにすぎない。これに対して生は、そのような点においてあるものであり、こうした此岸と彼岸を実在的な統一として自らのうちに含んでいる」。したがって、ここで「直接に生きられた生」とその解釈や言語化の間に存在する矛盾は、「合理神学」における、純然たる彼岸、一切の認識可能なものに対する根本的な超越である神の存在と、神についての思考との間にある矛盾と、まったく同じものである。にもかかわらず、合理神学においても、生の哲学においても、純粋存在、絶対存在は、その可視性の器官（Organ）、媒体を放棄することはできない。純粋存在、絶対存在は、媒体によって存在するばかりか、媒体によって自己を自己自身のうちで把握するのである。こうした可視性そのものをそこで可視的になっているものからどれほど区別しようとしても、こうした区別自体が依然として見ることの一種、《視界（Sicht）》の特殊な形式であり続けている。すべての「否定神学」が、言葉《ロゴス》を一切断念しながらも、依然として言葉《ロゴス》の一つの活動（Akt）、行為（Tat）を現しているように、生の純粋な直接性への遡行もまた、生を「観ること（Schauen）」、生の《直観（Intuition）》という独特の活動を通してのみ、可能となる。しかもこの直観は、決して諸形式の世界そのものの背後に遡行することはできない。なぜならば、直観自身が、形式形成（Formung）の一様式にほかならないからである。ジンメルの形而上学が現代の《非合理主義》の数多の形態と異なるのはまさに、この根本的関係そのものをきわめて明瞭に見抜いていた、ということによる。生へと向かうことをジンメルが繰り返し主張すればするほど、他方でそれが、《理念への転換》と彼が言い表すものと解き難く結び付いていることが、彼にとって確かとなる。ジンメルによれば、この転換は、まずは生の純粋な所産として、生の不断の進展に組み込まれ奉仕するように出現したものが、この連関のみにとらわれているのではなく、ある固有の意味、自律的な意義を付与されていることが明らかになる、ということのうちにある。「理念」の領域が我々に開示され、我々にとって成立するのは、生がおのれ自身のために固有の動力学によって生み出した諸形式と諸機能が、きわめて自立的かつ確定的となって、逆に生がこれらの形式や機能に奉仕し、それらのなかに生の内容を組み込み、この組み込みがはじめてそれらに最終的な価値充足と意味充足を与えるほどになる、ということによってである。こうした変化が生じてはじめて、先には生に比して何か受動的なもの、生に隷属し従属するものとして現れていた大いなる精神的諸カテゴリーが、本来的な意味において生産的になる。すなわち、いまやこれらカテゴリーの事柄に即した固有の諸形式が主導的なものであり、それらが生の素材を自らのうちに受け入れ、生の素材はそれらに従わねばならないのである。(4)

さて、ここにおいて我々はまさしく、現代の生の形而上学が我々固有の体系上の根本問題と直接触れ合う地点に立っている。というのも、ここで「生の軸回転（Achsendrehung des Lebens）」として記述されるもの、これこそ、生が「象徴形式」という媒体（Medium）のうちにあることを自覚するやいなや、自己自身のうちで経験する、あの独特の逆転、あの精神的な急転回《ペリペティー》にほかならないからである。《理念への転換》は、いたるところで、先行条件としてまた必然的な通過点として、こうした《象徴形式》への転換を要求する。だが、ひとたび問いをこの次元に移し換えるならば、すなわち、生の「直接性（Unmittelbarkeit）」と思考や精神的意識一般の「間接性（Mittelbarkeit）」とを硬直した対極として単純に対置せずに、言語、神話、認識において遂げられている両者の媒介（*Vermittlung*）の過程をひたすら注視するならば、問題はただちに別の形態、別の性格を持つことになる。この中項（Mitte）の彼岸にある何か絶対的なものではなく、この中項そのものだけが、我々に諸々の理論的な二律背反からの出口を与えることができる。ジンメルが「形式」という純粋な抽象体のうちに沈潜すればするほど、彼には、こうした抽象体、すなわちそれ自身で意義を持ち絶対的に専制的である理念のこの領域が、生の過程の具体化に対する対立物、生の個体的な充溢と個体的な運動性に対する対立物として現れてくるのである。「理念」の普遍性へと超え出ることによって、生は生固有の現実性を超えゆかねばならず、いわば自らの影を飛び越える跳躍を敢行せねばならないように思われる。しかし、このような一見きわめて緊迫した考察ですら踏み越えることができない制限に特徴的なのは、こうした《超越》の記述のなかに知らぬ間に空間的な類比が繰り返し混入するということである。ここにおいては、あたかも「此岸」と「彼岸」、「自己の－内に－とどまり続けること」と「自己を－超え－出てゆくこと」、生の《内なるもの》とその《外化》が、あらゆる留保にもかかわらず、繰り返し、語の本来の意味で理解されているかのようである。生の領域と形式の領域は、存在の全空間の所有権を争い合う現実的なものの二つの区域のように現れる。しかし他方で、それらの各々は、まさにこの全空間を自身で完全に余すところなく満たすべきなのである。このような表象様式から生まれる対立を、ジンメルは「概念の無力」に分類している。概念はおのれが行なう分割と分離をもってしては、分裂も対立もない絶対的なものの統一を把握することはできないのである。だがここにおいては、本当に思考一般の制限が問題となっているのであろうか。あるいはひょっとすると、思考の特定の類型の制限のみが問題となっているのではあるまいか。矛盾は、諸々の論理的なカテゴリーそれ自体に負わされるのだろうか。あるいはむしろ、空間的な思考、空間化する思考のある特定の方向に起因するのではないだろうか。ジンメルは、みずからの記述や比較のすべてが帯びている純粋に象徴的な性格を、隠すことはなかった。だが、のみならず、内容に関しても形式に関しても、ジンメルの叙述は、象徴と考えられているものが、知らぬ間にメタファーとなりメタファーとして作用するという危険に不断にさらされている。これによって現れる裂け目は、形而上学的－現実的なものの領域と《意味》の領域の間の裂け目ではない。そうではなく、理念的な（ideal）純粋性における《意味》と《意味》の比喩的で具象的な表現の間の裂け目である。指摘された諸々のアポリアや二律背反の本来の源泉として現れるのは、形而上学的な根本関係、原関係（Urverhältnis）の概念的象徴への置き換えというよりも、この関係の空間的な図式への翻訳である。《対向（Gegenüber）》から、限界のないものと限界から、生と理念から出発するならば、それにもかかわらず両者がいかにして相互に規定し合い、互いに相関的になるのかは、もはや理解可能となり得ない。ところが、まさにこの相関関係こそが一次的に確実なもの、一次的な所与なのであり、区分のほうが単に事後的なもの、思考の構築物（Konstruktion）なのである。いかにして生が形式に、いかにして形式が生に「到達する」のかという問いは、したがって、もとより解き得ない。だがそれは、両者の間に乗り越えられない裂け目が固定されているからではなく、《純粋な》形式の実体化と《純粋な》生の実体化が、すでに一つの内的な矛盾を孕んでいるからなのである。我々が有機的生成の領域へといかに深く沈潜しようとも、精神的創造の領域へといかに高く飛翔しようとも、我々は、その《調和》、形而上学的連関がそこで問われるような二つの主体、いわば、二つの実体を見出すことは、断じてない。我々は、端的に形式を欠いた生に出会うこともなければ、端的に生を欠いた形式に出会うこともない。したがって、我々の思考が両者の間で遂行する分離は、それぞれが「それ自身によって存在し、それ自身によって考えられることのできる」[一一]ような二つの形而上学的な勢位（*Potenzen*）に向かうのではなく、いわば、我々が生成の流れのなかに設定する二つのアクセントにのみ関わるのである。生成は、その本質上、単なる生でも単なる形式でもなく、形式への生成、プラトンの言う、存在への生成（*γένεσις εἰς οὐσίαν*）[一二]である。

　このことがすでに自然の諸力の考察において明らかとなるのなら、あらゆる真に精神的なエネルギーにおいてそれは、まったく明瞭に見まがえようもなくあらわになる。というのも、それらすべてが《存在する》のは、それらが活動し、まさにこの活動において自己自身を形態化することによってであるからである。こうした連関のひょっとすると最も純粋な事例は、言語の構成において我々に現れてくる。もとより言語においても、創造的な言語的過程そのものと、この過程のなかで、この過程を通して生み出される諸形式とを区別するのが常である。——また、この区別のなかで形式を考察し、言語の統辞論的な構造と文法的な諸「カテゴリー」を、言語の生きた運動に対立してそれを制限し阻止する硬直した所産であるかのように考察することもまれではない。だが、まさにこのような外的な二元論は、言語をフンボルトの言う意味で、すなわち、エルゴンではなくてエネルゲイアとして、単に生成したものとしてではなく常に自己を形成してゆくものとして捉えるやいなや、繰り返し否定されることとなる。フンボルトは、言語はその直接の使用において以外には決して現実に存在しない、ということを繰り返し強調した。我々が言語の不変の「内的形式」と呼びならわしているものも、変化し常に自らを刷新してゆく、言語形成の活動（*Akt*）の多様性においてのみ、それ本来の現実態（Aktualität）を持っている。単なる抽象概念以上のものであるのなら、《言語》は、まさにこの活動においてはじめて真に存立し、まさにこの活動によって絶えず新たに発生する。しかもその際、個々人の言語行為（Sprachakt）は、発話主体が完全にできあがった諸形式の世界をひたすらつかんでゆく、という仕方で行なわれるのではない。このような諸形式の下では、発話主体は確かに選択を行ないはするが、それ以外の点では、諸形式を所与の打刻された（geprägt）通貨として受け取らざるを得ない。言語行為は、断じてこのような意味での単なる習得の活動ではない。そうではなく、いかにわずかな度合いであるにせよ、創造的な活動、打刻（Prägung）と打刻の改変（Umprägung）の活動なのである。この活動において、あたかも主体がすでに手元にある形式世界によっていたるところで制限され狭められるかのように、つまり、主体が形式世界に抗して自らの道を闘い取らねばならないかのように見なすならば、まったく一面的で不十分な表象である。そこにおいて形式は、そのような障害物ではなく、常に用意のできている器官（Organ）であることが明らかとなる。しかもその価値が、最高度に変更可能、形態化可能である点にあるような器官としてである。したがって、ここにおいては、《生》が求めるものと《形式》が求めるものとの間の、普遍性の要求と個体性の要求との間のあの対置、あの架橋し難い裂け目が支配することは断じてない。むしろそれは、同一の過程であり、個体性と普遍性を等しく正当な契機、等しく必然的な契機として内包する発話の生きた遂行である。普遍的なものがはじめて個体的なものの世界を築くのであり、個体的なものがはじめて普遍的なものの世界を築くのである。ここにおいては、存在における諸々の分離が問題なのではない。触れ合うことはあっても互いに浸透することのまったく不可能な諸領域の対向（Gegenüber）や相互の分離（Auseinander）が問題なのではない。そうではなく、ここで我々は、諸々の力、運動の－衝動（Bewegungs-Impulse）の相互浸透作用（Ineinanderwirken）に関わりあうのである。ある言語形式の使用（*Gebrauch*）は、それがいかにわずかで一時的のものであっても、すべてそのような衝動であり、これは、言語諸形式の世界をはじめに出会った状態のままにはしておかず、全体としてのこの世界に反作用を及ぼし、いかにわずかにせよ変化させ、この変化において、言語諸形式の世界を将来の新たな形態化に対して感受性のあるものにするのである。したがってここにおいては、伝統的な形而上学の根本見解に比べて、《絶対的なもの》と《相対的なもの》の関係においてまったくの逆転が生じている。伝統的な形而上学の根本見解によれば、有限なもののうちでは統一されることのなかった諸対立は、それらを無限なもののなかに投影するやいなや、制約されたものの領野から無制約的なものの領野に移行するやいなや、消滅することとなる。ところが、ここではむしろ逆のことが生じる。生と形式、連続性と個体性は、両者を絶対者と見なし、それらのうちに形而上学的な存在－様式（Seins-Weise）を見るやいなや、繰り返し二つに裂けてしまう。けれども、そうする代わりに、形式生成の具体的過程の中心に身を置き移し、この過程の動力学に身を置き移すならば、すなわち、二つの契機の対立を存在者の対立ではなく、純粋な機能の対立と見なすならば、裂け目は閉じることとなる。存在から見た場合に実在的－対立（Real-*Opposition*）として現れていたものが、行為（Tun）、精神的創造の相の下で考察した場合には、相互浸透と共在（In- und Miteinander）、相関と協－働（Korrelation und Ko-*Operation*）となるのである。

　この相互浸透と共在を最も強く感じていたのは、どのような領域であれ本来的に生産的で、最高の意味で創造的な精神の人々である。言語に関して言えば、もとより言語の偉大なる創造者たちのうちで、おりにふれて言語諸形式の所与の世界を制限や拘束として感じなかった者、ゲーテのように、生と芸術はこの「劣悪極まりない素材」のなかでそこなわれざるを得ない[一三]と嘆かなかった者は、ひょっとして誰一人いないのかもしれない。だが同時に、彼ら自身が、この制限を繰り返し打ち破る言語の精神的自発性に対する生きた証明、常に新たな証明なのである。というのも、言語は彼らのいずれにとっても、仕上がって－形成されているものではなく、彼らの手によって言語は、再三再四形成し直すことの可能なもの、形成の純粋なエネルギーに対して無制限に開かれたものであることが、立証されるからである。だが結局のところ、あらゆる瞬間において言語は、このエネルギー、表現意志、言語の背後にある表現力に、繰り返し依存するのである。ゲーテ自身が青年時代の詩「言語」において述べているようにである。この詩は先のヴェネツィアでのエピグラムと比べるなら、その対極として、改詠詩《パリノディー》として出現している。「何が豊潤で貧弱なのか／何が強靱で脆弱なのか／土に埋められた壺の胴のなかは豊潤か／武器庫のなかの剣は強靱か／おしみなく手を差し入れよ、さすれば、好ましくも幸運が、／神なる、汝より流れ出よう。／勝利に向けて、汝、力ある者よ、剣を執れ、／さすれば隣人に抜きん出たる誉れあらん」〔一四〕。言語の形成力は、既存の所与の言語諸形式に、堅固な防壁に対するかのように、衝突して砕け散ってしまう水の流れのようなものではない。そうではなく、絶えずこの諸形式そのものに貫流し、それらを内的－可動的に保持するのである。この過程においては、堅固になったものも繰り返し鋳直されるのであり、おのれを武器で固めて徹底して－硬直したものとなる〔一五〕ことはできない。だが他方で、いかなる束の間の衝動、瞬間の創造も、この過程のなかではじめてその安定性と恒常性を獲得する。このような創造が、その発生と生成のただなかで、先行する創造に、すなわちすでに発生したもの、生成したものに出会わないとするならば、消え去らねばならないだろう。一抹の風さながらに無に帰さねばならないであろう。ところが、この発生したものは、創造にとって決して「素材」にすぎないのではなく、創造そのものがその根源を負っているのと同一の諸力の産物であり証左なのである。こうして個々の、時間的に拘束された言語行為は、言語の大いなる河床に流れ込む。だがそれは、河床のなかに単に没してしまうのではない。むしろ、言語行為の個体性が強ければ強いほど、一層この個体性が保持され、より強力に増殖してゆくのである。それは次のような仕方によってである——言語行為が内包している衝動が、束の間の形成のなかで使い果たされずに、さらに引き続き作用してゆき、全体としての流れをその強度と方向性、その動力学とリズムにおいて変化させ、規定し続けるのである。生成する形式としての形式、存在への生成（*γένεσις εἰς οὐσίαν*）としての形式は、何らかの静力学的な形象によってではなく、このような動力学的な比喩においてのみ、記述することができる。スコラの形而上学が《所産的自然（*natura naturata*）》と《能産的自然（*natura naturans*）》という概念の間の対立を打ち出したように、象徴形式の哲学は、《能産的形式（*forma formans*）》と《所産的形式（*forma formata*）》とを区別しなければならない。両者の間の相互作用（Wechselspiel）がはじめて、精神的な生それ自体の振り子運動を形作るのである。《能産的形式》は《所産的形式》となる。それは、自己自身の自己主張のために《所産的形式》とならざるを得ない。にもかかわらずそれは、決してそのなかに完全には埋没せず、《所産的形式》から自己を回復し、《能産的形式》へと再生する力を保持している。——このことこそが、精神の生成、文化の生成を特徴づけるものなのである。ここには、ジンメルにおいて「理念への転換」という表現でとらえられていたあのすべての過程も含まれている。その際にジンメル自身は、理念を、生に敵対的ではないにせよ、隔絶した領域、それどころか、生にとって原理的に超越的な領域として理解している。そこへの移行は、離反や逆転において、独特な「生の軸回転」においてのみ見出すことができる、そのような領域としてである。というのも、一切の理念的なもの（*alles* Ideelle）、すなわち、我々が《認識》や《真理》という名前で記す理念的なものに劣らず、芸術や宗教と呼んでいる理念的なものも、ある固有の自立的な事態（Sachverhalt）、事象内実（Sachgehalt）を表しており、それによって、論理的－自律的であって、もはや生命的ではないような意味の次元に属しているからである。[5] しかし、もしも、それら事象内実に対する関係と緊張、それらへの「志向」がすでに根源的に生に含まれていないとするならば、否、まさにこの志向が生自身、生の存在、生の成就の一契機でないとするならば、いったいどのようにして生は、これらの事象内実に「向かう」ことができるのだろうか。したがって、《理念への転換》は、「象徴諸形式」に照らして考察するならば、転換のなかで生が自分自身からいわば訣別して、生にとって疎遠で隔絶したものへ出てゆくという仕方で記述することはできない。むしろ、生が自身へと回帰する、生が象徴諸形式という媒体のうちで「自己自身に至る」という仕方で記述することができるのである。明確に特徴づけられた〔打ち出された〕形式のなかで、生は自己自身を無限の形式形成の可能性（*Formungsmöglichkeit*）、形式への意志、形式への力として保持し、把握する。こうして、生の制限も生にとってはそれ固有の行為となる。こうして、外から見るならば生の運命のように現れるものが、生の必然性であり、同時にまた、生の自由、自己形態化の証明であることが明らかとなるのである。

我々はこれまで、このような根本的関係を、言語を例にして提示し解明しようと努めてきた。しかしこの関係は、他のあらゆる「象徴諸形式」の形成においても、同様の明瞭さ、同様の範例的な鋭さをもって出現する。例えば神話という形式に目を向けるならば、我々は、神話を単に直観形式あるいは思考形式としてではなく、根源的な《生の形式》として把握することによってのみ、神話という形式、すなわち、客観的な「意味」と客観的な形態化において神話が包含しているものを理解できたのであった。特殊-人間的な現存在や人間的な生が我々に理解可能となるところではどこでも、それは、すでに神話の諸々の原形態（Urgestalten）に包み込まれたような仕方で見出される。すなわち、それは、これらの形態を単なる対象的な〈向かい側にあるもの（Gegenüber）〉として「持つ」のではなく、それらのなかに存在し、それらのなかに入り込み、織り込まれているのである。そしてこのことは、一般的に妥当するのと同様、特殊的にも妥当する。つまり、生の感情の特性、色調や色合いが神話的な形象世界の性格を規定し、その世界の神々や諸々の魔神《デモーネン》が取る形式を規定するのである。(6) 我々が遡れば遡るほど、神話的なものの本来の原層にいよいよ接近するように思われるほど、神話的諸形態のこのような「生への密着」が一層明瞭に出現する。だがもとより、宗教のより高次で最も高い諸々の形成物においては、この直接的な生への密着はもう一つの別の関係に席をゆずっている。宗教において我々は、神的なものが一切の生、一切の存在を超越させられて出現するような、神的なものの形式に至るのである。しかしながら、神的なものそれ自身にふさわしいとされるこのような超越がどのようなものであれ、我々が、神的なものを人間世界におけるその現れ（Erscheinung）、啓示において把握するやいなや、神的なものにはふたたび別の規定が現れてくる。この後者は、我々が言語の世界において働いているのを見出したのと同様の両極性をふたたび示している。神的なものの直観（Schau）はすべて、最も個人的（persönlichst）で最も個体的（individuellst）なものであっても、それが表明され伝達される瞬間に、既存の宗教的表現形式の領域に赴くように促され、この領域に結合されている。しかし、最高の宗教的着想には、同一の精神的活動のなかで、この結合を引き受けると同時に克服する、ということが生じる。こうした着想は、形式を破壊しながら同時に形式を構成する。――宗教的な形式言語の制約性から内面的に身を解き放ち、制約性を制約性として際立たせることによって、宗教的な形式言語の制約性に入り込むのである。本来的に宗教的な精神の持ち主、真に預言者的な精神の持ち主は皆、諸形式の世界に対して、こうしたヤヌスの顔を示す。彼らは所産的形式を粉砕する。だが彼らは、まさにこの絶滅の意志、絶滅の活動において、《能産的形式》への道をふたたび開くのである。したがって、ここでもまた、同様のリズム、同様の特徴的な振り子運動が示されている。――だが、この振り子運動においても《こちら側》と《向こう側》、ある領域から端的に別様のもの、彼岸的なものへの越境は存在せず、潜在的な――もとより個々の各瞬間においては不安定な――均衡のなかに身を置く諸力の相互‐浸透‐作用（In-Einander-Wirken）が存在するだけなのである。

そして最後に、理論的世界の内的な構造（Gefüge）を考察するやいなや、まったく別の側面から同様の根本的関係がふたたび示されることとなる。まさしくここにおいて、単に不安定な均衡に代えて静力学的な均衡が我々に与えられているような地点に到達したように思われる。我々は《論理的なもの》そのものの本来的な基礎、地盤の上に立っている。そしてこの論理的なものは、その確固不動の必然性、その絶対的な同一性によって定義されている。プラトン的に言うならば、「常に不変のあり方においてある」〔二六〕ものによって定義されている。ところが、このような無制約的な恒常性と同一性それ自体が妥当するのは、ここにおいては、我々が論理的形式を純粋に抽象的に（*in abstracto*）考察する場合のみである。生成の世界との一切の絡み合いからこの形式を引き離し、生成の世界においてこの形式がこうむる諸々の「応用」（Anwendungen）の絡み合いからこの形式を引き離す場合のみである。これに対して、我々がこの生成の世界に目を向けるならば、理念そのものよりも現象の理念への「関与（Teilhabe）」を考察するならば、ここにおいてもただちに別の形象（Bild）が示されることになる。というのも、この関与は、感覚の「質料（Materie）」が完全に仕上がった理論的諸形式の体系に受け入れられ、これらの形式に従って規定されることによって達成されるものではないからである。カントにおいては、『純粋理性批判』の区分と建築術的な分節に応じて、あたかも感覚の「所与」が、はじめから整えられ規定された受容の場である純粋直観と純粋悟性のアプリオリな諸形式に入り込む、という仕方で、理論的な自然認識の構成がなされるかのような外観が繰り返し現れる。しかし、もしもそこに、方法的抽象化以上のものを見ようとするのなら、すなわち、そこで分析において相互に区分される諸要素が、認識過程の分離可能な諸部分としても与えられているに違いないと信じるのなら、このような見方は、理論的な自然認識がカント以降に経験したさらなる発展によって、ますます反駁されてきたのである。というのも、こうした発展がいよいよ明瞭に証明しているのは、まさに諸々の純粋な理論的思考手段は、それらに入り込みそれらによって形成されるとされる経験の素材に対して、決して単に外的なものとして対立、対峙しているのではない、ということだからである。むしろ、これら思考手段に対しても、それが何であるのか、それが理論的に何を意味するのかは、その生きた機能においてのみ、その仕事（Arbeit）とその働き（Leistung）においてのみ認識することができる、ということが当てはまる。これら思考手段そのものは、自らが遂行する規定の活動においてはじめて、その十全な規定性に到達するのである。そして、この活動には決して終わりがないがゆえに、こうした規定性もまた、端的に完結した、もはやさらなる変更の不可能なものと見なすことはできない。むしろ、理論的形式もまた、無制限の拡張が可能であることが明らかである。——また、理論的形式の究極的妥当性（Endgültigkeit）のこのような断念は、その普遍的妥当性（Allgemeingültigkeit）をいささかも損なうものではない。というのも、理論的形式の「アプリオリ性」は、そのさらなる形成、変形（Umbildung）においても保持され続けるからである。否、このような「アプリオリ性」は、さらなる形成、変形においてはじめて、その十全な意義において、その本来的な意味に関して、あらわとなる。というのも、理論的な自然認識の統一性、その分節と体系が依拠している諸概念、諸命題は、決して単純に経験から引き出されてはいないからである。むしろこれら諸概念、諸命題は、経験に対する思考上の基準を表示し、経験に目標を設定し、この目標に至る道筋を整える手助けをするという意味において、論理的に経験に先立つのである。しかし、この道筋は決して、はじめから下書きされ画定されている軌道ではない。そうではなく、道筋の軌道をつくることにこそ、諸々の理論的思考手段の本来的な課題、アプリオリなものの働きが存するのである。したがって、諸々の「事実」からなる経験的世界との不断の接触、ならびにそこから理論的形式がこうむる不断の反作用のなかではじめて、理論的形式それ自体が展開することが可能となる。その諸々の形態化、諸々の内的「可能性」が持つ富の一切を開示することができるのである。理論的形式は、反対側から要求される限りにおいてはじめて、この富をもたらしてくれる。ただし、要求を設定する契機が、ただちに理論的形式の根拠づけ（*Begründung*）を内包するものであるのではない。理論的形式が持つこうした可塑性は、理論数学がユークリッド幾何学の「唯一性」を断念し、理論物理学が古典力学の「唯一性」を断念して以来、精密科学の歴史の内部で十分に明瞭となり、十分に承認されるに至っている。この断念が、理論的形式の解体、懐疑的な諦念と判定されることもまれではなかった。だが実際には、この断念によって、理論的認識の体系的統一性、否、その体系的完結性はいささかも否定されることはない。そうではなく、こうした統一への道筋が、決して単純ではない、最高度に複雑な道筋として認識されるだけなのである。このことは、現代物理学によって観察と測定のあいだに打ち立てられる根本的に新たな関係を考察する場合に、最も明瞭に現れてくる。それまでの物理学の世界像においては、これら二つの機能はなるほど互いに結合されて現れてはいる。だがにもかかわらず、両者のいずれもが相対的に自立的な意義を持ち、他方から切り離すことのできる働きを持つのである。測定の諸「公理」は、観察の諸「事実」から独立に端的に一義的な仕方で定式化することができる。そしてこの諸公理こそ、経験の単なる内容から、つまり、測定される特殊な自然的（physisch）諸対象や出来事から区別される、経験の純粋な「形式」を形作っているものであるように思われるのである。個々の測定はすべて、普遍妥当的な計量、ユークリッド空間の計量に基づいている。そして、この計量こそが、一切の物理的経験にとっての確固たる容器、完成した理論的足場を提供するものなのである。個々の観察は、いわば空間「というもの」のあらかじめ規定された図式のなかに記入されることによってはじめて、思考において形成され、説明され把握されるのである。しかし、一切の物質的（materiell）現象に対する一様な基体としての空間のこのようないわば名詞的（substantivisch）な性格は、現代の相対論的物理学においては、失われる。相対論的物理学の構成においては、一なる「絶対的な」空間に代わって、計量的な場の概念が現れる。そして、このような場はもはや、素材（Stoff）、「物質（Materie）」に対して同じような独立性を断じて持っていない。計量的な場はむしろ、素材や「物質」によってはじめて規定され、構成されるからである。したがっていまや物理的経験の《形式》と《内容》もまた、いまや《測定》と《観察》、空間「における」諸対象と時間「における」諸対象、さらには時間と空間それ自体が、まったく新たな仕方で相互浸透的に（ineinander）伸長してゆく。これら両契機のいずれもが、他方のものによって、他方のものを通してのみ、規定可能であることが明らかとなるのである。「計量的な場」は、世界を満たしている物質的なものに依存している。[7] これによって、「純粋な」形式としての形式が廃棄されたのでは決してない。——だが形式は、物理学の古典的体系においてそれに備わっていたあの一様性と硬直性を、もはや持っていない。すなわち形式は、いわば一層目の細やかで繊細なものとなったのであり、無限に柔軟なものとなったのである。いまや、自然的空間のあらゆる点が「それ自身の」計量を持つことができる。だが、これらの無限に多様な規定がばらばらになることはなく、その具体化と個体性のなかでこれらの規定を法則的統一性に統合する可能性が廃棄されることもないのである。こうして、理論的形式、厳密に「精密な」形式の側面からしても、形式は、固定的な限界づけ（Begrenzung）と解されることが少なければ少ないほど、形態化に向かう形式の運動性、「勢位（Potenz）」が大きくかつ自由であることが証明されればされるほど、一層完全に確実に自らの課題を遂行するということが、明らかとなるのである。

　ところが、あらゆる形式それ自体に本来備わっている「運動の原理」をこのように指摘しても、生の形而上学が諸形式の世界に対して、また諸形式の価値に対して申し立てる異議は、断じて緩和されたり退けられてはいない。というのも、問題は結局のところ、形式が運動できるか否かにあるのではなくて、形式のなかで形式を通して行なわれる運動が、純粋な生の運動と遜色がないのか否か、前者が後者に適っているか否か、にあると思われるからである。形式への移行はこのような生の運動の高まりを意味するのであろうか――あるいはむしろ、生の運動の弛緩や萎縮を意味するのではあるまいか。《理念への転換》は、生の過程の絶えざる継続として出現するのではあるが、この過程の完成なのであろうか、あるいはそれは、この過程からの離反なのではないか。すべてのロマン主義的哲学は繰り返し、この選択肢のなかの後者を選んだ。この哲学は、《智慧の樹は生命の樹ではない〔一七〕》というバイロンの『マンフレッド』の言葉を反復し、変奏したのであった。しかもその際、この哲学においては、理論的真理、本来的に「科学的な」真理の狭い領域だけでなく、意識、《思惟（cogitatio）》一般の広大な領域全体も認識と見なされるのである。このような「意識」の最初の光が輝き出るところで、それによって、生とは異質な、生の最も内的な傾向に背反し敵対する威力が生まれたのであった。創造的な根底（Urgrund）と《思惟》の世界の間の、「生」と「精神」の間の架橋し難い裂け目についてのこのようなロマン主義的テーゼを、現代の形而上学において誰よりも鋭く強調し、徹底的に闘い抜いたのは、クラーゲス〔一八〕である。《意識》に関する彼の理論的な教説の全体は、生を破壊する意識のこのような意義の立証であると要約される。彼によれば、忘我（Ekstase）においてのみ、すなわち、意識からの離脱、意識の抹消においてのみ、生はなおも自分自身への回帰を獲得することができるのである。ところが忘我において自己を解放するのは、予想されるのとは異なって、人間の精神（Geist）といったものではなく、人間の魂（Seele）なのである。そして、魂は肉体から自己を解放するのではなく、まさに精神から自己を解放する。これこそが、人類のあらゆる現存在とあらゆる歴史を貫く闘争である。本来的に創造的で宇宙的な原勢位（Urpotenz）としての遍在的な生と、時空外の力の間の闘争である。この力は、空間と時間に拘束された現実に自己を対置し、現実よりも高みにあると思い込むのだが、まさにこのような疎隔のなかで、結局は無力で、真の産出的な力を一切欠いていることが明らかになる。一切の弁別的な思慮と一切の目的的な意志の根源、「文化」の創造者たる精神は、まさにこのような創造において本来的な「呪いの力（Fluchmacht）」となる。それは、すべてを包括する生の流れのただなかで人間を孤立させ隔離し、人間を自立的な、言い換えれば宇宙の最深にある諸連関からは引き離された、単独の‐自我（Einzel-Ich）、一個の《自己》あるいは一個の《人格》にするのである。《人間以外のすべての生物が、区分された固有の内面性においてではあるが、宇宙的な生のリズムのなかで脈打っているのに対して、精神の法則が人間をそれから切り離してしまう。自我意識の担い手としての精神にとっては、前もって計算する思考が世界に優越しているという姿で現れるものが、形而上学者にとっては、十分に深く探究しているのであれば、諸々の概念のくびきの下への生の隷属という姿で現れるのである》[8]。これによって、精神的な諸形式の世界に対して判決が下されることとなる。すなわち、精神的な諸形式の世界は、それ自身において空虚な世界として認識されているのである。このような世界は、生の根底に対して、他者として、根本的に《超越的なもの》として現れるだけでなく、それに対する絶対的に否定的なものとしても現れる。この教説を理解しようとするのであれば、それ固有の内在的な諸前提の側から考察せねばならない。――この教説がそこから出発し、体系的にも心理学的にも根ざしている原現象（Ur-phaenomen）に遡行することを試みなければならない。このような原現象は、純粋な表情－体験（Ausdrucks-Erlebnis）である。形而上学のすべての歴史において、クラーゲスの場合ほど、強力にこの一つの側面のみに方向づけられ、徹底して「観相学的」な性格を持っている教説は、おそらくないであろう。現実の全体を諸々の表情－性格のなかで把握し、表情－性格によって現実を独特な全体としてよみがえらせる個性的な才能、――この才能は、彼において、哲学的な理論に到達したのであり、その出発点は、《存在》や何らかの対象的規定ではなく、表情そのものの純粋な機能にある。クラーゲスが真実在（ὄντως ὄν）、真の根源的な実在性として承認するものは、この一つの根本的機能において表明され、汲み尽くされる。これに対応して、彼の形而上学の最も重要な規定の一つであり、ひょっとするとその体系上の中心点を形作っているのが、《諸形象の現実（Wirklichkeit der Bilder）》の教説である。そこにおいて、形象－存在（das Bild-Sein）は、決して事物的（dinglich）な、対象的な存在に対して二次的で派生的なもの、単に「主観的なもの」として現れるのではない。――そうではなくむしろ、本来的に本質的な存在、真に－根源的な存在なのである。知覚能力があるだけの印象能力に対する観る（schauend）内面性の優越、――常に機械的にのみ運動させられている対象世界に対する「諸形象の魔的《デモーニッシュ》に－生き生きとした現実」の優位が繰り返し宣言されるのである。[9] このような根本的見解によって、クラーゲスの教説は、ほかのどの教説よりも、神話的なものの固有の意味を正当に評価することができている。神話を外側から《解釈》しようとするのではなく、神話に特徴的な特殊な視角のただなかに身を置くのである。だが言うまでもなく、クラーゲスの教説は、この視角によって、はじめから神話的直観（mythische

Anschauung）の圏域に呪縛され続けているかのようでもある。バッハオーフェン〔一九〕にとって神話が虚構やフィクションではなく、歴史的世界と歴史的現実の発見の器官であるのと同様、クラーゲスにおいては、神話が形而上学的認識の器官となるのである。神話にとって形象は、決して単に間接的な何か、単なる「記号」や「アレゴリー」ではない。そうではなく、形象において本質そのものが集約されるのである。ある現象が持つ形象的で表情的なもの（das Bild- und Ausdruckshafte）は、現象の彼岸にある客観的なものを指示する単に描出的な性格を持つものではない。そこにおいては、ある現実的なものが我々に身を委ねるのであり、魔的に《デモーニッシュ》－生き生きとしたものが我々を捉え、我々の前にまざまざと現前するのである。クラーゲスの教説はいわば、こうした根本直観の回復、復権であろうとする。――だが言うまでもなく、それは同時に、この直観の形而上学的な実体化になってしまっている。ところで、このような実体化、すなわち、表情世界の唯一現実的な世界へのこのような嵩上げによって、直接に導き出されるのは次のことである。すなわち、このような世界を超え出るものの一切、――純粋な表情の次元には属さず、《描出》や《意義》の世界に属するものの一切が、色褪せて、単なる図式と化さざるを得なくなるのである。《知覚》に対してすら、それが純粋な表情体験とは異なった何かと解されるのなら、何か客観的なもの、対象的なものに向かうのなら、このような裁定が下されることになる。我々が世界を事物的（dinghaft）に眺め、事物的に分節するところでは、すでに、その直接的で生き生きとした現実を破壊してしまっているのである。さらに、思考が《純粋な》諸形式の領域にまで高まるならば、隔たりは一層大きくなり、亀裂は一層修復不可能となる。思考はこの諸形式において、真に－存在しているもの（das Wahrhaft-Seiende）、生の現実に代えて、常に自己自身のみをとらえ、自己を自己自身のなかに映し出すことができるだけである。思考の純粋な「エネルギー」が最高の段階に到達したように思われるまさにここにおいて、人間の世界を宇宙のそれに繋ぐ紐帯は完全に断ち切られてしまう。——人間は「自律的」になったのである。だが、いまや人間が独裁的に打ち立て、一切の生きたものの上にますます押し広げようとする法則は、空虚で魂を失っており、現実にその内実と価値を与える一切のものから、きわめて深く疎外されているのである。

このような見解が証明されるとするならば、ここで生の側から「精神」と精神的諸形式の世界に対して起こされている告発が正当化されるとするならば、そのような正当化には、ただ一つの道筋しか現れないと思われる。ここでもまた、《精神》を単なる抽象概念と見なすのでは不十分である。——むしろ《精神》は、その具体的な自己展開において、その諸現象と諸表出（Äusserungen）の総体において、とらえられ把握されねばならない。それらの一切、言語と神話、芸術と理論的認識、宗教と人倫に対して、要するに、意識、思惟（*cogitatio*）の諸領域のすべてに対して、根本テーゼ、精神的なものの絶対的否定性のテーゼを証明することが求められねばならないであろう。ところが、クラーゲス自身の立論は、この長く困難な道筋をとらない。——彼の立論は、はじめから精神的なもののある特定の側面、唯一の契機に目を向けており、彼の立論にとってはこの契機が全体を代表せねばならないのである。どこで彼の立論が意識を記述し、意識をその本質的性状において説明し、そのような性状においていわば暴露しようとするにしても、意識は《思弁的な（spekulativ）》意識というより、むしろ技術的な意識と解されるのである。意識の目標は世界を純粋に考察することにではなく、世界を支配し隷属させることにある。すなわち、意識の一切の働きは、いかに純粋に「理論的」なものとして現れようとも、この目標に向けられているのである。したがって、ベーコンの「力のための知識（*scientia propter potentiam*）」という言葉は、《思惟》の全領域に拡張されて現れることになる。我々が「悟性（Verstand）」、「意志」、「文化」

と名づけるものは、すべて、人類の際限のない支配衝動、「計算に聡い（rechnenverständig）横領の意志」の別名にすぎない。この意志は、生の汲み尽くせない充溢から身を引き離し、そうすることでその充溢を一層確実に征服し、自らのさまざまな目的に順応させることができるようにする。人間は、人間を生み養った地球、それどころか、一切の星辰の生成の循環運動と仲違いをしたのである。なぜならば、人間は吸血鬼的な、魂を破壊するこのような力に取り憑かれてしまったからである。[10] しかしながら、人間の文化に対するこのような告発は、人間の文化をまさに一つの集合体、常に新たな「財」の蓄積と解する場合には、きわめて痛烈で説得的であるものの、——文化財の価値をこのように無効にすることによって、文化そのものもその本来の核心において言い当てられているのか、それによって文化の本来的な「意味」も論駁されているのか、という問いは未解決のままなのである。そしてこの問いは、次の場合にのみ肯定的に答えることができるだろう。すなわち、この意味を、それ固有の本質ならびにそれ固有の歴史的生成においてとらえる代わりに、生の形而上学の特定の根本的方向によって理解され定義された流儀ではじめから理解せねばならない場合である。この点において、クラーゲスの教説は、その根（Wurzel）がショーペンハウアーとニーチェに遡る展開の、首尾一貫した体系的、歴史的結末となっている。ここにおいてはじめて、《知性（Intellekt）》を端的に意志の奴隷と見なす《知性》についてのあの見解、精神的なもののあの解釈が成立するのである。ショーペンハウアーにおいては、この隷属はまだ無制限、無条件のものではなかった。——すなわち、知性はその発生からして意志の所産であり、あり続けるものの、この連結から自己を解放することができるのである。知性は、意志の支配から身を引き離し、それを「盲目的な意志」として認識し、否認することができる。そして精神の諸々の本来的行為は、まさにこのような逆転にあるのである。——芸術、純粋な認識、宗教は、この逆転に基づいている。

次いでニーチェにおいては、これらの行為もすべて、身を装っている自立性の仮象を喪失する。これらの行為は、単なる仮装にすぎない。全能で独裁的な「力への意志」が身を包む常に新たな仮面にほかならない。ひとたびこのような仮面剝奪、精神の「暴露（Entlarvung）」がなされてしまうと、それによって、さらなる歩み、精神のまったくの価値否定と拒否への歩みが求められたのであった。したがって、このような展開の結末、帰結に反論しようとしても、その諸前提を放置している限り、無益なのである。ここで引き出されている諸々の結論に対してではなく、ここで前提されている《精神》の概念に対してのみ、異議を申し立てることができる。この概念は、事実的で現実的なもの、自立的な力に向かっているのであろうか。あるいはそれは、生と意志の形而上学そのものが自らのために作り出した単なる偶像（Idol）、虚像にして悪夢（ein Trug- und Schreckbild）を表しているだけかもしれないのではないか。そしてこの像（Bild）はひょっとして、ほかでもないこの形而上学が落としている暗い影にすぎないのではないのか。――生の世界に侵入する疎遠で超越的な運命の力、魔的《デモーニッシュ》な運命の力を精神のなかに見るのではなく、むしろ、精神をその純粋な諸現象、その諸々の「能動と受動（Taten und Leiden）」〔二〇〕においてとらえるならば、消え去ってしまう影なのではあるまいか。象徴形式の哲学は、この道筋――精神の諸々の具体的な形成体を通り抜けてゆく道筋をはじめから堅持しようとしたのであった。しかし、この哲学のこのような道筋において、精神はいたるところで、「力への意志」よりもむしろ、形態化（*Gestaltung*）への意志として現れたのであった。世界に対する単なる支配ではなく、世界の形式形成（*Formung*）こそが、言語と神話、芸術と認識、宗教が努めていることである。もちろん、これらをその展開の全体において見渡すことを試みるならば、そのすべてにおいて、これらがいまだ呪術的に拘束されているように思われる段階、情動（Affekt）の指導、欲求や意志の指導の下にある段階を指摘することができる。

これらは、人間に「意志の全能」を与え、これを人間に絶えず新たに確証させることとなる魔力(Zaubermächte)、呪文(Zaubermittel)に等しく用いられる。だが、こうしたことの一切は、出発点を形成するだけであり、これらの展開の終局ではないのである。すでに神話のなかに、呪術の世界像に対立して、世界像を最終的に呪術とは根本から異なったものに変えてしまう新たな諸力が働いている。すでに神話において人間は、事物の世界から退いて、純粋な諸形態の世界のなかに生きている。すなわち、神話的な作用 - 世界(Wirk-Welt)は、しだいに純粋な神話的な直観世界(Anschauungswelt)に席を譲るのである[11]。そして、事物に対して呪術的に作用することから純粋に観ること(Schauen)へのこのような移行は、言語、造形芸術、認識において一層明確に鋭く際立っている。これらすべては、単なる「有用性」の圏域、《生存競争(Kampf ums Dasein)》によって言い表される圏域を突破することによってはじめて、自らの固有な内実に達するのである。これらは、単なる目的 - 手段 - 連関から身を振りほどいて、これら固有の意味、これらの形式の統一性と完結性に突き進まなければならない。この形式そのものは、もはや単に目的を持ったものではなく、「目的なき合目的性[12]」として現れるのである。このように理解してこそ、個々の象徴形式それぞれにおいて、またその全体性において遂行される現実の純粋な観照(*Schau*)は、この現実に押しつけられた強制と見なすことがまったく不可能となるのである。というのも、ここで存在にさしこみ、それを照らしそれに浸透しようとする意識のまなざしの光は、それ自身もはや諸々の事物(Dinge)の世界にも、「作用(Wirken)」の単なる連関にも属さないからである。それは、純粋に理念的な光であり、それが触れるものを、その「現実存在(Existenz)」、その現存在の - 単なる存立(sein blosser Daseins-Bestand)という点で、侵害せずに保つ。したがって、この光においては、確かに「生」の根底は超え出られているが、それによってこの根底が破壊されたり、暴力的に侵されたりはしないのである。むしろ、いまや生成している精神的な意識性の領域においては、生が自分自身にとって可視的になっており、フィヒテの表現を用いるなら、生は純粋な「視力（Sehe）」となったのである。視ることのこのような形式、最も普遍的で包括的な意味における観想（*Θεωρία*）においては、いわば精神は、もはや諸客体、諸対象の精髄によってではなく、精神固有の実体のみによって身を養っている。――精神は「思考の思考（Denken des Denkens）」、思惟の思惟（*νόησις νοήσεως*）となったのである。

したがって、もとより真の理論は、諸対象の単なる考察や単なる受動的経験（Erleiden）を意味するのではなく、最高の能動的な働き（Leistung）として現れる。すなわち、行為（*Tun*）のエネルギーとしてである。だがそれは、まさにそのようなものとして、単なる《作用（Wirken）》の一切を凌駕するのである。ところがこのような区別に関しても、生の形而上学は、クラーゲスにおいてもベルクソンにおいても、固有のカテゴリーを持っていない。生の形而上学は、行為と作用とを互いのうちへと埋没させているのである。クラーゲスは、行為の価値を深く貶めて、行為から純粋な受動と受容に帰ることを求めるという点でも、真のロマン主義者である。クラーゲスの教説においては、無為の神性（Göttlichkeit des Nichts-Tuns）、「聖なる受動性」についてのフリードリヒ・シュレーゲルのテーゼが再生している。クラーゲスは強調する――「インド・ゲルマン諸語のなかで、諸々の感情の深さや強大さを身に起こること（Widerfahrnis）、こうむること（Erleidnis）、手に帰すること（Anheimfall）として記述しない言語はおそらく一つとしてないだろう。『パトス（*πάθος*）』、『情念（passio）』、『激情（Leidenschaft）』――魂の奥底から噴出する感情の最高の上昇段階を表すものとして三度『こうむること（Erleidnis）』が登場する。こうむっている当のものは本来何か、こうむらせるもう一方のものは何か、という容易に思い当たる問いを立てていさえしたら、答えは誤りようがなかったであろう。すなわち我々の自我は、受動的（passiv）、受苦的（erleidend）、帰属的（anheimfallend）なのであり、自我は生の赫々たる支配力の手に帰する（anheimfallen）のである」[12]。形而上学は、単なる思考の活動（Aktivität）から自らを解放せねばならない。形而上学が、諸々の概念で世界を構成する代わりに、純粋な感情において世界をとらえ、世界を範として生きようとするのであれば、受動的（leidend）、受容的（empfangend）、「パーティッシュ（pathisch）」となることをふたたび学ばねばならないのである。ところが、思考の絶滅と自己の抹殺に向かうこのような衝動のなかには、依然として、どのような神秘主義も完全にはなしで済ますことのできない、密かな前提が支配している。すなわち、マイスター・エックハルトの言葉で言えば、ほかでもないこのような解消に気づく自己の「火花《フンケ》」が残されている、という前提である。神秘主義者が受容し受苦する神は、神秘主義者を諸々の形式の世界から救済するのであるが、彼がこの神を観る（*schauen*）ことを試みるところでは、彼は繰り返し何らかの仕方で、形式の世界の手に帰するのである。というのも、単なる受動であって、形態形成の機能を含まないような〈観ること〉は存在しないからである。神話もまた、それをいかに遡行し、そのなかでいかに純粋に「パーティッシュ」な諸契機が優っていようとも、形態化の一様式なのである。神話は、世界の表情として、必然的に世界の形象への変貌（*Verwandlung*）、変形（Umformung）を含んでいる。そしてこの形象は、「諸形象の現実」についてのクラーゲスの実在論的な教説に現れているような、単純な意味での一片の現実では断じてない。形象は単純に眼前に（da）あるのではなく、そのような純粋な〈眼前にある存在〔現存在〕（Dasein）〉とともに「主観」のなかに移行するのではない。――例えば、エピクロスの知覚理論によれば、知覚のプロセスは、諸々の事物の形象、剥離像（*εἴδωλα*）が自我に入り込んでくることにあるというわけだが、そのような仕方で「主観」のなかに移行するのではない。そうではなく形象は、生き生きとした関与を求め、自我の諸々のエネルギーの協働を要求する。自我「に対して」形象は形象とならねばならない。このような関与なしでは（二二）、精神における形象の現在（Gegenwart）、形象の「現存（Präsenz）」はともかく、再現〔表現〕（Repräsentation）の活動、思い起こし（Vergegenwärtigung）の機能を理解することは不可能であろう。形象（Bild）は、その存立、それを構成する意味内実に関して、常に遡行的に「構想力（Einbildungskraft）」を指し示している――そしてこの構想力は、我々がその本来の根（Wurzel）に遡るならば、決して単に再生的な機能ではなく、産出的な機能として姿を現すのである。ここでこの点を詳細に述べて証明するには及ぶまい。というのも、まさに「産出的構想力」のこの働きこそが、個々の形式世界の構成においていたるところで我々に立ち現れたものであったからであり、いわばそれは、諸々の形式世界に絡みつく、統合的な理念的紐帯であるからである。生がその純然たる即自において、それ自身の胎内に、すでに存在者の諸々の形象を包含しており、そのうえで自我はそれを生から受け取りさえすればよい、受動的に受け入れさえすればよい、というのではない。生は、それを人がいかに一切の現実の源泉と見なして賛嘆しようとも、それ自身だけでは決して諸々の象徴の源ではない。この現実は、諸々の象徴のなかではじめて我々にとって把握可能で理解可能なものとなり、「我々に語りかけてくる」のである。これらの象徴が由来する対極を絶滅するならば、それによって、現実の「魂を奪う（entseelen）」――ただし別の方向においてであるが――ことになる。すなわち、現実から諸々の本質的な表明の様式（Äusserungsweisen）や啓示を奪い取り、それによって、現実をいわば永遠の沈黙の闇夜に突き返してしまう限りにおいてである。この闇夜から現実は、精神の諸々の純粋なエネルギー、精神の発する一種の創造の言葉によってのみ救済され得るのである。いまや、根底（Urgrund）の未区分と無限性から、規定され限定された、その限りで有限な諸形態が際立ってくる。だがこれら諸形態は、それらを所産的形式（*forma formata*）の観点ではなく、ふたたび能産的形式（*forma formans*）の観点でのみ見る限りにおいては、根底そのものに対して、単に対立的な、純粋に否定的で否認する関係にあるのではない。というのも、できあがった形態には拒まれている無限性は、形態化の純粋な過程のなかに生き続けているからである。この過程が個々の形成体において硬直することはない。むしろそれは、永遠に自己を生み続ける活動（Akt）である。意味法則（Sinngesetz）がこの過程の本来の内実を形成する。意味法則は、この過程によって生み出されるものではなく、この過程が意味法則のもとにあるのであり、意味法則によってこの過程が自らを絶えず新たに生み出すのである。この法則を端的に生に敵対的なものと見なさねばならないのであれば、同時に、この法則はその本質的な特性において自己自身を絶滅してしまうであろう。というのも、この法則が存在し妥当するのはただ、それが活動する（sich betätigen）限りにおいてであるからである。――しかもこの法則は、生けるものの世界に介入し、いわば繰り返しそのなかに立ち戻って身を沈めることによる以外には、活動することができない。絶えず変化しつつ、おのれを堅持しながら、近く遠く、遠く近く。〔一三〕こうして精神は、その創造の全体において、生に対面して（*gegenüber*）いる。だが、生に背く（*gegen*）のではなく、いつの日にか不和となるのでもない。このような相互関係は、とりわけあらゆる真正な芸術的創造においてあらわとなり、そこにおいて絶えず新たに証明されるのであるが、このような相互関係がなければ、精神的な諸形式の世界は、諸々の図式からなる世界にすぎなくなってしまうであろう。言語、認識、詩および造形芸術は、空虚な幻影（leere Phantasmagorien）に解消してしまうだろう。

もとより生の形而上学は、この最終的な帰結にひるまない。――だが、その際に少なくとも一つの点で、生の形而上学は、我々に閉ざそうとするまさにあの領域に足を踏み入れねばならない。生の形而上学は、自らが却下する精神の司法活動（Rechtsprechung）を用いざるを得ず、それによって、この活動を間接的に承認せざるを得ないのである。この承認は、生の形而上学が現実に対して、単に観照的、解釈的に振る舞うのではなく、価値評価的に振る舞う場合に、いたるところで遂行される。とりわけクラーゲスの哲学的教説は、その全内容と起源、その本来の傾向からして、存在の‐教説（Seins-Lehre）というよりむしろ、価値の‐教説（Wert-Lehre）である。それは、精神の世界と同様、自然の世界も端的には描写せず、むしろそれらの世界を価値判断するのである。――そして、この判断は、単に論理的な活動、「純粋な思考」の活動ではなく、世界に向かってなされる要求によって世界を測定するのである。この教説のいかなる命題も、その基礎にあっていたるところで暗に前提とされている価値‐体系を受け入れなければ、理解することも証明することもできない。真の哲学はふたたび預言となるべきなのである。すなわち、精神の独裁への信仰、精神の自律と「進歩」への信仰、つまり「文化」、が打ち出してきた一切の価値の価値転換（Umwertung）となるべきなのである。新しい価値‐秩序が、もろくなった古い価値‐秩序に取って代わるべきなのである。だが――いまや問うことができるし、問わねばならないのだが――、生の価値は、純粋に生自身の内部にある内在的な契機なのであろうか。あるいはそれは、はじめからある別の次元に属しているのではあるまいか。生の価値は、生の単なる存在のうちに含まれているのだろうか。あるいはこの価値は、我々がこの存在の上に一つの規範を打ち立て、それによってこの存在を測定することではじめて構成されるのではあるまいか。そして、この規範の意味、本来的に価値定立的な原理は、最終的には常に精神の世界においてのみ提示することが可能なのである。近世における観念論の歴史の劈頭にニコラウス・クザーヌスの深遠な思想が位置しているが、それによれば、精神は「存在を与える（seinsgebend）」力、これに対して人間の精神は、価値を付与し（wertspendend）、価値を基礎づける力と名づけられる。一切の価値の根源は精神の外部にあるのではなく、精神のなかにある。――というのも、精神のなかにはじめてあの測定の原理、《善》と《悪》、価値と無価値の一切の弁別が基づいている《評価（aestimatio）》と《測定（mensuratio）》の原理が見出されるからである。[13] この命題が妥当するとするならば、それによって、精神の原理的な無価値化には、それがどのような審級によって試みられ、遂行されようとも、はじめからある確固とした制限が設定されていることになる。というのも、精神のあらゆる価値づけは、それがまったく否定的なものであろうとも、精神そのものをその最高の真に積極的な働きの一つにおいて肯定しているからである。あらゆる価値の現実性を否認しようとすることは、価値の一切の「可能性」が基づいている機能が持っている内的な矛盾であり続けるのである。精神的なものの全領域がマイナスの符号を付され、精神的なもののすべての行為が否認され拒否される場合ですら、まさにこの符号それ自体の単なる定立がすでにまたもや、我々が逃げ出そうと願った精神の世界のうちに我々をあらためてとどめ置く一つの新たな行為なのである。というのも、精神のみがまさにこの《不可能なこと》をなすことができるからである。すなわち、精神のみが区別し選択し方向づけるのである。[二四] もとよりこの「方向づけ」は――そしてひょっとするとここにこそ、精神固有の深さと精神の最終的な秘密が存するのであるが――、それ自身において逆転が可能であり、方向を与える原理そのものをも最終的には容赦せず、それに反対することができる、という性質のものである。だが、まさにこの反転（Rückwendung）、この「反省（Reflexion）」は、精神の自己自身からの離反を意味するものではなく、精神に特に固有であり、精神のみがなし得る確証と自己証明の形式なのである。精神を不断に自己自身において分裂させようとする当のものが、常に新たに精神を自己自身へと連れ戻すのである。なぜならば、まさにこの一－において－二－であるもの（Zwei-in-Einem-Sein）こそ、精神の本来的な運命と精神の本来的な働きを示しているからである。生それ自体は、このような反転もこのような証明も知ることがない。もとより生は、「それそのもののうちで浄福に」[二五]安らう生の屈折なき統一性のなかにとどまり続ける限りは、反転や確認の必要もないように思われる。しかしながら、この安らいですら、端的に浄福であるのではない。――そうではなく、安らいに目を転じてそれを振り返る精神のまなざしにとってはじめて、安らいは浄福となるのである。列福（Seligsprechung）と弾劾は、精神にとってのみ存在している。精神のみが自己否定することができるが、他方で、精神にとっては、この自己否定こそがなおも自己主張の活動を表すのである。

第II章　哲学的人間学の根本問題としての象徴の問題

1　哲学的人間学の問題

哲学的人間学の問題は、それ自体としては、決して批判哲学の視野の外側にあるものではない――まして批判哲学に体系的に対立するものでもない。このことの歴史的証明が必要であるとするなら、この問題をはじめてその意義の全体において把握し、十八世紀の諸々の心理学的な学説が提示し得たよりもより広くより確実な基礎に立って人間学の体系を構成しようとしたのは、ほかならぬカント自身であったということから、すでにそれは明らかであろう。大学の教師としての彼の活動において、人間学は、一つの頂点――彼が繰り返し、特に好んで立ち戻った主題をなしている。それどころか、カントの思索においては、このテーマが彼にとっての本来の中心となる時期が存在するのである。少なくとも教育的、および教授法的な観点から、彼が哲学の体系における人間学の優位を主張する時期があるのである。この時期にカントは、後に人間学に鋭くまた根底的に対置した倫理学に対してすら、生起すべきものを示すことに移る前に、生起しているものを歴史的に、また哲学的に検討することから始めなくてはならないと要求している。彼は、「人間を研究する際に則らなくてはならない方法を明確に」しようとする。すなわち、「人間の偶然的な状況が押し付ける不安定な形態によって歪曲され、また、そのようなものとして哲学者たちによってすらほとんどいかなる時にも誤解されてきた人間だけでなく、常に変わらぬ人間の本性、ならびに天地創造における人間の本性の独自の位置を研究する方法」である。「人倫的探究のこの方法は」——と彼は付け加える——「我々の時代のすばらしい発見であり、それをその十全な計画において検討するならば、古代人にはまったく未知であった[1]」。もとよりこの「十全な計画」は、——カントはこれをきわめて明確に構想し、彼の思索のさまざまな時期のすべてを通じてそれを手放すことはなかったのであるが——超越論哲学そのものの体系において実行されることはなく、完全な成熟には至らなかった。というのも、この体系は、それ本来の根本的傾向からして、《権利問題（*quid juris*）》によって方向づけられているのであり、《事実問題（*quid facti*）》によってではないからである。この体系の中心問題は、「客観的」演繹にあるのであり、「主観的」演繹にあるのではない。つまり、個々の意味領域（Sinnbereiche）の存立とそれを基礎づける原理への問いにある。この問いは、繰り返し強調されているように、それら意味領域の主観的な再現〔表現〕、「意識」におけるそれらの描出〔表示〕への問いと決して同義ではなく、それとは方法論的にきわめて厳密に区別されなくてはならないのである。すでに『純粋理性批判』の序文は、この区別を強く主張している。そこで詳述されているように、純粋悟性概念の考察は、二つの側面を持っている。一つは純粋悟性の諸対象に関わり、純粋悟性の諸概念の客観的妥当性をアプリオリに明らかにし、把握できるようにすべきでものである――「他方は、純粋悟性そのものを、その可能性、ならびに純粋悟性そのものが基づいている認識諸力という点から、すなわち、純粋悟性を主観的な関係のなかで考察することを目的とする」。「この究明は私の主要目的との関わりできわめて重要ではあるが、本質的にはこれに属さない。なぜならば主要問題は常に、悟性と理性がすべての経験から離れて、何を、またどれほどを認識できるかであり続けるからであり、思考する能力そのものがいかにして可能かではないからである。後者はいわば所与の結果の原因を探索することであり、その限りで仮説に類似したものを持っている（実際は……そうではないのだが）ので、私が憶測を述べることを自らに許し、したがって読者にも違った憶測を述べる自由を与えねばならない事例がここにあるかのように見えるのである。この点に関して私が読者に、あらかじめ注意しておかねばならないことは、私の主観的演繹が、私が期待する全面的な確信を読者にもたらさなかった場合でも、私がここでとりわけ問題としている客観的演繹は、その全面的な効力を獲得するということである」[一]。

　カントはこれらの文章において、彼自身が紡ぎ出していた探究の筋道をある意味でふたたび放棄してしまうわけだが、次の時代がそれをふたたび取り上げるであろうことを、期待することもできたであろう。次の時代は、他のいかなる時期にもまして、哲学的人間学の根本問題そのものを把握し、それをまったく新たな手段によって解決する備えがなされているかのような外観を呈したからである。というのも、その間に比較形態学と発生学を作り上げていた巨大な資料の全体が、次の時代には意のままになったからである。いまやはじめて研究は、「天地創造における人間の位置」を問うた場合に、確固とした、あらゆる面で安定した、経験的な地盤の上で展開するかに思われた。カントが立てていた問いはいまや、言うまでもなく、新たな形態化と決定的な変形を必要としているように思われた。というのもカントは、人間の本性を探究する場合においてもなお、念頭に置いているのはその不変の本性であり、可変的な本性ではないからである。――そしてこの本性は、彼によって、単に経験的な一様性という意味においてではなく、理念的な規定性および理念的な本質性という意味において受け取られるのである。彼の目標は、「どのような完全性が、粗野な素朴さの状態にある人間にはふさわしいのか、また賢明な素朴さの状態にある人間にはふさわしいのか、これに対して、人間がこれらの限界を抜け出て、自然的あるいは道徳的な卓越性の最高の段階に触れようとはするものの、両者から多かれ少なかれ逸脱する場合の人間の振る舞いの規則は何か[2]」を知ることである。このように徹底的に十八世紀の精神を呼吸しているこの問題設定は、十九世紀、すなわち厳密な「実証主義」の世紀においては、最終的に克服され、取り去られるかに見えた。人間の「本性」――それは、これ以後は理念的な量ではなく、純粋に事実的な量を意味したのであった。そしてこの量は、人間の生理的な組織の探究によってこそ最も確実かつ精密に規定され得るのであった。しかし、この研究の中心思想を形作っていたのは、諸々の自然形式の連続性と恒常的な進化の原理であった。この原理が首尾一貫して貫徹されればされるほど、人間の現存在と活動(Wirken)のすべての現象に容赦なく拡張されればされるほど、これらの現象はより一層明確に把握されるように思われたのである。これらの《解明》は、これらを生成の普遍的な因果連関へ取り入れること、これらがこの連関の内部で帰属する位置を規定すること以外は意味し得ないように思われた。すべての純粋な、意味に関わる問いや意義に関わる問いも、もしもその形而上学的な覆いが剝ぎ取られるというのであれば、――厳密に科学的な問いへと高められるというのであれば、こうした観点の下に移されねばならなかった。これによって、カントの目の前にあったような《哲学的人間学》の目標が、はるか彼方に移されてしまったことはいうまでもない。否、それはいまや、単なる空想的なユートピアであることが実証されるように思われたのである。少し前まではなお、このような決着が、最高の叡智を意味するかのような外観が生じることも可能であった。——人間学が、コントの三‐段階‐法則の表象に従って、その「思弁的な」時期から、最終的にその純粋に《実証的な》時期へと歩み入ったかのようにである。しかしながら、哲学の最新の展開を注視するならば、発展思想ならびに進化論的な大いなる諸体系の支配の下で、とりわけハーバート・スペンサーの学説の支配下で形成されてきたような人間学の方法論は、もはや疑いの余地のないものでも、動かしようのないものでもないということを示す徴候が増大している。このような転換を明瞭に示しているのは、とりわけシェーラーおよび彼に近い思想家の最近の仕事である。いまやふたたび、「人間の特別な位置」が、自然科学的な形態学や自然科学的な発生学の意味とはまったく異なった意味で問われることになる。すなわち、人間学はふたたび自らを、経験的な自然研究というよりむしろ純粋な《本質研究》の必要にして不可欠の構成要素として把握しようとするのである。人間学は、自然哲学の根本的な諸問題にいかに密接かつ必然的に関わろうとも、にもかかわらず同時に、「意味の哲学（Sinnesphilosophie）」の構成における重要で本質的な要素となる。「哲学的人間学」は、いまや二重の方向において展開し、いわば二重の次元へと広がろうとする。それが人間を、単に自然の主体‐客体としてだけでなく、同時に文化の主体‐客体として把握することによってである。次のように強調されることになる。——「人間が常に新たに、あらゆる種類の努力と犠牲を払って向かわねばならない次元、精神的な行為、創造的な仕事という次元、人間の勝利や敗北の次元は、人間の身体的な現存在の次元と交差している。こうして実存の葛藤——これなしには、人間はまさしく人間でないわけであるが——が、哲学的方法に対しても意義を持つことになる。つまりこの葛藤はこの生物のヤヌス性によって、その現存在の二重の観点を——廃棄したり、媒介したりするのではなく

——、一つの根本的立場から把握するような認識の必然性を指し示すのである」[3]。

哲学的人間学の課題がこの意味において理解されるならば、それとともに、それを取り巻く諸々の問いの圏域は、我々自身の問題の間近に移されるように思われる。それどころか、いまや、ここで探し求められている人間のあの《本質概念》についての原理的な決定は、ほかならぬ「象徴諸形式」の哲学の側からのみなされ得るということが、予言できるのである。というのも、まさにこの諸形式こそが、人間の精神的な行為の次元をとりわけ特徴づけ、この次元の諸々の普遍的な規定要素をいわば内包しているからである。言語と芸術、神話と理論的認識という媒体において遂行されるのは、人間が世界を自己に引き寄せんがために世界を脇に置くという点にその成果が存するあの転換、あの精神的な革命である。これによって人間には、他のいかなる生物も所有していない、世界への近さと世界からの隔たりが与えられる。境界設定のこの過程を特徴づけようとするのであれば、人間と生けるものの世界の全体との間にいわば境界線を引こうとするのであれば、これがなされるのは、これら諸々の形成体〔言語、芸術、神話、理論的認識〕の総体と構造から出発して、これらの形成体をその生成においてよりはむしろその純粋な存立においてとらえようと試みることによる以外にはあり得ない。いかなる形而上学も、いかなる経験的知識も、我々をこれらの形成体の時間的な始まりに置き戻してそれらの発生を直接にうかがわせるという意味において、これら形成体の《根源》を解明することができるようにはならないであろう。我々には、精神的な意識の最初の光線が生の世界から現れ出る時点に立ち戻ってゆくことは決してできない。我々は、言語あるいは神話、芸術あるいは認識が「生成する」地点を指さすことはできない。というのも、それらすべてを我々は、常にただそれらの純粋な存在において知っているにすぎないからである。——すなわち、自己自身において完結した諸形式としてである。そこにおいては、個別的なもののがそれぞれ全体を担い、また全体によって担われており、それゆえにそこにおいて我々は、いかなる《より先なるもの》や《より後なるもの》も、時間という点での《第一のもの》も《第二のもの》も措定することができないのである。我々に残されているのは、一定の形式世界の相対的に複雑な諸形態から相対的に単純な諸形態へ立ち戻ることだけである。——しかし、このように単純な形態のいずれにおいても、形式形成の法則はすでに全体として現存し、働いているのである。したがって、こうした全体を、その諸々の意味-原子（Sinn-Atome）へといわば解体することによって、《説明する》ことができると思い込む分析はいずれも、根本的に誤謬に陥ることになる。というのも、このような意味-原子の単なる概念からしてすでに、内的な矛盾を含んでいるからである。我々は常に、打刻された（geprägt）諸形式のみを、諸々の意味の-全体性（Sinn-*Totalitäten*）のみを相互に対置することができる。この対置によって、それらの構成を支配する固有の精神的な規範を意識化することはできるのだが、我々は、この構成が従っている形態化の原理を、いまだ-形態化されて-いないものへと還元することはできない。いまだ形成されていない《質料（Materie）》から形態化の原理をいわば自己「展開させる」ことはできないのである。もちろん、厳格に自然主義的な考え方の人間学は、常に新たにこうした試みを企てざるを得ない。というのも、このような人間学自身の「可能性」は、この試みの成功にかかっているからである。だが、この試みは結局のところ、繰り返し循環に終わることとなる。すなわち、諸々の要素から「展開させる」ものは結局のところ、あらかじめ暗黙のうちにそれら要素において考えておいたもの、たとえいかに隠された仕方であるにしても、それらのなかに置き入れておいた（hineingelegt）ものにほかならないのである。この種の試みのすべてが辿らねばならず、またそれだけが目標に到達することを約束する道程は、すでにダーウィンによって模範的な鮮明さと明瞭さをもって指し示されていた。「心の動きの表情〔表現〕（Ausdruck der Gemütsbewegungen）」についてのダーウィンの著作[三]はその特質において、「種の起源」についての彼の著作と同様に画期的で、方法的に‐根本的なものである。ここにおいてダーウィンは天才的な洞察力をもって、すでに問題設定において、《自然的な》存在の世界が《精神的な》存在の世界へ移行すると思われる地点、それゆえに、二つの世界の間にある連続性の関係が、ともかくも、直接に指摘可能になると思われる地点を正確に把握している。というのも、表情〔表現〕という現象は、生の最も下位の諸々の度合いや諸々の階層にまで及ぶ生の真の原現象（Urphaenomen）であるように思われるからである。すでに植物の世界が、何らかの仕方でこの現象に関与しているように思われる。シェーラーが述べているように、植物はすでに、「その内的な諸状態の」ある種の「観相学」（弱々しい、力強い、豊かな、乏しい、等々）を持っているように思われる。[4] それゆえに、表情〔表現〕の事象を純粋な生の事象として把握し、それを純粋に生物学的なカテゴリーでもって記述することに成功するならば、――それによって、純粋に自然的な現存在から、中断されることのない不断の前進のなかで、最高の精神的な所産にまで上昇してゆくことを約束する道が原理的に開かれることになる。言語を純粋な表情〔表現〕機能（Ausdrucksfunktion）に還元し、この表情〔表現〕機能そのものを、「その運動の原理」が問われる限りにおいて、純粋に生命的な諸過程の産物として実証する、すなわち、生物学的な「適応」である「自然淘汰」の法則以外のいかなる法則にも従わない発展系列の終点として実証することに成功した瞬間に、問題が克服されたように思われたのである。ダーウィンがそのために取っている方法はよく知られている。すなわちそれは、表現行為（Ausdruckshandlung）が純粋な目的行為の単なる残滓として現れるように表現行為を解釈するという点にある。握られた拳は、「現実の」攻撃運動の衰弱したものにほかならない。怒りと憤りの表現として歯をむき出すことは、歯、とりわけ鋭い犬歯が、いまだ現実の闘いの器官として、敵を襲って滅ぼす手段として使用されていた時期に遡る。身振りによる表現がこのような仕方で、純粋に有用性の原理の下にある一定の生の活動（Lebensakt）の直接の継続として、そしていわば昇華として認識されているのであれば、いまや、言語をこの種の説明の領域に完全に組み入れるためには、言語を表現機能の昇華として実証するというさらなる一歩が必要であるにすぎない。言語についてのヴント〔三〕の著作もいまだこの道を歩んでいる。ヴントが主張する言語の「発展理論」は、言語の精神的な内実の一切は元来、表現運動に由来し、言語はいわば体系化され統制された表現運動にほかならない、という仮定に立脚している。そうなると、これによって円環は閉じられているように思われる。すなわち、その原型を言語が形成している文化の世界は、自然の世界に取り入れられ、これと同じ原理によって説明されているのである。すべての純粋に《一元論的な》説明様式は、結局この点で合流する。すなわちそれらは、方法的に見るならば、純粋な意味内実を自然的な現存在から生じさせることによって理解しようとする試み、――つまり、一見すると別の次元に属するように思われる諸連関を生起（Geschehen）の次元に置き戻すことによって、純粋な意味内実を理解しようとする試みにほかならない。

こうした類いの試みを繰り返し促し、それに形式的な正当性と思想的な支えを与えるものは、純然たる生起の次元の内部にとどまるやいなや、そこにおいては「飛躍」、生成の連続性の中断は、実際にどこにも現れないという事態である。生成のすべての位相は、純粋にそれ自体として見るならば、気づかれずに相互に交じり合っている。だが、生起の諸々の位相のこうした時間的な相-互-連関（In-Einander-Greifen）は、生成において我々に示される諸々の理念的な内実にある明確な相違、否、対立を断じて排除するものではない。諸々の自然形式の生成に対する問いにどのように解答がなされようとも、精神的な生成の領域においては、進化の法則よりはむしろ突然変異の法則が支配している。ここにおいては、波動が次々と一様の変わることのない流れをなして単純に続くのではない。――むしろここにおいては、一つの形態が他に対して、くっきりと明確に際立つのである。新たな形態が先行する諸形態に直接連なる場合でも、それは単純にそれらの結果ではなく、それらに対して、一つの固有で自立的なものを示している。新たな形態が、それに先行するものにいかに近接していようとも、したがって、新たな形態と先行するものたちとの間にどこにも「間隙」が指摘され得ないとしても、新たな形態は、これら先行するものたちから生まれるのではなく、それらから説明することも、導き出すこともできない。「すべての最高のもの、それは、神々から自由に降りてくる」〔四〕。個々の象徴形式に対するこれまでの分析は、そのいずれにおいても、この独特な二重規定を我々に知らせてくれた。この分析は、これら諸形式の発生（*Entstehung*）を問うのではなく、それらの存立（*Bestand*）を問うたのであった。この分析は、この存立そのものを解体し、そこにおけるさまざまな「層」を区別しようとした場合でも、発生的－歴史的な関心によってではなく、純粋に現象学的な関心によって支配されていた。しかしながら、個々の形式に対するこうした現象学的な分析の内部においても、繰り返し明らかとなったのは、とりわけ諸々の《比較的原始的な》形態化において、純粋に「精神的な」内実が「生命的な（vital）」内実といかに解き難く織り合わされているかということ、また、この精神的な内実が、その構成において、いかに諸々の生命的な傾向によって支配されるかということであった。神話の形態世界のような形態世界は、それをもっぱら思考形式として理解しようとしても、純粋に生の形式として理解しようとしても把握され得なかったのである。すなわち、両方の規定の相互浸透（Ineinander）がはじめてそれの本来的な構成的原理を明らかにしたのである。そして同様に、言語の構成において判明したのは、言語的な思考、言葉《ロゴス》そのものが、人間の行為（*Tun*）の圏域のただなかで生じ、行為のさまざまな契機や方向を自らのなかに反映しているということである。――つまり、言葉《ロゴス》の「理論的な」意味が、根源的に―「実践的な」意味にいわば碇をおろし、根をおろして現れる、という仕方においてである。(5) しかし、これら二つの領域がいかに近接するにしても、このことは、一方が他方のうちに解消されることを引き起こすものでは決してなかった。「観ること（Schauen）」が持つ理論的な契機は、行為の契機から導き出されたのではなかった。――むしろ逆に、行為こそが、純粋な精神的諸形式に浸透されればされるほど、ますますその始原的な生の基底、その単に「生命的な」方向から身を引き離していったのである。このことが最も明瞭になるのはひょっとしたら、「技術的な」活動そのものの枠内であるのかもしれない。この活動は、単なる有用性にいたるところできわめて強く結び付けられているように思われる。それどころか、決定的にその虜になってしまっているように思われる。だがやはり、人間が技術において自然の存在と結び付くようになり、また自己を自然の存在に拘束させるかに思われる根本的な手立ては、精神の自己解放に向けての本来的な出発なのである。というのも、道具においてこそ、客体への間接的な関係が、客体の直接的な把捉に取って代わったからである。意欲や欲求の目標が、いまや彼方へと移動する。すなわち、本能的な強制によるかのように、自然の優勢さ――これに対置するものを人間は何も持たないのであるが――によって自然へと追いやられることに代わって、人間は自然を、いわば湧出する媒体のなかで眺めるのである。精神が、現実の客体に直接身を委ねてそこに迷い込む代わりに、「可能的な」客体を把捉し構想することができるようになったところではじめて、道具の生成が可能となる。現実に対することのような新たな態度の意識が表明されるのは、人間が道具を作り出して使用するだけでなく、同時に道具に敬意をはらうことにおいてである。神話的世界像の根本モチーフの一つであることが実証されたこうした道具への敬意において、道具は、直接的－素材的にそれであるところのもの、それがなし遂げるものを超えて高められ、精神的な力として直観されるのである。——道具に対するこのような直観、理念的なものへの道具のこのような変貌と投影は、いまや、人間が外界ならびに自己自身から獲得する新たな見解全体の萌芽と出発点になるのである(6)。

すでにこの一つの例によって、個々の象徴形式の分析が「哲学的人間学」の課題に対して何をなし得るかが、明らかとなる。実際、自然諸形式の世界に対して、特殊－人間的な世界を区画し、この人間的な世界をそれがある通りのものとして明らかにするには、この世界をこうした媒体の内部において考察する以外にいかなる手立ても存在しないのである。この媒体が飛び抜かされるか、それがその十全な特性において認識されないところでは、真に明確な、原理的な限界設定（Grenzsetzung）のあらゆる確実性が欠けることとなる。もちろん、こうした限界設定のごく当然の、いわば最も疑わしくない方法は、特定の純粋に「客観的な」諸基準——つまり、自然的な諸規定として直接に示され得るような諸基準〔五〕に依拠することにあるように思われる。自然は核も殻も持たない、むしろ自然は「一挙にすべて」である、という前提から出発するならば、——「内部」の差異の各々に対して、その必然的な相関物として、「外部」の差異を見出さねばならないであろう。これによってはじめて、探究のより確かな導きの糸が我々の手に与えられるように思われる。「主観主義」〔六〕の危険が払い除けられているように思われるのである。こうした方法論的な基礎の上にユクスキュルは、彼の「理論生物学」をうち立てた。この生物学の根本思想は、個々の生の諸形式のさまざまな世界への立ち入りが我々に許されるのは、個々の生の諸形式の《体制（Bauplan）》の研究による以外には不可能である、という点にある。ある生物の解剖学的な構造に沈潜してゆき、同時に、この構造に対応する働き（Leistung）の範囲をできる限り鮮明に明らかにするならば、我々はそれによって、その生物の生存〔現存在《ダーザイン》〕[七]と作用（Wirken）の領野の境界を画定したことになる。体制が自動的にある生物の環境世界（Umwelt）を創り出す。したがって、この環境世界は決して恒常的なものではなく、生物の各々にとって異なるもの、体制とともに可変的なものとされなくてはならない。また、環境世界の諸ファクターによって引き起こされた神経系内の諸々の作用（Wirkungen）は、環境世界の諸ファクターと同じく、客観的に把握されなくてはならない。神経系内の諸々の作用も、身体的構造からのみ規定可能である。そしてそれらは、はじめからこの構造によって整理され、規制されている。ところでこれらの作用の全体が、我々が生物の《内的世界》と呼ぶものである。したがって——ユクスキュルが強調するように——この内的世界を確定することもまた、「客観的研究の生粋の果実」をなすのであり、これは「心理学的な諸々の思弁によって濁らされる」べきでは「ない」のである。「内的世界と環境世界の上には、体制が一切を支配しながら存在している。体制の探究だけが……生物学の健全で、確かな基礎を与えることができる……あらゆる動物種に対して、体制を仕上げることが研究の中心に置かれるならば、新たに発見されたあらゆる事実は、自然に適ったその位置を見出し、これら事実はそこにおいてはじめて、意味と意義を手に入れるのである」(7)。

このような研究方向の功績は、決して過小評価されるべきではない。それが生物学にもたらした重要で啓発的な成果に、異論をさしはさむべきではない。しかしながら、我々が「哲学的人間学」の根本問題に向かうやいなや、それは機能しなくなる。というのも、哲学的人間学にとって人間の概念は、人間の構造の指摘可能な一定の徴表によってではなく、人間の諸々の働き（*Leistungen*）の総体、全体性によって規定されているからである。そして、これらの働きの総体は、決して単純に人間の「体制」、例えば、脳や神経系の体制によって読み取ることはできないのである。ユクスキュルは、とりわけ下等動物の領域において研究を行なった。——そしてここで獲得した成果から、彼が生物の「機能圏（Funktionskreis）[八]」を特徴づけているあの一般的な図式が導き出されている。各々の動物の《環境世界》は、《諸対象》や客観的な《諸特性》についての我々の概念でもって一般的に規定することはできない。むしろこの環境世界は、動物の組織の全体から発し、あらゆる特徴においてこの全体に対応している。ミミズの世界にはミミズの事態のみがあり、トンボの世界には、トンボの事態のみがある。より詳細に考察すると、その際にこの環境世界は二つの部分に分かれる。すなわち、環境世界の事物の諸々の刺激を包括する知覚世界（*Merkwelt*）と、生物の諸々の作動体（Effektoren）、諸々の作用器官（Wirkungsorgane）の作用面（Angriffsflächen）からなる作用世界（*Wirkungswelt*）とである。「ある動物の周囲にある一つの客体から共通して発せられた諸々の刺激が、この動物にとっての一つの知覚標識（*Merkmal*）を形成する。それによって、刺激を発するこの客体の諸特性が、この動物にとって知覚標識の担い手となる。他方、作用面として働くこの客体の諸特性が、作用の担い手（*Wirkungsträger*）となる。知覚標識の担い手と作用の担い手とは常に同じ客体において一致する。——すべての動物はその環境世界の客体に適応しているという驚くべき事実は、このように簡潔に言い表すことができる[8]」。したがって動物は、何らかの仕方でその動物の作用（Wirken）の範囲に入り込み、ある一定の活動（*Aktion*）を引き起こすものとして問題となるような客体以外のいかなる客体も知覚することがない。こうした活動の方向とそれ固有の「関心」が、その動物の諸々の与件、その「諸対象」の性質を規定する当のものである。しかしながら、まさに「機能圏」のこの閉鎖性、《知覚すること（Bemerken）》と《作用すること（Bewirken）》のこの相互浸透（Ineinander）こそ、我々が人間の世界に接近すればするほどいっそう弛緩してくるように思われる。——そしてついには、この人間の世界そのものにおいては、他のいたるところで有機体の統一を形作っている紐帯が、まさしく打ち砕かれるように思われるのである。人間は――さしあたりまだいわば躊躇しながら、自ら意識することもなく、だがその後はしだいに明確に、断固として――単に知覚することの領域からも、単に作用することの領域からも抜け出して、一つの新たな領域、「考察すること（Betrachten）」の領域を獲得する。そして、この新たな力、考察の力が、人間のなかで強まれば強まるほど――一層人間はそれによって、《作用（Aktion）》と《反作用（Reaktion）》の力関係――それ以外ではいたるところで有機体の世界に支配している力関係――から解放されているのを自覚するのである。動物に一つの環境世界が帰属し、この環境世界が、区分され互いに境界づけられた諸規定へと分節化される限り、この環境世界の現存在もその境界づけられた諸区域も、動物的な衝動的生の動力学に依存している。動物に対していわばその松明を点火するのは、衝動だけであり、動物はこの松明の輝きのもとで、環境世界の一定の諸形態を区別できるのである。衝動が直接有効に働き、強制的である限りにおいてのみ、動物にとって、外部の刺激に対して「知覚を向け（Aufmerken）」、目覚めて－いる（Wach-Sein）ことの可能性が存する。こうして例えば、ユクスキュルの諸々の実験が教えるように、動物の「知覚世界」は、満腹の状態にある動物にとっては、空腹の動物の場合とはまったく別なのである。食物摂取の本能は、その膨張と収縮に応じて、この世界にまったく異なった形態を与える。同様に、個々の生存〔現存在〕の圏域（Daseinskreise）への環境世界の区分けが依拠するのも、個々の衝動の質、分化なのである。たいていの動物においては、例えば、獲物圏、天敵圏、生殖圏、媒体圏と名づけることのできる多数の「機能圏」が区別できる。(9) これらの圏域のなかにある諸々の内容は、動物に対して、それぞれ別の反作用を及ぼし、さまざまの、またさまざまに方向づけられた運動を引き起こすこととなる。「動物の活動の設計《プラン》は」、――とプレスナーは、ユクスキュルの成果をまとめている――「世界を捕らえる網である。実践的なもののまったく単純な優位が支配しており、これが知覚領域（Merksphaere）を単純に、食物探索、防御、交尾、産卵等々に役立てることによって、知覚領域を内容的にまた形式的に、運動的なものの諸カテゴリーに従って形態化するのである。あるデータが知覚領域に登場する場合、それは、信号として姿を現すのであって、決して対象としてではない」[10]。動物において《知覚網（Merknetz）》を《作用網（Wirknetz）》と結び付け、両者をあらゆる瞬間においてきわめて厳格につなぎ合わせ、相互にぴったりと適合させるこの堅固な環（Reif）、――それは、我々が固有に人間的な意識と固有に人間的な形態化の仕方の世界に歩み入るやいなや、崩壊してしまうように見える。そして言うまでもなく、この崩壊とともに人間は、まさしく最も単純な生の諸形式を取り囲み、それらを特別の愛をもって包み込み、庇護するように思われる有機的な生存〔現存在〕のあの楽園から追放されたかのように見えるのである。繊毛虫類であるゾウリムシについての記述においてユクスキュルは、この動物は、揺りかごのなかの子供よりも安全にその環境世界に安らっているという比喩を用いている。「この動物は、道に迷うことから保護し、その食糧や健康の源への道を繰り返し示してくれる恵み深い同一の刺激によって、いたるところで囲まれている。ゾウリムシは、すべてがその安寧とならなくてはならないように、世界に組み込まれている。動物と環境世界は、共同で、一つの完結した合目的性を形成している」[11]。人間は、単にその環境世界に生きるだけでなく、この環境世界そのものを建設することに取りかかるやいなや、すなわち、精神的な形式形成において、環境世界を自らの前へと、また自らのなかから打ち立てるやいなや、そのような安全やそのような保護を放棄する。しかし人間は、純粋に有機的な生存〔現存在〕の保護を放棄することによって、同時に、こうした生存〔現存在〕の強制からも解放されたのである。いまや人間は、諸対象の世界を、それが自らにどのように作用するか、またそれが自らの生命的な生存〔現存在）に対して何を果たすのかによって把握するのではなく、それがそれ自体において何であり、何を意味するかに従って把握するのである。人間の「知覚（Bemerken）」は、人間の行為（Tun）と受動的経験（Erleiden）への依存から解放される。すなわちそれは、「あらゆる関心から自由」になるのである。カントは、純粋な考察（reine Betrachtung）のこのような根本的特徴を、それが実際に、最高の累乗化と純化においてのように現れる美的（*ästhetisch*）対象世界の内部において指摘した。しかし、それは決して、こうした領域に限られているのではなく、あらゆる種類の《観ること（Schauen）》と《形成すること（Bilden）》にとって、形式諸世界と形式諸価値の一切の創造と把握にとって、特徴的で規定的であることが実証されるのである。芸術においてだけでなく、それに劣らず、言語、神話、理論的認識においても遂行される形式への転換は、常に、主観がそれ自身のうちで、自らの生の基調と生のありようの総体において経験する一種の基調の変化なのである。この反転（Umkehr）、この思考の転換《メタノエイン》（*μετανοεῖν*）は、あらゆる「思考《ノエジス》」一般の始まりと前提を形成している。したがって、哲学的に－方向づけられた「人間学」が、人間に対して与えることのできる最も単純で、最も含蓄に富んだ定義は、ひょっとしたら、人間は「形式の能力がある」という規定であるのかもしれない。《形式の能力がある（*Capaso formae*）》、スコラ哲学の術語を変化させて、人間をこのように簡潔に明確に特徴づけることもできよう。世界に対する人間の位置、ならびに諸対象に対する位置は、ここに含まれている。シラーは、考察を「人間を取り巻く宇宙に対する人間の最初の自由な関係」と名づけることによって、この根本的関係を特徴づけている。「欲求がその対象を直接とらえるのに対して、考察はその対象を遠方に移す。対象を激情から逃してやるというまさにその点において、考察はその対象を自己の真の失われることのない所有物にする。単なる感覚感受（Empfindung）の状態において、分かたれざる強制力をもって人間を支配していた自然の必然性は、反省にあって人間から離れる。諸々の感官には一瞬の平安が生じる。永遠に変化するものである時そのものが停止する。意識の分散した光が収束することによってである。すると、無限なるもののの模造、形式が、うつろいやすい地盤の上に映し出される」。シラーの『人間の美的教育についての書簡』に書かれているこれらの文章〔九〕は、固有に－美的に方向づけられた彼の人間主義《フマニスムス》の意味において解されるべきである。すなわちそれらは、人間の「美的状態」を、人間の「最初の自然的状態」から区別しようとするのである。だがそれらは、その意義からして、この目標をはるかに超えてゆく――それらは、「反省」の一切の方向に対して、また、反省のなかで、反省を通して開示される一切の形式世界に対して、等しく適用可能なのである。

　我々がこうした根本的関係を明確にとらえるならば、それとともに、これらの形式世界、また、これらの一つ一つが従っている法則を、それらの生成、それらの時間的な出現の因果的諸条件を探究することによって把握しようとする希望は、消えうせてしまう。というのも、我々がその際に、精神的なものの世界を自然的な現存在の世界にいかに緊密に接近させようとも、やはり原理的な点では、両者の隔たりは依然として廃棄しがたいものであることが証明されるからである。一方から他方への移行は、常に〈他の類への移行（μετάβασις εἰς ἄλλο γένος）〉を示すことになる。「考察」の世界においては、それを有機的な生起の世界ならびに有機的な作用の世界と比較するならば、まったく独自で独特なモチーフが常に付け加わっている。しかしながら、精神の世界は、進化論的な形而上学の意味においては自然の世界から《導き出す》ことができないが、まったく別の、それどころか正反対の方法的意味において、精神の認識は、やはり自然の認識に結び付けられているように思われるのである。我々が両者の間に発見する連続性よりは、むしろ、両者の間に現れるコントラストが、我々に両者の本来の本質をはじめて真に開示するように思われるのである。我々が二つの世界をただそれ自身において、またそれ固有の規定的な構成原理において考察する限り、我々にはそれらのいずれもが真に透明にはならない——我々は両者をむしろ相互に対照しなければならない。いわば一方を他方のなかに反映させ、そうした「繰り返される反映」[一〇]において両者の形象を手に入れなくてはならない。個々の象徴形式が遂行するあの大いなる形式の変形過程以前に存在する現存在の層へ我々が立ち戻ることに成功するならば、これら諸形式の秘密は、はじめて十全に我々に明かされるであろう。我々はそれらにとらわれているだけでなく、同時に、それらの上に立つであろう——我々は、それらの遂行のただなかにあって、同時にそれらの限界を意識するであろう。知性は自己自身に固執している限り、自己を把握することがない。知性の自己についての最高の知は、知性が自己に適った思考の形式を超え出てゆく場合に——知性がその《論証的な（diskursiv）》論理的諸形式のすべてを超えて、純粋直観（die reine Intuition）の領域に触れる場合に、はじめて知性に与えられる。知性は、単独でこの領域を満たすことはできないが、それでもやはり、この領域を自己に対する原理的な《他者》として眺め、そしてこのように眺めることによってはじめて、自己自身を自己の間接性と制約性において理解することができるのである。我々はこれによって、ベルクソンの形而上学が歩んだ道を記述したのである。すなわち、あらゆる種類の間接性、単なる《象徴性（Symbolik）》を超える知たらんとすることを、すでにそれ自身の定義において明言しているあの形而上学のことである[12]。ベルクソンの「創造的進化」の概念は、恒常性を中心思想とするのではなく、区分、つまり生の諸領域の原則的な《区別（Diskretion）》を中心思想としている。麻痺、知性、本能（*torpeur, intelligence, instinct*）という名称によって彼がとらえる段階のいずれもが、他の段階に還元され得ない——各々の段階は、他の段階に対して、《生の意志》の一つの固有に-新たな全体的方向を表している。

アリストテレス以来のすべての哲学を支配してきた根本的誤謬は、——と彼は明確に述べている——植物的生、動物的本能、そして理性の生のなかに、同一の進化傾向の三つの連続する局面を見た点にあった——ところが実際には、それらにおいて問題なのは、三つの相異なる方向であり、それらの対立は、進化が進めば進むほど一層明瞭に現れてくるのである。「この違いは、単なる強度の違いではない、あるいはもっと一般的に表現するならば、程度の違いではない、つまりそれは、本質の違いである」[13]。こうしてここにおいて我々は、ベルクソンによって展開される生の形而上学が、その成果において、我々が象徴諸形式の分析から、すなわち精神の純粋な哲学から引き出したあの原理的な結論と直接触れ合うように思われる地点に立っている。というのも、《生》と《精神》の間の境界線は、生の形而上学によってもきわめて明確に引かれるからである——分離の正当性と価値についての判断が最終的にどのようなものになろうとも、分離「ということ」が、きわめて明瞭に際立たされるからである。しかし、ベルクソンの学説の諸前提の内部にとどまるならば、いまやまさにこの側面から、新たな問いが生じてくる。生そのものは、絶対的存在として、同時に、自己自身において分裂するかもしれない。植物的な麻痺、動物的な本能、人間的な知性という三つの端的に相異なる方向へと分岐するかもしれない。——だがやはり、生の形而上学にとっては、こうした分岐を単純に確認して示すことでは決して十分ではないのである。というのも、生の形而上学、生の哲学は、哲学として、新たな統一の要求の下にあるからである。存在における分裂は、知における絶対的な分裂に至ることはできない——この知が他方で、存在についての知を与えるという自らの目標に到達すべきであるのならば。麻痺、本能、知性という三つの生の領域の並存は、最後の段階が、二つのより前の段階から単に実在的に区別されるだけでなく、それらから区別されているものとして理念的にも自己認識するということがいかにして可能であるのかを説明していない。自己自身ならびに自己固有の制約性をこのように《把握すること《ベグライフェン》》は、それ自体においてすでに、またしても《周囲に手を伸ばすこと《ウムグライフェン》》であり《越えて手を伸ばすこと《ユーバーグライフェン》》である。すなわち、知性の「見地」から生の全体性を眺めることである。《知性》が実際にベルクソンにおいて現れているようなもの――つまり、すべての一部であって決して全体に匹敵し得ないもの、その原因を決して表現できない単なる結果、「世界を照らす太陽の代わりに地下室に置かれているランタン」(14)――にすぎないならば、全体をこのように眺望することや全体を振り返ることは、いかにして可能であるのか。ここにベルクソンの方法論にとって本質的な問い、本来的に－決定的《クリーティッシュ》な問いが存在している。そして彼自身は、この問いに対する合理的な答えは彼の体系の内部では可能ではないということを、きわめて明瞭に意識している。我々にこの答えを与えることができるのは、結局は、悟性の洞察ではなく、意志の決断だけなのである。ゴルディオスの結び目は、解かれ得ない――それは打ち砕かれ得るのみである。我々の思考は、飛躍を敢行することを決意しなくてはならない。すなわち、自己自身にとって不明瞭で近づき得ない領域への飛躍である。理性は、自己自身の諸力に思いを巡らすことによって、これら諸力の拡大に到達することは決してないであろう。知性は、いかに明敏に自己自身のメカニズムを考察し分析しようとも――こうした方法でこのメカニズムを踏み越えることは決してないであろう。知性はその際に、ますます緊密に自己自身のネットワークに巻き込まれてゆくにすぎない――知性は、ますます複雑な諸々の形成物に到達するものの、知性に優るもの、あるいは、知性と異なっているようなものすら決して手に入れることがない。《物事は手早くやってのけねばならない。そして、意志の行為によって、知性をその居場所から突き出さねばならない (*Il faut brusquer les choses, et, par un acte de volonté, pousser l'intelligence hors de chez elle*)(15)》。

《象徴形式の哲学》はもとより、――《精神》の世界の、《生》の世界からの特有の相違をいかに承認し、それをそれなりに鋭く強調しなくてはならないとはいえ――問題のこのような類いの解決はなし得ない。《象徴形式の哲学》は、単純に非合理主義に身を委ねることはできない――この哲学は、意志の指令によって、知性を自己自身の向こう側へ放逐することはできない。この哲学は、分析の間接性を直観（*Intuition*）の直接性によって取り替えることはできないのである。というのも、こうしたことのすべては、この哲学がはじめから基いていた方法の法則によって禁じられているからである。この方法はこの哲学を、内在の諸々の制限のなかに固く引き留めている――その際に《内在》は、もとより、例えば純粋に理論的‐科学的な形式といった、何らかの個別形式に固執することとして理解されるべきではなく、むしろ可能的な形式付与と意味付与の総体に固執することとして理解されるべきなのである。精神の世界をこの総体によって定義するならば、我々がこの世界のために求める確実性の「アルキメデスの点」は、我々にとって、決してその外部にではなく、常にそれ自身の内部にのみ求められ得るのである。精神は、諸形式を蛇の皮のように脱ぎ捨てることはできない、――諸形式において精神は生き、存在しており、諸形式において精神は思考するだけでなく、感受し（**empfinden**）知覚し（**wahrnehmen**）、直観し（**anschauen**）形成してもいるのである。精神は、有機的な変態《メタモルフォーゼ》によるように、自身が立脚しているのとは別の存在と生の段階に入り込むことはできないのである。だが、精神がいつか実際にその根本形式を放棄することがあり得るというわけではないものの、他方でやはり精神は、牢獄の壁に閉じ込められるように、その根本形式に端的に呪縛されているわけでもない。というのも、精神は、単に一定の諸形式において《在る》だけでなく、同時にこの自己の規定、自己の限定を知っている、ということがまさしく、精神の特性と特権をなしているからである。しかし、何らかの知であれば、それは、直接的な直観（Intuition）によって精神に与えられるのではなく、精神の《反省的な》諸力のすべての投入と最高度の緊張を要求する。《直接的なもの》それ自体は、それが存立する限り、決して直接にとらえられないし直接に経験され得ない。すなわち、《直接的なもの》への道は、それが純粋な還元（*Reduktion*）の道である限り、それ自身が徹底して間接的な道なのである。より詳細に見るならば、ベルクソン自身もこうした前進的な《還元》によってのみ、自然ならびに生のあの形象——これを彼は、鏡の前に差し出すように《知性》の前に差し出すのであるが——を構想することに成功したのである。彼自身の形而上学が根ざし、絶えず養分を得ている力は、それ自身が「知性」の特有の根本的な力である。すなわち、それが創り出すもの、それがそれ自身の胎内から生み出すものすべてに対して、ふたたび否定的な態度を取ること、その産物のうちにただ単に《在る》のではなく、絶えずそれを超えて、それどころかそれに向かって（*gegen*）問いかけること、これがその能力である。我々もまた、こうした問いかけを回避できないし、回避するつもりもない。しかし我々は、以前に我々に明らかになったことのすべてに従って、その答えを思考の別の方向において求めなくてはならない。我々はこれまで、個々の象徴形式——言語、神話、理論的認識——が精神的な現実の構成の諸契機であることを証明しようとしてきた。これら諸形式の各々は、独立の建築術的な原理を我々に示している。理念的な《構造（Gefüge）》、あるいはよりよく表現すれば、——ここでは決して純粋に静力学的な諸関係の記述ではなく、動力学的な過程の指摘が問題であったがゆえに——《組み立てること（Fügung）》それ自体の特徴的な仕方を我々に示している。しかしこの過程の叙述においては、我々は繰り返し一定の方法的な制限に直面していた。というのも、《経験》、つまり「直接的な」体験の層を掘り出すことには決して成功しなかったからである。——この体験の層に、形式付与のさまざまな力は、素材的な基体に対するかのように、手をつけ、単なる素材としてのこの基体によって、その働きを遂行することができたのである。むしろ我々が繰り返し阻止しなくてはならなかったのは、次のような見解である。——つまり、「象徴的な形式形成（Formung）」の過程においては、所与の感覚世界ないしはできあがって－現存している知覚世界の形態変成（Umgestaltung）だけが起こるかのような見解、——基層、原層としてのこの世界に、いまやかろうじて一種の理念的な「上部構造」が付け加わるにすぎないかのような見解である。むしろ明らかとなったのは、そのつどの精神的な視点（*Blickpunkt*）がすでに知覚の存立そのものを規定していたということである、——両者は、互いに分離され得ず、隔離され、区別されて示され得なかったということである。さまざまな種類の《視界（Sicht）》が、自発的にそれぞれ固有の《視覚可能なもの（das Sicht-bare）》の秩序を規定していた、——その際に、視覚可能なものと視界、知覚されたものと理念化されたもの（Ideirtes）、《現存するもの（Praesentes）》と《再現するもの（Repraesentatives）》とは、常にその相互－浸透（In-Einander）において、相互に結合されたありようと織り合わされたありようにおいてのみ示され得たのである。

　しかし、これまでの探究がなされた領域を我々が広げるやいなや、新たな展望が開かれるように思われる。精神的諸形式の考察が我々に拒み、また拒まねばならなかったものを、いまや、自然の諸形式の領域の考察が与えることを我々に約束するのである。というのも、我々の哲学、すなわち「思考の化学（Scheidekunst des Gedankens）」が、決して真の鮮明さにおいて果たすことのできない分離が、ここでは現実そのものによって生じたように思われるからである。他の諸々の有機的存在の体験世界が我々に開かれるのなら、——そのなかを、我々自身の諸々の意識現象を覗き込むように、覗き込むことができるのなら、——我々はそのなかに、前－神話的世界、前－言語的世界、前－理論的世界を見出すであろう

——そしていまや、真に‐直接的なものであるこのものによって、これらの媒介（Vermittlungen）〔神話的世界、言語的世界、理論的世界〕のすべてのありようをはじめて完全に見極め、読み取ることができるであろう。我々の精神的存在が我々を保持しているすべての湧出する媒体の外部において、我々はいまやはじめて、生そのものに、その絶対性とその計り知れない形態の多様性において、対面することになるであろう。一つの比喩で表現するなら、いまやはじめて、現実性の真の、そして根源的な金属が、我々の精神においてそれが経験した、後からなされた打刻（Prägung）から、確実に区別され得るであろう。そして、言うまでもなく方法的に決定的な一つの問いのみが、ここにおいて生じるのである。すなわち、いかなる手段（*Mittel*）によって我々は、このような《置換（Transposition）》、我々のものとは別の体験の‐現実へのこのような置き換えを手に入れることができるのかという問いである。ここでの一切の論理的演繹、単なる類推的‐推論が、いかに不確かで、信用できないものであるかは明白である。——しかし同様に、この点においては、「帰納」、経験と観察も、我々を先へ進めることはできない。というのも、帰納が我々に提供するのは、他の生物の世界に関しては、常に形象の枠だけであって、この枠を充塡することではないからである。それは我々に、形態の、つまり「体制（Bauplan）」の自然的な輪郭だけを与えてくれる——それは我々に、それ自身によっては、純粋に‐経験的な手段によっては、決してそれ以上のものを与えることができないのである。経験的知識が我々を見捨てるこの地点において、空想《ファンタジー》の助けを求めるべきなのか——我々の概念の論理や観察の方法論が機能しないがゆえに、美的「感情移入」の働きに身を委ねるべきなのか。経験科学自体は、このようなやり方に対して常に、きわめて激しい異議を申し立てるに違いあるまい。動物の「内的世界」を、我々が証明することも否定することもできない諸々の心的な質でもって塗り上げ、飾り立てること——このことは、ユクスキュルが明言しているように、「真面目な研究者の作業」ではあり得ない。[16] 厳格な経験主義者のこのような異議を、批判的に‐方向づけられ、批判的な‐考えに立つ哲学は無視することができない。しかしもちろん、「行動主義」の過激な主張——それによれば、動物存在のすべては、動物の外的な振る舞い（*Verhalten*）において我々が近づき得るもののなかに含まれている——もまた、ここに提示されている哲学的問題に対処することはできない。というのも、ここにおいても、方法的なテーゼが、純粋に独断的なテーゼに置き換えられているからである。そしてこの後者のテーゼは、現象そのものにおいて我々に「与えられている」のではないにせよ、少なくとも「課せられている」ものの歪曲と否認によってのみ貫徹され得るにすぎない。「自然的な世界観」の内部では、動物は機械としてではなく、《生命を与えられた（**belebt**）》存在として我々に現れるということ、——動物は動きを与えられた（**bewegt**）物体としてではなく、魂を吹き込まれた（**beseelt**）身体として我々に現れるということ、この事実を、いかなる理論も排除することはできないのである。《それ《エス》》の世界は、ここでは、自立した量として根源的に存立しているのではなく、——この世界は、所与である《汝《ドゥー》》の世界から方法的な抽象によって獲得され得るにすぎない。[17] こうして我々の思考は、この問題に専心する場合に、繰り返し解きがたいジレンマに巻き込まれざるを得ないように思われる——そこから前進することも後退することも等しく不可能である地点へと、必然的に導かれるように思われるのである。ほとんど唯一可能な打開策と思われるのは、災いを転じて福となすこと、——つまり、一種の意識的な方法的禁欲を行なって、問題の解決のみならず、問題の設定をも断念するということである。まさしくここにおいて、我々は、《模型的知性（*intellectus ectypus*）》の思考が《原型的知性（*intellectus archetypus*）》[一一] のそれに匹敵しないものとして認識されざるを得ない地点に立っているように見える——すなわち、「理性の冒険」[一二]、——カントはそのように、生けるものの総体を一つの共通のプランによって見渡して解釈しようとする試みを名づけたわけだが、この「理性の冒険」が、貫徹不可能であることが明らかとなる地点である。

しかしながら、有機的な生の諸形式とそれらに帰属する諸現象の多様性を、精神の視点（*Blickpunkt*）へと移すためのもう一つの道が存在する。そこにおいて我々は、ベルクソンが固執するあの「手早くやってのけること（Brüskierung）」を決意することもなく――《知性》に対して、それ自身の諸々の限界を飛び越えて、一種の忘我《エクスターゼ》によるかのように端的に新たな存在へと入り込んでゆくことを要求せねばならないということもないのである。知性の存在形式を我々は、別の存在形式と取り替えることはできない。その《論証的な（diskursiv）》把握の仕方を直接的な直観（Schau）によって置き換えることはできない。しかし、その概念形式の内部で、その《論証の運動（*discursus*）》そのものの内部で、規定の方向を転換することは可能である。ともかくも、そうした方向の変更によってのみ、《直接的なもの》の世界が我々に可視的となり得るのである。いかなる形而上学的な直観（Intuition）によっても、またいかなる経験的な観察によっても直接我々に与えられ得ないものが、間接的に規定可能となるのは、《主観的なもの》の特性が我々に開示される方法を総じて示しているあの体系的な「再構成（Rekonstruktion）」の歩みにおいてである。我々が《客観的精神》の世界にのみ立つ限り、すなわち、我々のまなざしがもっぱら諸々の精神的な形態化そのものに注がれ、それらをその純粋な事象内実に従って把握してその本質に迫る限り、その限りにおいて、考察のすべての力は、ひたすらこれらの形態化そのものに向けられており、それらのなかにいわば拘束されている。しかしながら、こうした拘束は、無条件の解きがたいものではあり得ない。――というのも、精神は単に《外界》、自然的な現存在の世界に向かってだけでなく、自己自身に向かっても、すなわち自己固有の本質の十全な表現であるものに向かっても、後退することができるということが、まさしく精神の根本的性格をなしているからである。精神が、その形式付与と意味付与の多様な方向において、一定の客観的な形成体を「視《み》やる（hinsehen）」ならば、――まさしくこの「視点（Hinsicht）」がやはり同時に、ある転換の可能性を内包しているのである。このような志向の能力、一定の事態（Sachverhalte）や意味様態（Sinnverhalte）にこのように関わり、強く関心を抱く能力に、他方で、《抽象化》の能力が対応している。本来の精神的自己意識は、両契機が互いに条件づけ合い、互いにいわば均衡を保つところにはじめて生まれる。自己意識の存立は、この条件に結び付けられている。――すなわちそれは、精神の《生産的な》諸力と《抽象的な》諸力、形態形成の諸力と反省的な諸力が保つバランスを現す以外のなにものでもないということもできよう。こうして《知性》は――この語をその最も広い意味において理解するなら――、確かに、自己自身から逃亡することは決してできない。――それは、基礎的な諸カテゴリー――それらによって、知性に対してのみ存在と意味の宇宙が存在するのだが――を拭い去ることはできない。だが、知性に与えられているのは、知性が、これらのカテゴリーの遂行のただなかにおいて、それらの《根源》を振り返ることができるということ、知性が、それらの基底とそれらの意義を問うことができるということである。そして、この問いが新たな省察の始まりを形作るのである。遂行それ自体は、いまや停止されているように見え、ある一定の地点で中断されているように見える。ところが、こうした中断においてはじめて、この遂行は「確認され」ており、意識へと高められているのである。ところが、ここにある否定の活動は、精神の実体に向かうというよりも、むしろ精神の最初の機能に向かっている。精神は、自己自身をその本質において放棄するのではない、むしろ、この自己の本質を二重の運動のなかで通過するのである。精神の論証的な歩みは、今や二重の「意味」、いわば正の符号と負の符号を獲得したのである[18]。精神の直接的な生動性においては、そのエネルギーのすべてが個々の形式世界の構成（*Aufbau*）に向けられていたが、――いまや、それらの一種の「解体（Abbau）」を試みることができるのである。しかしこの解体は、もちろん決して存在論的な意味においてではなく、純粋に方法的な意味においてのみ理解することができる。この解体において問題なのは、客観的・精神的な諸々の形態化の世界を実際に取り払う（*abtragen*）ことではなく、それらをある厳密に限定された意味において度外視する（*absehen*）ことだけである。こうしてここでは、知性に対して、いかなる飛躍も、いかなる決死の跳躍（*salto mortale*）も要求されることがない。知性はいまや確かに、ある意味において自己自身に背を向ける――しかし、その本質において自己を否定するためにではなく、その本質において自己を認識するためになのである。この認識が知性に与えられるのは、知性が、構成過程（Aufbauprozess）の個々の局面（Phasen）を単に走り抜けるだけでなく、これらの局面、ならびにそれらが相互に結び付いているありようを振り返る場合だけである。この振り返りにおいて、いまや知性にとって、自己固有の圏域もまた拡大する。――この圏域において、知性は――常に条件づけられ、限定された意味においてにすぎないのではあるが――単に精神の諸形式の全体だけでなく、生の諸形式の全体をも取り入れることができるのである。我々の概念世界だけでなく、我々の直観世界と知覚世界の総体が、諸々の特徴的な形式条件の下にあり、これらと解き難く織り合わされているさまを、我々は見たのであった。しかし、この積極的な連関と結合は、その否定的な裏面をも持っている。というのも、我々がいまや、純粋に仮説的にせよ、これらの諸条件を度外視しようとするなら、我々はそれによって、形式という点で我々の世界とは区別されるが、その「質料（Materie）」においても固有に‐他なる世界として考えられ得るような世界に歩み入ったことになるからである。この世界の《現実性》、つまり、そこにおける現象的な諸々の《所与》のありようは、我々自身の「体験世界」と同列に置くことは決してできないであろう。こうした事態への理論的洞察に基づいて、その他なる現実性を、実際にも、具体的に（*in concreto*）現前化できると期待することは、もとより決してできない。ましてや、この現実性をその個別的特徴において描写し、それを直接に追体験し、この追体験によって記述できると期待することはできない。このような描写、このような図解的な明確化の試みはいずれも、我々を必然的に誤った道に導くに違いあるまい。これに対して、あの他なる体験諸世界が基づいている一般的な構造原理を、それ自体として把握し、それを、我々の感性的‐精神的な世界にとって規定的である諸原理と照らし合わせることは、方法的に‐可能な、方法的に‐正当な試みである。こうした照合と対照がいまや、《自然》と《精神》、《生》と《意識》との間の区別、批判的な限界設定――この限界設定は、それにもかかわらず純粋に精神的存在そのものの内部に保持され、それの内在的な諸手段によってのみ遂行されるのであるが――の新たな手段となるのである。

さて、このような一般的な予備的検討の後ではじめて、体系的に仕上げられた「象徴形式の哲学」が「哲学的人間学」の基礎づけに対してなすことができる仕事を、真の鮮明さにおいて、描き出すことができるのである。「象徴形式の哲学」は「哲学的人間学」に対して二重の観点で生産的となり得るであろう。「象徴形式の哲学」は「哲学的人間学」にとって、カント的に言うならば、「予備学（Propaedeutik）」としてと同様に「訓練（Disziplin）」としても役立つであろう。「象徴形式の哲学」は「哲学的人間学」に対して基盤と地盤を整えるであろう。――そして同時に、「哲学的人間学」がこの確実な基盤を後にすること、つまり、いかなる「可能的な経験」によっても証明も論駁もなされ得ない諸々の思弁に迷い込むことを防止するであろう。しかしながら、象徴形式の哲学のこうした生産性を、ここで問題となっている問題圏に対して詳細に証明することに取りかかる前に、なお一つの一般的な方法的疑念が取り上げられなくてはならない。我々は、こうした問題圏に歩み入ることによって、またしても「心理主義」のあらゆる両義性とあらゆる危険に身をさらすことにならないであろうか。単なる問題設定それ自体によってすでに、カントが「批判哲学」のために仕上げた根本的立場に悖《もと》ることになりはしないだろうか。このような異議に対しては、『純粋理性批判』において、「客観的演繹」のための道に劣らず「主観的演繹」のための道をも示したのはほかならぬカント自身であった、ということが、まずもって反論とされ得るのである。彼は、単に経験の諸対象の可能性の諸条件を問うだけでなく、経験は彼にとって同時に、「悟性が要求する認識の仕方」であり、彼はこの認識の仕方へ、「思考する能力それ自体」へ批判的問いを向けるのである[19]。実際、心理主義の本質は、「主観的演繹」の道がそもそも歩まれるという点にではなく、この道が、「客観的演繹」の課題ならびに方法論から、明確かつ鮮明に区別されないという点にある。心理主義に対する本来の真の勝利が可能なのは、したがって、「哲学的人間学」の諸問題を避けることにではなく、これらの問題に、哲学の体系の内部でその確かな位置、厳密に規定された場所を指定することにおいてである。この場所が取り違えられ、この「超越論的場所論」が機能しないところにおいてのみ、心理主義と純粋論理学との間の争いに至ったようなあの諸々の境界の移動、「すりかえ（Subreption）」が生じるのである。こうした類いのすりかえは、諸々の問題圏の正しい分離が不首尾に終わるところだけでなく、それらの正しい結合が不首尾に終わるところでも生ずる。意識の批判的分析は、それが「客観」の世界と「主観」の世界の両者を相互に指示し合ったものとして、相関的に相互に結び付けられたものとして認識する代わりに、もっぱら「客観」の世界だけに関わるか、あるいは「主観」の世界だけに関わる限りにおいて、不完全で一面的なものであり続けるのである。それは、《現象すること（Erscheinen）》自体の多様な様態にも、これらの様態において把握される客観的意味と対象的内実と同様に、向かわなくてはならない。分裂や両義性がここから生まれることがあり得るのは、それ自体においてまったく正当で必然的な双方の問題設定が、互いに結合される代わりに、互いに混淆される場合、つまり、それらが無批判に互いに錯綜する場合だけである。哲学的思考は、双方の道筋のいずれにも目を閉ざしてはならない。——だが、哲学的思考に要求されるべきものは、双方のいずれのなかでそのつど運動しているのか、を知っていることである。すでに個々の象徴形式の分析が、繰り返しこうした事態を我々に指摘していた。——いまや我々は、そこで特殊的に明らかとなったものを体系的な回顧のなかで要約し、このような要約のなかで一般化しようとすることによって、この事態のなかへ一層深く入ってゆこうとするのである。

2　生と象徴形式

我々はナトルプとともに「批判的心理学」の本来の方法を、体系的な「再構成（Rekonstruktion）」のあの手立てのなかに見るのであるが、この手立てのための基礎を、我々はできる限り広く、包括的に選択しなければならない。二重の点でここには狭隘化の危険がある。つまり、遡って問う際の出発点をなす領域が、主知主義的な意味で制限されるか、あるいはプラグマティズム的な意味で制限されることによってである。ナトルプ自身の心理学の構成に関して言えば、彼は、まったく総括的なプランによって支配されている。——しかし、このプランは、その遂行の際には、あるまったく特定の個別的方向において結果を生み出すにすぎなかったのである。ナトルプは、本質的にカント的な三分割から出発する。すなわち、存在の客観性に、当為の同様に純粋な客観性が対応し、そして両領域の間、つまり、「自然」の領域と「自由」の領域との間には、「文化の形態化の第三の主要な方向[1]」としての美的な諸対象の世界が存在している。しかしながら、この中心思想のさらなる追究において、この思想は明らかに、客観性のこの第一の段階にいよいよもって関係づけられ、ほとんどもっぱらそれによって方向づけられるのである。問いは——少なくとも、それがナトルプの「一般心理学」において獲得したあり方においては——徹底して《自然》に向けられている。——そしてその際にこの問いは、自然そのものの概念を、それが、科学、すなわち精密な自然認識、によってこうむるあの形態化と刻印において解するのである。以後は精密な自然認識が、客観化の過程一般にとっての原型《プロトテュープ》と範例を形成することとなる。この過程は、「直接的」体験の具体化から進行して、抽象的な、普遍的で必然的な法則諸概念に至ることを本質とする。現象するもの（das Erscheinende）は、それが法則によって、あるいは、普遍的に存立する関係によって規定されたものとして認識されることによって、ある対象の現象（Erscheinung）として認識されるのである。哲学的な自己省察は、こうした関係そのものに立ち止まらずに、その妥当性の根拠、諸々の法則概念一般の可能性を問うのであるが、もとより認識せねばならないのは、《法則》と《個別的なもの》、《普遍的なもの》と《特殊的なもの》、《規定》と《規定されざるもの》の対立が、決して絶対的な対立としてではなく、常に相対的な対立としてのみ把握されるべきである、ということである[2]。しかし、まさしくそのようなものとして、この対立は、端的に根本的であり続けている。すなわち、客観的なものへの方向は、あらゆる領域において法則への方向によって達せられ、主観性への回帰は、正反対の関係、つまり「個別事例」への関係によって達せられるのである。我々はすでに、我々の探究のより以前の箇所において、問いのこのようなあり方が狭すぎるということ、また、なぜ狭すぎるのかということを説明しようとした。我々が指摘したのは、客観的な「形態化（*Gestaltung*）」のすべてが、例えばカントでは悟性がその諸カテゴリーにおいて「自然に対する立法」として現れるのと同じ意味で、「立法（*Gesetzgebung*）」として理解され得るわけではない、ということであった。「主観性」の面に関しては、ナトルプにおける制限は、彼においては意識の最終的な、純粋に理論的な「要素」として、感覚（*Empfindung*）が際立たせられるという点に表されている。我々が当為の世界に、「努力（Strebung）」の契機をその主観的な相関物として割り当てねばならないように、美的なものの世界に「構想（Einbildung）」の機能が対応するように、純粋な法則概念――そこにおいて経験は諸対象と客観的諸関係の総体として我々に示されるのであるが――のすべては、感覚を遡行的に指し示す。この意味で感覚は、最終の《具体的なもの》と最終の《所与のもの》を形成するが、もとよりこれは、それ自体決して直接見出され得ず、常に客観的なものからの逆行によってのみ、再構成の方法によってのみ開示され得るにすぎない。《感覚》は、量という点では、最終の個別的なものとして定義され、質という点では、最終の同一的なものとして、意識における質的に一にして単純なものとして定義され得る。[3] したがって、それそのものの背後にそれ以上遡って問い得ないものとされる。すなわち、それが我々にとって存在し、我々に現れるありよう、例えば、諸々の一定の質の－圏域に区分されるありようは、事実（Datum）として受け入れられるのである。まさにこの《事実》そのもののなかに、真に徹底した再構成そのものが指摘して明示せねばならないであろうような、まったく特定の理論的諸前提がふたたび入り込んでいるということ――このことは、ここでは認識されていないし承認されてもいない。しかし実際には、「単純な」感覚と、明確に隔てられた諸々の群への、個々の「感官の圏域」への「単純な」感覚の分解は、心理学の出発点というよりはむしろ理論的構築物を形成しているのであり、この構築物は、その正当性と必然性に関してどのように判断がなされようとも、心理学のいかなる真正な基盤も、分析のいかなる《極致（*non plus ultra*）》も意味することができないのである。単なるXとして、すべての規定に先立って規定可能なものとして《感覚》を措定すること、そして、この未規定のものを規定するための手段として理論的な形式諸概念と法則諸概念を措定すること、この両者は、ナトルプにとって相互に対応している。――だが同時にそれは、純粋に理論的な世界に対する彼の分析が、いわばこの世界の一つの次元だけを把握し、絶えずそのなかで運動しているということを、示しているのである(4)。

生の形而上学が理論的な形式世界に対して遂行する批判においては、これとはまったく別の意味において、この世界の制限がなされる。ここにおいても、批判が第一に目指すのは、科学、とりわけ精密な自然認識である。それは、「知性」の最終的な最高の産物である。だが、まさにそれゆえに、そこにおいては、その原理的な制限もまたきわめて鮮明に現れることになる。この制限は、科学が、知性一般と同様に、ただ見かけにおいてのみ、現実の考察、現実の思弁的な把握のための装備を施されているにすぎない、という点にある。なぜなら、両者は、その起源から言えば、行動（Handeln）の器官以外の何ものをも意味せず、また、それ以上のものを意味しないからである。両者の《諸々のカテゴリー》は、――認識することを、《主観》と《客観》の真の統一性、認識されたものと一になることと理解するならば――認識することの諸形式ではなく、活動（Aktion）の諸形式である。ベルクソンの知性批判は、徹底して、知性のこのようなプラグマティックでプラグマティズム的な定義に基づいている。我々の思考は、その最も純粋な論理的形式においても、生の真の本性、創造的発展の過程の真の本性をとらえることはできない。生によって、まったく特定の諸条件のもとで、またまったく特定の目的のために創られている我々の思考が、どのようにして生そのものを包み込むことができるだろうか。クラーゲスにおいてと同様ベルクソンにおいても、知性は、単に技術的な道具として認識され、そのようなものとして暴露されることによって、いわばその仮面を剝がされるのである。「我々がすべての誇りを捨て去ることができるのであれば、我々が、我々の類を定義するために、歴史時代と先史時代が人間と知性の持続的な性格として我々に提示するものに厳密に依拠するのであれば――我々は、人間を知性人《ホモ・サピエンス》として定義する代わりに、むしろ、工作人《ホモ・ファーベル》として定義することであろう。知性は、その根源的な規定とその本来の出発点から言えば、諸々の人工的な道具を制作する能力、より厳密に言えば、それがふたたび他の諸々の道具の作成に役立ち得るような諸々の道具の制作の能力にほかならない。そして同時に、知性は、この制作を無限に変化させる能力である[5]」。一見すると、この定義は、我々自身の分析の結果と一致するように思われる。というのも、この定義もまた、人間が道具と道具の-思考の領域に歩み入るやいなや、人間の精神的存在において遂行されるあの特徴的な急転回《ペリペティー》を我々に指摘していたからである。しかしこの急転回の際に、この思考は、徹底して種（Species）として現れていたのであり、類（Genus）としてではなかった――「知性」の一契機としてではあったが、知性を全体において生み出し、全体において汲み尽くすものとしてではなかったのである。道具の産出とその使用においては、「視界（Sicht）」、予-見（Voraus-Sicht）のある一定の形式と方向が我々に示された。だが、これに対して、あらゆる種類の視界、あらゆる理念的に〈観ること（Schauen）〉全般が、〈見ること（Sehen）〉のこの一つの特殊な種類に結び付けられていることが証明されたわけではない。さもなければ、すべての精神的な創造物は、最終的には、単なる結果（Wirkungen）に解消されてしまうであろう。例えば、言語と神話は、特定の目的のために作り出され、その意味の総体がこの目的の達成に吸収されてしまうような、人間の「考案物(Erfindungen)」にほかならなくなるであろう。近代の非合理主義は、ここにおいて弁証法的にその反対物に転化する。すなわちそれは、例えば言語を、純粋に技術的な産物、伝達と相互的な意志疎通の必要のみに役立つ記号の体系と見なした啓蒙期のあの合理主義に、奇妙に、また危険なまでに接近するに至るのである。実際、まさにベルクソンにとっては、科学の諸カテゴリーもまた、決して、真正な、真実の認識諸形式ではなく、社会的な活動の諸形式なのである。すなわち、それらのカテゴリーは、さまざまな主観の間に、徹底的に間接的で人工的な結合を措定することに役立つのだが、この結合は、《我》から《汝》への架橋、体験の一方の中心から他方の中心への架橋を行なうのではなく、両者を、単にある外的な領域、共同的な行為の領域において互いに出会わせるにすぎない。このような見解に対しては何よりもまず、《知性》を、存在の他の諸々の勢位《ポテンツェン》と比較してこれらの勢位《ポテンツェン》によって測定する前に、その十全な概念において復元することが肝要である。我々は知性を、一面的に‐主知主義的な意味においても、単にプラグマティックな意味においても理解してはならない。むしろ我々はそれを、精神的な形式付与のあらゆるあり方と方向に対する中心的な統一点と見なさねばならない。その内的な多様性とその特殊的な区分におけるこうした形式付与の全体が、はじめて《人間の世界》を構成するのであって、それらのうちの一つが構成するのではない。我々が、この世界の部分的なひとこまを取り出すにすぎないのであれば、我々が、その総体的意味をある一つのいわば特権化された領域によって読み取ろうとするのであれば、この世界の記述と理解に至ることは断じて不可能である。人間が純粋に生物学的な領域にまだ直接的に近接し、それに徹底して結び付けられているように思われる領域を、このような特権化された領域と見なそうと、——あるいは《精神》を、純粋な理論、思惟の思惟(*νόησις νοήσεως*)の主観として、有機的なものの世界とのあらゆる橋渡しを取り払ってしまったかに思われるまでに、《生》を超えて高めようとも、いずれにせよ、それらによっては、人間的な宇宙の始まり、あるいは終局だけが規定されるのであり、それそのものがその総体において規定されず、それ本来の重心が規定されないのである。だが、この重心からのみ、精神的世界の動力学的な構造がそれ自体として理解され得るのであり、精神的世界における意味と価値の諸々のアクセントが正しく配分され得るのである。この世界は、それ自体において完結した力の場（Kraftfeld）を形成しており、そこにおいては、さまざまな個々の力のすべてが、いかにはなはだしく拡散するように見えようとも、一つの共通の中心に関連づけられ、そこにおいて統一されているのである。

この《中心》がいかにして一般に規定され得るかは、これまでの探究の成果の総体に従うなら、もはや不確かではあり得ない。我々は、一貫して次のことから出発した。すなわち、象徴形式の各々のなかに、完成した「内部世界（Innenwelt）」と完成した「外部世界（Aussenwelt）」との間、所与の固定的な出発点としての《自我》と《非‐我》との間に架けられる橋のみを見るのであれば、個々の象徴形式の意味と価値の理解は決して完全には得られないということから出発したのであった。むしろ、それらはすべて、これらの両極的対立を創り出すための手段として認識されねばならなかった。――すなわち、そこにおいて、またそれによって《自我と世界の対決》がはじめて遂行される媒体としてである。そこでなされ得た本来的な理念的働きとして証明されたのは常に、諸々の対立の単なる解消ではなく、諸々の対立の緊張であった。精神の世界の内部における調和は常に、ヘラクレイトスの言葉に従えば、「竪琴や弓の調和のような、逆向きに働き合う調和〔二〕」として現れた。ところで、まさしくここには、特殊‐人間的な現存在の内容よりはむしろその一般的な動力学的性格が規定され得るような、決定的な特徴が存在しているのである。この性格の特性は、いかなる空間的な形象によっても表すことができない。なぜなら、こうした形象は、そこにある動力学的な動因（*Motiv*）を、ただちにふたたび、単に－静力学的な契機（*Moment*）に解釈し直さざるを得ないであろうからである。――それは、その遂行がここで問われているあの「対向（Gegenüber）」を、すでに与えられた現存するものとして取り扱わざるを得ないであろうからである。事実また、あの大いなる《岐路《クリージス》》、精神の世界がはじめて本来的に生ずるあの分離の過程は、いかなる空間的な比較、いかなる「こちら側」と「向こう側」、いかなる『内』と『外』によっても明確にされ得ないのである。空間の形象言語は、ここでは間違いなく、我々を諸々のアポリアと二律背反に巻き込んでしまう。すなわち、我々がこの言語の内部で試みるあらゆる公式はただちにその正反対に転化するのである。精神的なものの世界は、生の世界に「内在している」のでもないし、また、それを「超越している」のでもない。――精神的なものの世界は、生の世界の「なかに」とらわれ続けてもいないし、それを「超えて」高まるのでもない。というのも、《内部》と《外部》、《上方》あるいは《下方》のこの二重性は、それ自体で存立し、端的に与えられているものではなく、精神的な観点の二重性であるからである。すなわちそれは、精神の《視点》にとってのみそこに存在するにすぎない。この視点はそれ自体で確定しておらず、視点の各々の方向は、それ固有の反転の可能性、《反省》の可能性を含んでいるがゆえに――精神的な諸主観としての我々にとって、こうした分裂性が生じ、存立し得るのである。この見かけ上の二元論、《現存在》におけるこの亀裂は、実際には、《視界》のあの必然的な二元性の帰結以外の何ものでもない。この二元論が意味しているのは、生が、自己自身から離反してしまうこととなく、端的に《忘我（ausser sich）》に陥ってしまうこともなく、自己自身にとって透明となり、自己自身にとって対象的になった、ということである。単なる即－自－存在（An-Sich-Sein）から対－自－存在（Für-Sich-Sein）へのこの転換に、個々の象徴形式の各々は、それ自身の仕方で、それ自身の諸手段でもって従事する。そしていまや、この転換によって、文化の諸々の客観的な形態化と同時に、人間において示されるあの意識性（*Bewusstheit*）の新たなあり方、あの独特の様態が達せられるのである。この意識性は結局のところ、人間がいまや、彼を取り巻く直接的な現存在の世界に対して《対抗世界（Gegenwelt）》を打ち立てたということの表現にほかならない――人間は、もはや直接《事物（Dinge）》とではなく、彼が創った《記号（Zeichen）》と交流しているということ――人間は、それ自身、世界の一部であるだけでなく、世界の「表象（Vorstellung）」、「描出（Darstellung）」に移行してしまっている、ということの表現にほかならない。

いまやこの点において、批判的な考えに立ち批判的に基礎づけられた自然哲学の成果が、直接、象徴形式の哲学の成果に結び付けられ、またその諸々の根本テーゼに対する間接的な証明として使用され得るのである。[6] というのも、この自然哲学が我々に教えているのは、まさしく、「対象性（Gegenständlichkeit）」への転換が、人間の世界とすべての他の有機的存在の間の本来の境界を形成しているということだからである。動物の世界は、我々の世界と最も近く接するように思われるところでも、必然的にまた常に「諸々の状態（Zustände）」の世界であり続けるように思われる。この世界は、諸対象の秩序へ、ましてや、諸々の意義（*Bedeutungen*）と事態（*Sachverhalte*）の秩序へ高められ得ないのである。この世界にその安定性と完結性、その内的な有機的統一を与えているのは、こうした状態性のすべてが、堅固に互いに結び合っており、それらが相互にのみならず、動物が生きている「環境世界」にもきわめて精密に適合させられているという状況である。こうしてここにおいては、あらゆる生の表出、動物のあらゆる受動と能動（Leiden und Tun）の、厳密に規定され、厳密に限界づけられた連鎖が生じることとなる。

動物の《知覚世界（Merkwelt）》と動物の《作用世界（Wirkwelt）》は、確固としたリズムに従って相互に密接に連関し合っている。すなわち、諸々の《印象》のそれぞれ特殊な等級に対して、そのつど、特殊な行動の様式（Aktionsart）と行動の方向（Aktionsrichtung）が対応するのである。可能的な印象と可能的な運動のこうした圏域の外部にあるものは、動物の世界一般からは放逐されており、動物の世界にとっては現存していない。どの動物も――ユクスキュルは、こうした基本的関係をこう表現している――その環境世界を厚い殻のように生涯の間、運び回るのである。「下等動物が適切な化学的で物理的な刺激を選び出すように、高等動物は、その発達した視覚器官でもって、諸々の適切な形、色と運動を選び出す。これらは高等動物の反射作用にとって糸口として役立ち得るのであり、高等動物はこれらにのみ依存して、計り知れない外界のなかで屈託なく、安定して漂う。環境世界の諸々の刺激は同時に、確固とした隔壁を形成し、それらが、動物を、自分で建てた家の壁のように取り囲み、異質な世界のすべてから防御するのである」[7]。動物はこの壁をいつか打ち抜くこともなく、いつかそれに気づくこともできない――それを、相対立する何かとして、対象的な何かとして《持つ》ことはできない。というのも、動物の《識別（Unterscheidung）》能力のすべては、我々がそれをいかにすぐれて際立ったものと考えようとも、常に、状態性それ自体の水準（Ebene）のみに関わるのであって、原理的に別の、新たな次元（*Dimension*）を状態性に付け加えることはできないからである。外界の「刺激」は、ある特定の運動を引き起こすことによって、作用する（wirken）。――だが、この刺激は、こうしたその直接的な効果（*Wirksamkeit*）を超えて、もう一つの固有で自立的な「現実性（*Wirklichkeit*）」を持つことがない。刺激の「知覚作用（Bemerken）」は、本質的に、その作用（Einwirkung）の瞬間に制限されている。すなわち刺激は、保持され得ないし、他の同種の諸々のものとともに「客観的な」統一にまとめられ得ないのである。このことは、我々が動物の系列を下降すればするほど、明瞭になる。例えば——ユクスキュルの叙述の一つを取り出して——彼のイタヤガイの世界についての描写を考察するなら、まずは我々がふたたび体制（Bauplan）の純粋に客観的な考察から出発するのであれば、明らかとなるのは、この動物が、数多くの目を持ち、それらは、すでにきわめて完全な組織を示しており、網膜と水晶体を持ち、そのうえ遠近調節器官の徴候をも示している、ということである。しかしながら、さらに明らかとなるのは、これらの目に対してなされる個々の作用は相互に規定し合っておらず、相互に結び合っていないということであり、ここでは、外界の「形象」のスケッチのために必要となるであろうような諸々の印象の区別はどこにも生じないということである。目はどれも、一般的な反射器官を用いるが、この器官は、あらゆる任意の側からこの器官に流れ込んでくる可能性のある同一の興奮に応じて作動するように調整されている。したがって、高等動物については、動物が目を使用すると言い得るとするなら、イタヤガイについてはむしろ、目が動物を使用すると言わなくてはならないであろう。目は、この動物にできる唯一の自由な運動、つまり泳ぎを始めるのに役立つのである。「視界が暗くなると、目を取り囲む数多くの小さな触手に作用して、触手を開かせ、その結果、視野が開かれる。次に、近づいてくる対象の形象が網膜上に描かれる。対象の形と色彩は、貝に対していかなる影響も及ぼさない。つまり、網膜上の形象は、興奮のために用いられないのである。形象の運動については別である。まったく特定の速度を持った運動——速すぎもせず——遅すぎもせず——、まさに、すべての貝の天敵であるヒトデの取る速度が、興奮を引き起こす刺激となる。続いて、目の回りにある大きな触手が弛緩して、この動物の体内で圧縮されて体を膨張させていた水が吹き出し、触手は、長い三角旗のように、運動しているものに向かってはためく。それがヒトデであるとすると、受容器が粘液によって刺激されて、触手は後退する。だが同時に、強い刺激の波が、内臓の神経節に急速に伝えられ、これに応えてこの神経節が運動筋を興奮させると、この運動筋のすばやい脈動が貝を持ち上げて、力強い泳ぎによって貝を敵との危険な距離から遠ざけるのである」。したがって、我々がここで目の当たりにしているのは、真の「対象性」からはいまだはるかに隔たった、まったく特定の特異な種類の「現実性」である。「諸対象」に代わって、イタヤガイの世界には、ユクスキュルの命名する「刺激の連鎖（Reizketten）」だけがある。光の遮断という刺激、それに続く視覚に対する運動の刺激、最後にさらに化学的な刺激が続く。つまり、諸々の知覚標識（Merkmale）のこのような継起が、敵であるヒトデの特徴づけをなす。この動物を損傷や危険から防ぐ一連の行動を引き起こすには、これで十分なのである。[8]

ここにおいては諸々の知覚標識の多様性が確固とした事物的な（dinghaft）《核》に凝縮しない。つまり、これらの知覚標識は単なる継起として体験されるものの、ある特定の統一点に関係づけられないのである。そうであるならば、このような制限は、単に対象世界（Gegenstandswelt）に関わるだけではなく、それに劣らず純粋な自我－世界（Ich-Welt）にも関わることになる。というのも、両者は互いに引き離し得ないからである。つまり、自我の統一性は、対象の統一性に先行するのではなく、対象の統一性によってはじめて構成されるのである。『純粋理性批判』は、こうした相関関係を用いて、その助けによって、主観的観念論、心理学的観念論を論駁している。それは、諸表象の統一的主観としての自我という思考は、この思考が実体の経験的な概念によって手に入れる支柱によってのみ可能であることを、示している。空間において持続する何かを措定することによってのみ、その継起する諸状態のすべてにおいて自己自身と同一な、継続的な自我の表象が可能になる。こうして、「外的な」経験、つまり、諸々の恒常的な対象的統一性の経験によってのみ、内的な経験自体が把握可能となり、規定可能となるのである。(9) 空間に広がる物体世界（Körperwelt）の意識なしには、とりわけ、我々が自己の身体（*Leib*）と名づけるあの経験的な客体の相対的な恒常性の経験なしには、いかなる経験的な自己感情も、自己の自我についてのいかなる経験も作り出すことができない。しかし、動物の世界の内部ではまたもや、この前提は、真に厳密にはまだどこにおいても満たされていないということが明らかになるのである。特に下等動物は、「自己の」体《ケルパー》と、周囲、つまり「外界」の諸物体《ケルパー》との間のあの区別をまだ決して明確には遂行していないように思われる。というのも、ここにおいては一般に、動物が遂行する諸々の運動が、「自分の」運動としてこの動物に与えられていないからである。その理由は、体制（Bauplan）の仕組みの全体から見ると、純粋に「受容器的な（rezeptorisch）」器官が、「運動的な（motorisch）」器官から完全に分離していることにある。ユクスキュルによれば、この分離は、最も高等な無脊椎動物、節足動物や八腕類に至るまでを支配しており、したがってそこでは、受容器的な器官は、運動的な器官の活動のほんのわずかですらまったく「経験する」ことがないのである。これらの動物は自分の運動を刺激として受容し返すことがないので、ここではまだ、あの独特に‐反省的な関係は存立不可能である。この関係によって、より高等な生物はそのいずれもが、身体「であり」、同時に、身体を自分の身体として「持つ」のである。《自分》の世界と《他》の世界との間の諸々の境界は、ここではまだ絶えず入り交じっている。つまり、《自分》の体は、その環境からまだまったく明確に際立たせられてはおらず、周囲からいまだ分離されていないのである。だが、物質的基体としての身体のこのような分離がなければ、「意識性」のあり方、《対‐自‐存在（Für-Sich-Sein）》のあり方における詳細な規定もまた、思考され得ないのである。これと同じ原理的な制限は、何らかの仕方で動物の「機能圏（Funktionskreis）」に入り込むすべての内容に当てはまると思われる。これらの内容がそもそもこの動物にとって存在する場合、それらは、にもかかわらず、決して諸々の恒常的な規定性として、持続的な「諸特性」を持った「諸事物（Dinge）」として、存在するのではない。むしろ、それらの規定性のあり方は、徹底して、そのつどの出現のあり方に、つまり、機能圏への入り込みが遂行される際の特殊な諸条件に依存するのである。こうして、フォルケルトのクモについてのよく知られた実験において明らかとなったのは、このクモは、通常の仕方でクモの巣に飛び込んでくる昆虫と比べて、普段獲物を待ち伏せている穴のなかに通常とは違う条件のもとで直接置かれた昆虫に対しては、まったく異なった振る舞いをするということである。昆虫は、この二つの場合に、決して「同じ」対象としては取り扱われない。むしろ、まったく別種の振る舞いがなされるのである。[10] フォルケルトはこの事態を次のように説明しようとする。つまり、この動物は、「諸事物」のなかで、諸事物とともに生きているのではなく、むしろ、諸々の《複合的質（Komplexqualitäten）》のなかに生きているということ、――すなわち、この動物の行動を規定しているのは、常に、相対的に未分化な一定の全体状況（*Gesamtsituation*）にすぎず、こうした状況の個々の「要素」ではないというのである。動物的な段階では、感官の諸データ（Sinnesdaten）の総体が分節化されるのは、事物的な形成体に向かってではない。同様に、ここでは、これらのデータは感官の個々の原子（Sinnesatome）、つまり単純な「諸感覚（Empfindungen）」に分解されてもいない。むしろそれに代わって、感性的に‐与えられたものの広い領野、ひょっとするとそのつどそこにある複合体（Komplex）の全部が、すべてを含み、すべてを同時に包括する一つの質によってそのつど包み込まれるのである。この質は、分節されずに散乱し、だがそうでありながら、やはり特殊的な複合的質と呼び得るのである。したがって、それ自体において規則的に流れてゆき、リズム的には分節されていると見なすことができるこのような散乱した諸々の質の流れが、動物の「表象世界（Vorstellungswelt）」をなしている当のものであって、相互に明確に区切られた空間的な諸客体の持続性と安定性ではないのである(11)。こうして動物は、「自分の前に立てる」ことができ、自立的なものとして「観る（**anschauen**）」ことのできる諸対象のなかにではなく、むしろ感覚的な諸々の旋律《メロディー》のなかにあてもなくいるかのように、生きている。たとえば、伝書鳩が自分の下に見ている風景は、地図には似ておらず、鳩にとって風景は、ちらりと見やった際に我々にある図柄が現れるのといかに似ているとはいえ、相対的に分節されず、散乱して現れている。「諸々の風景の互いに続いてゆく印象は、組み立てられて、それ自体で分節され、相互に区切られた一連の形象にはならない。むしろそれらは、いわば一つの視覚的な旋律《メロディー》である……これらの旋律《メロディー》によって動物は、風景から風景へと進んでゆく。ちょうど、ある歌《リート》を再現する者が音から音へと進んでゆくようにである(12)」。

我々はこれらすべての動物心理学的な観察と理論を、それ自体のためにここに引用したのではない。――それらはむしろ、精神的意識の構成に対する個々の「象徴形式」の特殊な価値を規定するために、対をなすものとして我々に役立つはずのものであるにすぎない。この意識は、それが自己－意識である限りにおいて、対象的な意識である。――また逆に、それは、対象的な意識であるという点において、またそのことを通してのみ、自己－意識である。人間における《体験》の内容というよりもその様態がこうむるこの転換（**Wendung**）が、象徴諸形式の所産（*Werk*）であるのか否か、あるいは逆に、象徴諸形式は、こうした転換の表現、特徴的な「徴候」を示しているにすぎないのか否か。――こうした問いは結局のところ、無意味であるし、解答不可能である。というのも、双方の規定が我々にとって把握可能であるのは、常にそれらのまったくの《同時（**Zumal**）》においてだけだからである。つまり、我々がここに見ているのは、どこにおいても、自立的な諸要素（**Elemente**）の「前」や「後」ではなく、常に、諸契機（Momente）の相関関係（Korrelation）だけだからである。そして、発生の諸々の問いと混同されてはならない純粋な分析の立場からすれば、ここでは一つのことだけが重要である。すなわち、我々がここに見ている根本的関係は、さまざまな象徴形式のなかでふたたびそれ自体で段階づけられる限りにおいて、詳細な限定がさらに可能となるということである。神話、言語、芸術、認識――これらすべては、諸々の精神的な原勢位《ウアポテンツェン》として、有機的生が特殊‐人間的な領域に歩み入るや否やこうむることになる形態変成と基調の変化に関与している。しかし、それらはすべてが同じ仕方で関与しているのではない。ところが、これらのこのような不均等は、《人統記（Anthropogonie）》のそれ自体で統一的な過程を、個々の局面に展開することを我々に可能にする新たな方法的手段として、我々に提示されることになる。ある形式から他の形式への移行の際に行なわれる視点の交替が、我々に異なった遠近法的な眺めを提供し、それらをまとめることによって、この人統記の完全な像《ビルト》がはじめて我々に明らかとなるのである。

ここにおいて我々が、神話的世界の考察から始めるならば――この世界は一見するとまだまったく、我々が動物の表象世界に特徴的であると見なさねばならなかったのと同様の、相対的に‐散乱した形態化を示しているように思われる。というのも、決して鮮明に、部類や種類によって互いに区切られておらず、ほとんど無制限の形態変化が可能であるということこそが、神話的な「諸対象」の基本的特徴だからである。神話的な存在は、変容（*Metamorphose*）の基本法則の下にある。神話的な存在は、常に新たな形式に包み込まれることによる以外には、現れることができない。あらゆる「自然的な」境界、「有機的なもの」の領域と「無機的なもの」の領域の間のあらゆる対立、あるいは、直接的な経験的観察が我々に提示するように思われる、植物的、動物的、人間的存在《ダーザイン》の間のあらゆる対立は、ここでは飛び越えられる――そしてこの飛躍にこそ、神話の原理、「神話の運動の始原」が存すると思われる。[13] また、神話がこの自らの始原からいかに遠く超え出てゆくとしても、神話が進む全体的方向は常に同じであり続けるのである。ここでは、経験的思考において要求され、これによって措定されるあの種の客観的な規定性や客観的な恒常性は、どこにも現れない。経験的思考を支配する《個体化の原理（*principium individuationis*）》、すなわち、諸対象を、それらの《ここ》と《今》に従って、空間と時間のなかでそれらに帰属する確固として一義的な位置に従って分離すること――まさにこの原理が、ここでは機能しない。それどころか、その逆のものに転化するように思われるのである。というのも、空間－時間的規定のこのような唯一性と空間－時間的な境界設定のこのような安定性は、神話の世界には存在しないからである。神話の空間と神話の時間は、諸要素の明瞭で明確な《相互の分離（Auseinander）》として与えられているのではなく、それらにおいては、個々の場所や個々の契機の絶えざる相互－浸透的な－移行（In-Einander-Übergehen）、それどころか、完全な浸透が生じている。ここには、レヴィ－ブリュルが名づけたあの多－現在（Viel-Gegenwart）、あの複数存在性（*multiprésence*）が支配している。これによって、神話的存在は、互いに異なった任意に多くの場所に同時に存在することができ、かといって、「同一の」存在を意味することをいささかもやめることがないのである。神話的世界は、その内容のこのような変化しやすさ、このような流動性と無常性という点で、動物の行動の姿に基づいて再構成的に解明することのできた動物的体験や動物的「表象作用（Vorstellen）」の形式に、依然として近接しているように思われる。実際、現代の発達心理学は、両方の世界を、同一の原理から説明しようと試みている。すなわち、動物的な「意識」の描出のために「複合的質（Komplexqualität）」の概念を鍵として用いたように、神話的な形成体の特有の《論理》を記述するために、「複合的思考（das komplexe Denken）」の形式を指摘したのである。[14] しかしながら、ここでは、本来の厳密な対比は問題となっていない。――というのも、この比較が依拠している共通の契機、ここで使用される比較のための第三のもの(*tertium comparationis*)は、本質的に否定的な種類のものであって、肯定的な種類のものではないからである。それは、経験的‐理論的な世界像の「客観的な」方向や客観的な形態化とは正反対のものを適確に表現している。――だが他方で、それは、神話的な意識の「複合(Komplexion)」が動物的な意識のそれから区別される独特な差異を消し去ってしまうように思われるのである。ヴィニョリ[三]は、独創的で重要な著作『神話と科学』のなかで、多年にわたって続けた大規模な一連の動物観察について報告している。これは、神話的な表象作用と神話的な精神活動の本来の根が、そもそも、動物的なものの領域にまで達しているということの証明に役立つはずのものであった。というのも、神話的世界を生い育たせるあの「人格化(Personifikation)」の才能は、すでに動物に特有であるとするからである。だが、これらの観察や試みをより詳細に考察するならば、それらはむしろ逆に、この点においても動物的世界と人間的世界の間に存在している鮮明な境界を明確化することに役立ち得るのである。というのも、それらによって証明されるのは、動物的な世界は、客観的な事象‐性格(Sach-Charakter)の代わりにむしろ、主として、あるいはひたすら「観相学的な」性格を持っているということ、――動物的な世界は、諸々の「事物的質」あるいは諸々の「感覚的質」の全体としてではなく、諸々の表情価値(Ausdruckswerte)の全体として現れるということにほかならないからである。それ以外にも、とりわけ高等動物がこのような表情価値に対して持っている異常な敏感さも、おしなべて証明されている。例えば、ケーラー[四]は、類人猿が人間の顔の特定の表情に対してただちに《共感的に》反応し、例えば、不安の表情によって、「客観的な」誘因が少しもなくても、恐怖や驚愕に陥り得たと報告している。[15] これらすべてが総じて物語っているのは、動物の《認識》や識別の一切は、本質的にこうした方向に向かっているということ――したがって、動物が生きているさまざまな「機能圏」は、その動物にとっては、一定の客観的な「諸特性」によってではなく、「観相学的な」諸規定によって互いに区別される、ということである。[16] 獲物圏、生殖圏、天敵圏、同種圏。これらすべては、事象に即した「諸徴表（Merkmale）」によるよりも、そのような諸々の情動的な質、つまり、引きつけるものや反発を引き起こすものの質、誘い寄せるものや恐怖を呼び起こすものの質、等々によって区別されているように思われる。だが、動物的な世界がこのように〈事象を備えて－いないということ（Nicht-Sachhaftigkeit）〉、〈事象を含んで－いないということ（Nicht-Sachhaltigkeit）〉に基づいて、動物的な世界が人格的に－規定され、人格的に分節されているに違いないと推論しようとするのであれば、誤った推理であろう。肯定的な規定は、このような否定的な規定のみから、単純な反転によって獲得することも、導き出すことも決してできない。そうではなく、肯定的な規定は、固有の、同様に肯定的な精神的な把握と形態化の原理を前提とするのである。ヴィニョリの理論は、動物に「人格化」の能力を帰するだけではなく、「実在化（Entifikation）」の能力をも帰せざるを得ない。すなわち、動物は、表情のさまざまな段階やニュアンスを直接的な体験において把握できるだけでなく、これらの体験された相違を《本質》の相違に変形することもできるというのである。[17] だが、まさにこの後者の特性において、この理論の問題性の全体があらわになる。というのも、《実在化》、《存在へと高めること（Erhebung zum Sein）》は常に、独特の（*sui generis*）活動、――それ自体として、動物的な「意識」の諸々の限界をはるかに超える自立的な精神的事行《タートハンドルング》であり続けるからである。神話的な思考形式の分析の過程において、我々が絶えず新たに見出したのは、この思考形式もまた、いかにはなはだしく諸々の根源的な表情体験に根ざし、それらに結び付けられ続けているかということであった。しかし、神話的形態の多様性は、これらの体験そのものから直接生まれるのではなく、体験がこうむる独特の《凝縮（Verdichtung）》から生まれるのである。表情の世界は、純粋にそれ自体としては、さしあたりどこにおいても踏み越えられることがない。しかし、この世界そのもののなかで、諸々の特定の統一点の周囲への集中（Konzentration）、集結（Sammlung）が生じる。このような集結と統合（Zusammenfassung）においてはじめて、それは、魔的な世界となる。というのも、魔神《デーモン》は、まだきわめて漠然と一時的に考えられているにせよ、——それは、常にすでに何らかの人格的な《性格》を持ち、これによって魔神が区別され、再認され得るからである。魔神《デーモン》は、親切であり敵対的であり、残酷であり善良であり、好意的であり奸知にたけ、陰険である。魔神《デーモン》が、その振る舞いにおいていかに予測し難く、その個々の現れにおいていかに気まぐれで変わりやすく見えようとも、それが超えることのない、その本質や特性の一定の限界を持っている。その行為や活動のあらゆる恣意性、あらゆる偶然性も、その存在のこのような規定性を廃棄することがない。こうして、ここにおいても、神話のこのような最初の最も原始的な形成体において、すでに決定的な歩みがなされている。諸々の情動の混沌《カオス》が、明るくなり始めたのであり、この混沌から個々の形態が現れ出て、存立と持続を獲得するのである。魔神化《デモニジールング》の神話的な過程は、現実の個体化《インディヴィドゥアリジールング》への準備と前提条件を形作っている。いまや、周囲の生の世界は、人間によって、未規定の諸々の基本感覚（Gemeingefühle）において把握されるだけでなく、それ自体で区分されて現れ、諸々の確固とした中心の回りを旋回し始める。人間が神話的な形態形成に高まったところでは、現実の多様な物音があたかも外側から人間に襲いかかるだけではなく、人間は、それらを変わらない物音、反復される物音として保持し始めるのである。マンハルト〔五〕は、その森林崇拝と耕地崇拝の叙述のなかで次のことを明らかにしている。神話的思考が耕地や牧草地、杜や茂みに住まわせているおびただしい形成体は、そのような保持に、その根源を負うものであり、――それらは、梢のざわめき、葉擦れの音、風のうなり、小川のささやきから形成されているのである。そしてヘルダーもまた、神話的な感受（Fühlen）と思考のすべての最も深い根の一つをこの点に見るのである。「全自然が音を立てるのだから、感性的な人間にとっては、全自然が生き、語り、行動しているという以上に自然なことは何もない。あの未開人は、見事な梢を持った高い木を見て、賛嘆した。梢がざわめいている――これは、生きて動いている神だ！　未開人は跪いて崇める」(18)。崇めること、神的なものへと高め上昇させるこのような活動において人間は、現存在《ダーザイン》の全体に、もはや単に受動的に、単に「パーティッシュに（pathisch）」対面しているのではない。いまや、この現存在のおぼろげな声の雑踏から一つ一つの声が聞こえ、区別できるようになる。――そして、神話的な形態化が進めば進むほど、それだけ一層、これらの声は、そのそれぞれが区別され続けることによって、一つの統一と全体にまとめられてゆく。これらの声は、それだけ一層、精霊たちのただ一つの合唱を織りなす響きになってゆく。もちろん、神話的世界の考察が我々に示したのは、この過程がこの世界のなかでいかに緩慢に進行するかである。神話的世界の始まりにおいては例外なく、まだ明確な境界づけも個体化もなしに存在する諸々の形成物があるように思われる。すでに述べられているように、このような形成物は、――メラネシア人のマナ（*mana*）、イロコイ族のオレンダ（*orenda*）、スー族のワカンダ（*wakanda*）において目の当たりにするように――明確に規定された本質よりはむしろ、未規定の性質を表している。それらは、それ自体が魔神《デモーネン》ではなく、いわば魔的《デモーニッシュ》なもの一般に対する名称である。――崇めるべきもの、あるいは恐るべきもの、恐ろしいもの、圧倒するもの、危険や災いを孕むもの、異様で不気味なものそれ自体に対する名称である。いずれにせよ、我々はここではまだ、単なる表情の－領域の内部、つまり、それ自体においていまだ分化せず、まだ特殊な諸々の形態化にまで凝縮していない神話的な基本感覚の内部にいる。しかし、神話的な過程が進めば進むほど、このような未規定性は退いてゆく。いまや我々は、非人格的な諸々の魔術的《マーギッシュ》な力の世界から、諸々の神話的な個別形態の世界に歩み入り、ついには人格的な神々の世界に歩み入るのである。我々は、このような進展が同時に、人間の自己意識がこうむる内的な変化を意味することを見てきた。人間は神々を自己の姿に従って、あたかもこの姿がはじめから確定しているかのように、それが根源的な事実であるかのように、形成するのではない。そうではなく、人間は、神話的な形態化と宗教的な形態化の過程のなかではじめて、自己自身を見出すのである。人間が自己の本質を成就するのは、こうした形態化のなかで、この本質を自己の内から外へと立ててゆく（aus sich herausstellen）ことによってなのである。(19)

だが同時に、我々はこの点において、神話と宗教が帰属する圏域をすでに踏み越えているのであり、それと気づかぬうちに、新たな精神的次元に到達しているのである。というのも、先に詳細に述べられたように、《神統記（Theogonie）》のこうした過程に決定的に関与しているのは、言語にほかならないからである。神の規定性は、神が受け取る名においてはじめて完成する。——固有名（Eigen*name*）がはじめて、固有の存在を神に保証するのである。名のなかには神の本質、その個体的な性格が次のような仕方でまとめられている——一般的な神話についての基本見解によるならば、神の名の知識が、その知識を持っている者に、その神のすべての力をも与えることになるのである。(20) しかし、名そのものは、はるかにより広い圏域を包括しており、もっとはるかに一般的な働きを行なう。名は、とりわけて、まず第一に「固有名」であるのではなく、名の本来の力は、それが「具象名詞（Dingname）」として使用されるところにはじめて現れるのである。先に考察した連関においては、神の名がはじめて、神そのものとその個体的な規定性、つまり人格的な神としてのその《性格》を構成したということができたが、いまや、これと同一の働きが逆の方向で明らかとなる。「命名（Benennen）」の機能が、対象的な規定の機能のための、あるいは、より適切に言えば、対象へと規定する機能のための、最初の手がかり、支えとなるのである。ある内容が命名されることによって、その内容ははじめて、対象的な考察と純粋に対象的な直観のために熟すことになる。名において内容は、いかなる命名も結び付くことのない一時的な体験内容には拒まれている、恒常性、持続性と継続性を獲得したのである。こうした命名によって諸々の内容の均等な流れから引き揚げられないもの、言語的な目印や符号（Merk- und Kennzeichen）によって規定されないものは、確固たる不変のものとしてより分けて取り出すことができない。いわばそれは、自立的な「現実存在（Existenz）」に到達していないのである。——現実存在が、まさにこのような〈出で−立つこと（Ex-Sistere）〉、諸表象の流れゆく常に一様な列[六]からのこのような立ち現れや際立ち（Heraus- und Hervortreten）と解される限りにおいてである。「指示（Hinweisen）」と「明示（Aufzeigen）」の機能、例えば言語の内部において冠詞の使用によって明らかとなる純粋に指示的な（demonstrativ）機能がはじめて[21]、現実存在のこうした固有の領域を明確にする。いまや、《事物（Ding）》の直観が生まれる。諸々の変化する特性や状態が現れる場である同一で持続的なものとしての《事物》、移ろいゆくすべての現存在《ダーザイン》が把握され、関係づけられている客観性の「中心」としての《事物》の直観である。経験主義と懐疑主義が、言語に対して行なう批判において、とりわけ言語の欠陥と見なすのを常としているのは、言語が使用することのできる相対的に少ない数の名によっては、現実の一切を、わずかなりとも言い当てて、「とらえる」ことができるにはほど遠いということである。表象内容の個人的な豊かさと個人的な相違に代えて、言語は、常に、貧弱な普遍を定立できるだけであり、そこにおいては、すべての特殊なニュアンスは失われ、消されてしまう、というのである。しかし、ここで言語の欠陥として非難されているもの、言語の原理的な限界として異議を申し立てられているもの、――むしろそこにこそ、言語の富とその最良の力の基盤があるのである。こうした制約のなかでのみ、言語はその至芸を示すことができる。言語がその光を表象世界のあらゆる部分に一様に配分するのではなく、むしろその光を諸々の特定の焦点に集めることによって、言語ははじめて、この世界の「中心の回りへの配列（*Zentrierung*）」、組織化を行なうことになる。このような仕方で言語の光線によって言い当てられるものは、それによって、相対的に未規定な背景から、規定された形態となって現れてくる。アクセントのこのような配分と、それによって得られる「前景」と「背景」への区分が、表象世界のあの思考における分節なのであり、音声における分節は、その外的な表現にすぎない。もちろん、直接的体験の立場からすれば、この種の区別のすべて、いくつかの要素をより強く強調することの一切は、常に一種の暴行のように見えるに違いない。しかし、まさにこうした直接的なものに向けられた威力によってのみ、直接的なものから身を引き離し、対象的な現実を際立たせて規定することに到達することができるのである。滑らかに過ぎ去ってゆき、決して厳密な一様性において回帰することのない諸々の内容から、命名は、一つの契機を取り出し、命名によって確固とした記号（*Zeichen*）が付与されることになる。いまやこの契機は、こうしたいわば「人工的な」統一に基づいて、《同じもの》と見なされ、取り扱われる。これによってはじめて、所与のものを一様で、比較的等価の諸要素の総計として単純に受け取るのではなく、所与のものを、相対的に意義深い《ベドイトザーム》諸規定と相対的に意義のない《ベドイトゥングスロース》諸規定、「典型的な」諸規定と「偶然的な」諸規定に区分する見方の基礎が据えられたのである。言語の機能がまだ形成されていない、あるいはまだ十分な強さにまで成長していない限り、「意義深さ《ベドイトザームカイト》」のこのような諸圏域の本来の明確な区別はまだ存在していない。したがってまた、所与のものが事物的に分節され、所与のものにおいて確固とした実体的《ズプスタンツィエル》な「核」が際立たせられ、変化する偶然的な諸規定から区別されるための前提も欠如している。動物の世界においてだけでなく、子供の世界においても、子供が、その感覚作用と表象作用において、言語の絶大な力に入り込む以前は、そのような区別、つまり、不変のものを移りゆくものから際立たせ、中心的なものを周辺的なものから際立たせることは、まだ存在していないように思われる。子供は、自分の周囲の普段は見慣れた対象が、ほんのわずかでも変更を加えられて現れるや、もはやそれと「認識する」ことがないということは、児童心理学の最もよく知られた事実の一つである。——例えば、母親の衣服にほんのわずかでも変更があれば、母親が子供にとって判別できなくなり、母親を「同一人物」に見えなくさせるのに十分なのである。この事実を、子供は「本質的な」諸徴表を「非本質的な」それから区別することをまだ学習していないということによって説明しようとするのなら、そのような主張は、明らかに論点先取の虚偽（*petitio principii*）を含んでいることになるであろう。すなわち、そのような主張は、説明を要するものそれ自体を説明の原理として用いることとなるであろう。というのも、《非本質的なもの》から《本質的なもの》を区別することは、言語形成と論理的な概念形成に先立って、自明の端的に与えられた区別として存在しているのではなく、この区別は、論理的な概念形成の立場そのものに当てはまるにすぎないからである。諸々の確固とした言語概念が打ち出され、それらによって、直観的な体験のある種の諸契機が何らかの仕方で際立たせられた後にはじめて、それらから振り返って、「必然的なもの」と「偶然的なもの」、「本質的なもの」と「非本質的なもの」の領域の間の境界が生じるのである。これこそが、《概念》と《言葉《ヴォルト》》は分離され得ないとする「唯名論」のテーゼにおける真の核心である。音声の流れ（*flatus vocis*）としての言葉は、確かに概念を創造しない。——だが、言葉が概念に与える支柱がなければ、概念が言葉によって手に入れる支えがなければ、概念は、生まれるやいなや、ふたたび飛散して、無に帰するほかはないであろう。同様のことは、対象的な直観一般についても当てはまる。対象的な直観は、諸々の概念の媒体によってのみ獲得され、これら概念によってのみ確保され固定され得るのである。こうして、《事象（Sache）》と《名（Name）》は、一体をなす。すなわち、名が、あらかじめ与えられている事象の本性を何らかの仕方で「模倣」したり再現するという意味においてではなく、名によって、つまり、一般的な命名‐機能によって、意識は、はじめて事象性一般の領域に高められるという意味においてである。言語は、《概念における再認（Rekognition im Begriff）》の条件となる。――そして、この再認自体がふたたび、あの「多様の統一（Einheit des Mannigfaltigen）」のための、《綜合》のあの形式のための一つのきわめて明瞭な段階、一つの必然的な通過段階を形成するのであり、表象を一つの《対象》に関係づける可能性はこの《綜合》に基づくのである。(22) そしていまや、こうした独特の言語的‐論理的な関係によって、意識ははじめて、神話的な形態世界においてもまだ支配していたあのいわば不安定な均衡を超え出たのである。意識の個々の内容は、もはや不断の変化に支配されて現れるのではなく、自立的な存立、独特の《安定性》を手に入れたのである。《確立（Konsolidierung）》のこの過程が、いかに多くを言語に負っており、いかに言語に結び付けられ続けているか、ということの明瞭な証拠を提供するのは、とりわけ言語の諸々の病理学的な障害である。というのも、こうした障害は、すでに我々が見たように、決して命名だけに関わるのではなく――言語の喪失、あるいは衰えとともに、意識の全体もまた、別の次元に押し戻されたかのように現れることになるからである。意識は、確固として明確な事物的な諸単位に分節される代わりに、いまやふたたび、我々が動物の表象様式に特徴的と考えたあの純粋に「感覚的な（sensorisch）諸々の旋律《メロディー》」のなかで運動しているように思われる。意識は、一連の外的な諸規定のなかをあてもなく滑ってゆき、持続するものをそれらから分離することがなく、それらを対象的な「基体（Substrat）」に結び付けることがない。個々の質、つまり、温かいものや冷たいもの、硬いものや軟らかいもの、滑らかなものやざらざらしたもの、といった諸々の質は区別される。だが、これらすべての区別に基づいて、ある対象が《再認》され、特定の具象名詞が割り当てられることはない[23]。世界は、いわばふたたび、より流動的でその場限りのものとなったのである。自我は、その感性的な個別諸体験の流れのなかをあてもなく運ばれてゆく。だが、ゲーテの詩「聖譚（*Legende*）」においてとは異なって、この自我にとっては、揺れ動く波が水晶の玉を結ぶことはないのである。

言語の分析が我々に示したのは、言語はこうした言語特有の働きを決して直接達成して遂行するのではなく、それを成就するためには、言語自体における、またそれ固有の思考世界における多様な準備を必要とするということであった。動物の表象作用と知覚作用（Bemerken）のあり方に特徴的なあの「行動の優位」は、諸々の根源的な言語概念をも、まだ完全に支配しているように思われるのである。それらの言語概念は、《目的論的な》組み立てを明瞭に示している。すなわち、それらは、《諸事物》とそれらの《特性》の圏域よりはむしろ、人間の願望と意欲、行為と遂行において区画される諸々の手段と目的の圏域に関わっている。ある内容が《命名》される。――それは、それが純粋に客観的な意味において《在る》ものに従ってなされるというよりも、それがなし遂げる（*leisten*）ものに従ってなされるのである。内容の《意味》は、内容の使用においてはじめて人間に生じてくる。――そして、諸々の最初期の言語的な概念形成と最初期の神話的な概念形成をその組み立てにおいて規定しているのは、こうした使用へのまなざしなのである。神話的な階層と系列の形成はこの原理によってはじめて理解可能になるように思われる。「事象に即した」何らかのカテゴリーに従って一体をなしているものではなく、神話的な機能圏（*Funktionskreis*）において、例えば諸々の魔術的な行動と活動の圏内において、相互に対応するものが取りまとめられるのである。この圏内において互いに代表し合い、互いに代わりとなり得る諸要素が、それらの客観的構造と規定性におけるあらゆる相違にもかかわらず、無造作に一つにされる。それらは、神話的に見るならば、もはや多ではなく、ただ一つの《対象》を形成するのである。こうした原理から我々は、純粋な事象感覚（Sachsinn）からすればきわめて異質なものを、互いに結び付けるだけでなく、それを厳密に同一であると説明する、あの奇妙な統一性の措定（Einheitssetzungen）を理解することができたのであった。[24] 言語的な思考も、さしあたりはまだ、このような進行方向を守っているように思われる。――とりわけ子供の言語は、こうした基本傾向が示される形成物に富んでいる。これらの形成物においては、客観的に‐同種のものよりはむしろ、意志を同じ仕方で刺激する、あるいは意志に同じ仕方で訴えかける、情動的に‐等しい意義を持つものを、一つの言語概念にひとまとめにしようとする努力が際立っている。[25] しかし言語は、その最高の論理的な働きにおいては、こうした圏域をはるかに上回るのである。いまや言語は、感情的なものの領域から、純粋に《理論的な》領域に移行している。すなわち、手段や目的に従った秩序が、対象的な諸徴表《メルクマール》や対象的な諸連関に従った秩序に席を譲るのである。いまや言語は、もはや〈〔何かを〕引き起こすこと（Bewirken）〉の領域だけにとどまり続けることのない、〈考察すること（Betrachten）〉の形式に到達する。つまり、言語は、人間の行動圏（*Aktionskreis*）の周囲を回ってそれを画定するだけでなく、言語は、現実の全体に対する広々とした展望を作り出す。言語は、精神的な地平、視圏（*Gesichtskreis*）の境界を定め、そこにおいてこうした全体を把握するのである。《行動圏》から《視圏》へのこのような進展において、人間の意識世界と動物の体験世界の間の最も特徴的な相違の一つが、ひょっとしたら示されているのかもしれない。動物もまた、その行動において自らの環境世界に適応させられていなければ、つまり、環境世界から動物に対して提示される問いのそれぞれに対して、一定の仕方で、多かれ少なかれ合目的的な運動によって応答しないのであれば、自立的な有機体として自らの環境世界に対しておのれを主張することができないであろう。しかし、こうした応答の全体は、まったく硬直した構造を示している。特定の状況が、常に同じ仕方で展開する特定の行動の連鎖を引き起こす。動物は、これらの行動を遂行する。しかし動物は、これらの行動に「対面して（gegenüber）」おらず、全体的にも個別的にも、それらを自分にとって「対象的に（gegenständlich）」することができないのである。この点を明瞭にするために、我々が思い起こすのは、例えば、先に言及した、『昆虫記』のなかでファーブルが報告している例である。[26] ジガバチには、持ち帰った獲物をすぐに巣穴のなかに隠す習性がなく、獲物を入り口の前に横たえ、獲物なしで巣穴に入り、巣穴が受け入れの用意ができているのを見てはじめて、獲物のかけらを引きずり入れる。ところが、この動物が巣穴のなかにいる間に獲物が遠ざけられると、ジガバチは、確かにふたたび獲物を見つけはするものの、今度もまた、それをそのまま巣穴に持ち込むことができず、その前に、いま行なったばかりの巣穴の検査を改めて行なわねばならない。これらの行動の循環は、観察者の側から新たな干渉がなされるなら、任意の頻度で反復され得るのである。例えば、この動物が巣穴の像を脳裡にとどめたすぐ後にふたたび忘れてしまい、——それをわずかな時間ですらとどめ置いて、保存することができないのである、と想定しようとするのであれば、こうした事態を説明したことにはほとんどならないであろう。むしろ、ここにおいても、一歩後戻りせねばなるまい。想起（Erinnerung）の欠如、《内部に保持すること（im Innern *Behalten*）》の欠如は、動物的な「表象生活（Vorstellungsleben）」についてそれ以外に明らかにされ得る一切に従えば、むしろ、知‐覚（*Inne-Werden*）の根源的な欠如に遡るのである。真の《想起（Erinnerung）》は、それの対立物、一見するとそれと反対のものに相関的に関係づけられている。すなわち、我々は、我々が前もっていわば我々から外に（aus uns heraus）、つまり、我々が自立的な客観的な直観として我々に対して立てた（gegenüber stellen）ものだけを覚えているのである。だが、まさにこの対‐置（Entgegen-Setzung）こそ、動物にはまだどこにも、真に明瞭には見出されないのである。というのも、この対置は、「再現〔表現〕（Repraesentation）」の条件に結び付けられており、これ自体がふたたび言語の描出〔表示〕機能ときわめて緊密に結合されているからである。この機能がまだ形成されていないと、意識は、その諸々の内容の単純な現在（Gegenwart）のなかに解消されてしまう。だが、このような意識にはこれらの内容の客観化、つまり、その内容の「予期（Gewärtigung）」と思い起こし（Vergegenwärtigung）のための最も重要な手段が欠けているのである。したがって、先に考察した事例においては、巣穴を調べることは、動物の行動圏の一部分をなしている。しかし、この部分は、行動の‐全体との連結や絡み合いから解放されることができない。この部分は、自立的な契機として、動物の視圏に歩み入ることができないのである。ここにおいてもまた、両者の圏の相違をきわめて明確にし得るのは、すでにはるかに先に進んでいる人間の領域の場合には、言語の病理学的な障害である。失語症の病像において、最も頻繁に観察される症状の一つは、患者がその使用を亡失してしまった諸々の純粋な具象名詞（*Dingnamen*）が、別の言語表現によって置き換えられ、そこにおいては、対象自体が名指されるのではなく、その使用が記述される、という点にある。確かに患者は、ナイフという名を見つけ出すことがないのだが、それが「切るために」あると言うことはできる。患者は、《肉》という言葉を使用しないが、それが《食べるため》のものである、と言うのである。このような事例においては、言語はいわば一歩後退しているように思われる。言語は、対象の描出〔表示〕に向かう代わりに、ふたたび行動の単なる再現（Wiedergabe）に向かっているように思われるのである。このように振り返ることによって一層、言語の本来的な働きが間接的に、明瞭かつ鮮明に認識されることになる。——それは、いわば対象的直観の精神的獲得と名づけることができるであろうあの働きである。

しかし、言語の本質はこうした言語の根本的機能だけにあるのではない。言語はここにおいて、はじめから、精神の別の勢位《ポテンツ》と密接に結び合わされているのである。というのも、対象性への高まりは、単に命名の力によるだけでなく、それに劣らず造形的な形態化の力によっても遂行されるからである。ここにこそ、すべての対象的直観一般にとっての、推進力を持った第二の強力な根がある。《表象》の世界への通路は、常に「描出〔表示〕」の戸口を通ってのみ獲得され得る。——だが、この描出〔表示〕そのものが、その際に、互いに他に還元され得ない二つの異なった原形式（Urformen）を指し示すのである。先に言語において我々に生じたのと同様の、客観化の過程、《予期》の過程が、いわば新たな次元において、あらゆる造形芸術において我々に現れるのである。言語の精神的な働きと同様、造形芸術の働きも、そのなかに、すでに存在している形式世界の《再現《ヴィーダーガーベ》》しか見ないのなら、まったく不十分な記述でしかない。両者において、再現の根底にあるのは、むしろ真に、独自に《与えること《ゲーベン》》である。人間が諸々の事物の形式の直観に到達するのは、この形式を諸々の事物から、それらに付着する規定として、単純に読み取ることによるのではなく、諸事物の形象を自らのなかで構想し（entwerfen）、この構想を造形的に自らの内から外へ立てる（aus sich herausstellen）ことによってである。造形的な具体化（Verkörperung）のこの行為において、世界ははじめて、人間にとって、形態と具体性（Körperlichkeit）を獲得する。世界はこのようにして境界と規定を獲得するのである。したがって、このような限定の根本的行為は、言語の機能と同様に、芸術の機能に結び付けられている。芸術もまた、言語と同一の、克服すべき課題を持っている。すなわち芸術は、現実の形象を単純に、存在している手本、与えられている「モデル」に従って模写することはできず、芸術は現実の形象そのものを生み出さねばならないのである。芸術は、そのようなものとして、受動的に受け取る諸事物の輪郭線（Kontur）を単になぞるのではない。芸術の力はむしろ、こうした輪郭線の創造、こうした輪郭線の理念的な下書き（Vorzeichnung）に基づいている。美的な形態化は、言語的な形態化と共同して、対象世界の明瞭で明確な輪郭（Umriss）をはじめて創り出すのである。（その際に、美的な形態化は、言語的な形態化と同じ手段、すなわち、「凝縮（Verdichtung）」という根本手段を用いる。言語的命名が行なった選択によって、言語的命名は感性的諸体験の未規定の流れを自らの内部で区分し、そこに《意義》の確固とした諸々の中心を創り出し、そこにおいていわば平面的に並存していたものに異なった深さ、前景と背景を与えた。これと同じことが、あらゆる芸術的な形象の－構想とあらゆる芸術的な形象の－形態化においても生じるのである。）ここにこそ、真の芸術作品がなし遂げる、あの単に－「美的《エステーティッシュ》」である以上の働き、あの真に「理論的な《テオレーティッシュ》」働きの核心がある。芸術作品が内包している世界の描出は、真の世界－発見である。ゲーテは、芸術の様式について、それは、認識の最深の基盤、つまり、「目に見え、手でつかみ得る諸形態において認識することが我々に許されている限りでの諸事物の本質」に基づいている、と述べている。〔七〕こうしてゲーテにとって一般に、美しいものは、「それが現れなければ、我々には永遠に隠されたままであったであろう諸々の秘密の自然法則の顕現（Manifestation）」なのである。〔八〕しかし、これらの法則は、概念、悟性が自然のなかに「置き入れる（hineinlegen）」ものではなく、――生産的な、芸術的な想像力《ファンタジー》が自然に即して純粋に直観的に把握するものなのである。このような想像力《ファンタジー》の諸々の形成体は、恣意的でも偶然的でもなく、端的に「主観的」でもなく、それらにおいては、形態そのものの真の、必然的な法則性が表現されるのである。それらによって我々が所有するのは、妄想が生み出した影ではなく、本質（*Wesen*）である。――だが、これらの本質的な形態が現実のなかに在る（*stehen*）のは、ひとえに、芸術家の目がそれらをそこに送った（*geschickt*）からなのである。[九]（限定の行為は、ここにおいても、言語においてと同様に、外から内への方向ではなく、内から外への方向を取る。より正確に言えば、もとより、このような〔内と外の〕対立は決してそれ自体で存在するのではなく、誤った考察の仕方によって、「対象への規定」の厳密に統一的な過程のなかに、我々によって持ち込まれるにすぎない。こうした規定は、常に、必然的に二重の側面を持っている。すなわちそれは、内部から外部へ、外部から内部へ向けてなされる啓示（Offenbarung）なのである。（そしてこの啓示は、必然的に限界設定（Begrenzung）であるのと同様、必然的に展開（Entfaltung）である。マックス・リーバーマンはかつて、[一〇]スケッチの技の本質は「省略の技」にある、と述べていた。このような仕方の「省略」、つまり、直観的形式の純粋な核心を際立たせるために偶然的な諸規定を《度外視すること》において明らかになるのは、我々が絶えず言語において見出し、言語の諸々の最高の積極《ポジティーフ》的な働きの前提条件として認識したのと同様の否定性《ネガティヴィテート》の才能、「抽象」の才能である。というのも、あらゆる真の精神的な生産物（*Produktion*）は同時に、直接的に－与えられたものや直接的に－体験されたものに比べると、簡略化（*Reduktion*）として現れざるを得ないからである。）こうした簡略化が遂行される仕方、それが従う法則、それが企てられる《視点》、――これこそが、個々の芸術の特殊的な規定をなすものである。それぞれの芸術は、この点で異なった振る舞いをする。それぞれが、異なった意義のアクセントを措定し、それぞれに特有のこうした「意味」に応じて、形式の別種の世界を本質的なものとして際立たせるのである。

絵画、彫刻、建築――これらはすべてこの点で、独自の道を行く。そして、それらにおいて支配している特殊な空間の形態化に、それぞれ、特殊な対象の‐形態化が対応する。こうした形態化の仕方のすべてを詳細に追跡して、それらが従う特徴的な「原理」を示すことが、体系的美学の課題にほかならない。

ここではもはや、この課題に着手することはできない。我々は一般的な進行方向、造形的な形態化一般の方向を示すことで満足しなくてはならない。造形的な形態化もまた、我々の当面の問題の連関においては、それ自体のためよりはむしろ、造形的な形態化と他の「象徴諸形式」との間にある連関と相違のために、我々の問いの対象をなすのである。造形芸術は、その意味から言ってもその歴史的生成から言っても、これらすべてときわめて緊密に結び付けられている。――他方で造形芸術は、その本質とその規定の独自性を見出すためには、それらすべてからある意味で身を引き離さなくてはならない。造形芸術は、その諸々の始原においては、まだ完全に神話的な領域に属しているように思われる。すなわち、それが構想する諸々の形象は、それ自身のために存在しているのではなく、特定の魔術的な目的‐連関に編み合わされているのである。言葉と同じく形象も、はじめから純粋に《理念的なもの》として構想されているのではなく、それには、「自然的《ナチューアリッヒ》なもの」、自然的に《フュージッシュ》‐現実的《ヴィルクリッヒ》なものの範囲を超え出てゆくものの、まさにその点でまったく実在的《レアール》な、独特の効果《ヴィルクザームカイト》が付与されている。言葉の魔術と形象の魔術が、魔術的な世界の見え方の中心にある。それらは、人間が自然の諸力を利用するための本来的な手段として現れるのである。こうした圏域からの解放は、除々に、一歩一歩、行なわれるにすぎない。(27) しかし、こうした解放がなされた後でも、つまり、造形的な形態化が十分な独立性と自足性において認識された後でも、それはまだ、言語の世界と、密やかで柔らかい諸々の糸によるかのように、織り合わされ続けている。というのも、両者が形式付与の媒体の点でいかに異なっていようとも、造形的な形態化は依然として、包括的な精神的目標へのまなざしによって、言語と結び合わされているからである。言語においても造形芸術においても、人間が感性的な「知覚」の段階から本来的な「見ること（Sehen）」の段階へ高まることが、はじめて生じるのである。両者は、直観的な世界像の獲得のための、その使用において緊密に結び合い協働する二つの器官（Organe）である。——レオナルド・ダ・ヴィンチの言う「見る術を心得ること（*saper vedere*）」、ゲーテの言う「精神の目で見ること」のための器官である。

ここから美学の根本問題と言語哲学の諸問題の間に生じてくる内的な体系的連関が、真に鮮明に把握されることは、これまでほとんどなかったのである。ベネデット・クローチェだけが、美学と言語哲学のこのような相互的な関連性を明確に認識しており、彼は、両者を共通の根から導き出そうとしたのであった。しかし彼は、両者の統一性を別の場所に求めている。——すなわち、彼はそれを、描出（*Darstellung*）の機能、また、この機能が対象世界の構成のために果たすものにおいてよりむしろ、「表現（Ausdruck）」の機能において基礎づけるのである。美学は、一般的な「表現の学」となり、言語哲学が部分的契機として組み込まれることになる。これとは別の側面から、言語の現象とすべての造形的な形態化の根底にある原現象（Urphaenomen）との間の類似性と対立が規定されるのは、その出発点と哲学的方法論の点で我々の根本問題に最も近くに位置している近代の美学者においてである。十九世紀の美学者のなかで、美学の体系を確固とした認識批判的な基礎（*Fundament*）の上に構築する必要性を最も明確に見ていたのは、コンラート・フィードラー（一一）であった。カントが理論的認識の世界に対して求めた「コペルニクス的転回」を、カントから出発して、十分な方法的な明晰さにおいて、芸術的な形態化の世界に当てはめた最初の者は、ひょっとしたらフィードラーであったのかもしれない。理論的な形式世界の全体は、それ自体で存在する外的な対象を模写するのではなく、認識の対象が、理論的な形式世界の全体によってはじめて構成される、ということをカントが示したように、フィードラーは、芸術的な形式世界に対して類似の証明を行なおうとする。そしてこの途上で彼は、理論的形式と美的形式の間のいわば中間者として現れてくる言語に遭遇するのである。フィードラーが述べているように、言語に対しても、我々は、「素朴実在論」の立場に固執してはならない。――言語的形式とは別に「存在(Vorhandensein)」の権利を持っている現実的なものを単純に模写して、それを我々の思考と認識の対象にするという課題だけを、言語に与えるのであれば、我々は、言語をもまた誤認し、その価値を貶めることになる。言語のなかにあるのは、単なる記号、ある存在に対する表現ではない。むしろ言語は、存在そのものの形式である。言語の奇跡が持っている意味は、言語が存在を意味するという点にではなく、言語が存在であるという点にある。その際に我々は、言うまでもなく、この存在自体をそれ自体としてふたたび事物的《ディングリッヒ》にとらえてはならず、我々はそれを、純粋に産出的《ベディンゲント》にとらえねばならない。すなわち、この存在が意味しているのは、感性的な、まったく曖昧で流動的な意識が、言葉《ヴォルト》において、一つの新たな要素、一つの新たな素材を加えて豊富化される、ということであり、そもそもこの素材においてはじめて、それ自身においてまとまりのある、規定された現実の構成の可能性が与えられているのである。そして、我々が造形芸術において目の当たりにするのは、まさしく、このような構成――しかしながら言語においてとはまったく別の方向で運動し、まったく異なった諸手段によって遂行される構成――にほかならない。「古くから二つの大いなる原理、つまり、現実の模倣の原理と現実の変形の原理が、芸術的活動の本質の真の表現たる権利をめぐって争ってきたが、この争いの調停は、これら二つの原理に代わって、第三の原理が措定されることによってのみ可能であるように思われる。すなわち、現実の産出の原理である。というのも、芸術は、人間がまず最初に現実を獲得する手段の一つにほかならないからである[28]」。このテーゼをその本来の意義と深さにおいて把握するためには、言うまでもなく、我々が事物の可視的な現実と呼んでいるものが、精神のすべての造形的活動に先立って、所与の仕上がった基体として与えられ、存在しているかのような先入見と、徹底的に縁を切らなくてはならない。「芸術作品の問題は」――フィードラーの遺稿のなかのアフォリズムは、彼の根本見解を、ことによると最も簡潔で、最も含蓄豊かな仕方で、こう述べている――「可視的な自然を、徹底して固定されていないもの、通常の意味で実在的であるのではまったくない何かとして認識した者だけが理解することができる。これはちょうど、認識の問題は、事物の現実が〈持続するもの（das Beharrende）〉なのではなく、現実的なものが我々によって受け取る形式のみが〈持続するもの〉なのである、ということを明確に理解した者だけが把握できるのと同じである[29]」。こうして芸術理論は、超越論的な問い、「対象に対する我々の表象の関係の可能性」への問いを反復しなければならない。しかし、芸術理論は、この問いを、科学的な把握と判断の諸手段によって構成される認識の対象としての対象に向けるのではなく、純粋に観ること（Schauen）の客体としての対象に向ける。芸術理論は、思考可能なもの、思考において規定可能なものとしての対象に向かうのではなく、純粋に‐可視的なもの（ein rein-*Sichtbares*）としての対象に向かうのである。いまや認識されねばならないのは、――「可視性」は、事物そのもの、絶対的な事物としての事物に帰属する述語ではなく、一定の感覚データ、一定の視覚的な感覚や知覚の単なる受動的な所有を本質とするのでもない、ということである。むしろ可視性は、精神的な行為、自発性の活動を含んでいる。《諸事物》は、精神がその活動の一定の方式と方向において、それらに《相貌（Gesicht）》を与えることではじめて、《相貌》を獲得する。そしてこの活動が、芸術的な描出の活動にほかならない。この活動は、見られたものを模写するのではなく、その根本的意義と本来的な働きは、単に-感覚されたもの、あるいは、おぼろげに感じられたものを見られたものに変貌させる（verwandeln）ことにある。これによって、客観化への、つまり、諸々の形態の全体として世界を把握することへの第二の決定的な歩みがなされているのである。「目は、人間を壮麗なもののなかへ一挙に移し置くものの、その壮麗さのすべてを前にして人間を結局は見捨ててしまう。人間はうつろな凝視に頼らざるを得ないままであり、目を通して受け取るものを、別の素材、言語という素材に置き換えることによってのみ、自らの意識の発展に役立てることができるのである。他方で、人間が自己のうちに見出す能力、つまり、見るものを造形的な描出の対象にする能力は、目の活動によって呼び起こされた可視的存在の意識に、それ固有の軌道における前進的発展が可能になる道を、人間に指し示すのである」[30]。ここには、言語を造形芸術に結び付け、両者の間に一種の「連合」を打ち立てる精神的な絆が、明瞭かつ鮮明に描き出されている。この連合は、表現機能のみから出発するならば、つまり、芸術と言語において、いわば抒情的-表出的(lyrisch-expressiv）な契機のみをとらえるのなら、単に不完全に認識されるにすぎない。言語と芸術を、客観化の根本的手段、対象的直観の段階への意識の高まりの根本的手段として理解することによってはじめて、この連合は、それ本来の根拠、その正当性を見出すのである。この高まりは結局、「論証的な(diskursiv)」言語的思考と、芸術的に観《シャウエン》て、形態化《ゲシュタルテン》するという「直観的な（intuitiv）」活動とが相互にかみ合うことによってのみ、そして、両者が一体となって「現実」の衣装を織ることによってのみ、可能なのである[31]。

もちろん、フィードラー自身の美学的体系においては、こうした根本思想の展開に対して、はじめから一定の制限が設けられている。——この体系の本来の力が依拠している契機ときわめて密接に関連する制限である。美学の「客観主義的な」基礎づけは、結局、美的体験の純粋に主観的な諸要素を完全に抑圧することに向かってゆく限りにおいて、方法的な先鋭化と極端化をこうむることになる。これらの要素は、純粋に事実的には、美的体験から締め出すことができないのだが、フィードラーによれば、こうした純粋に事実的な共在からは、それらの意義と妥当性にとって、何ものも生じないのである。心理学的な連関は、構成的な連関と取り違えられてはならない。すなわち、芸術作品の受容に伴うのを常とする諸々の感情の昂揚は、芸術作品の本質的契機と見なされてはならないのである。それらはむしろ、芸術作品そのものの存在とは何の関わりもない、純粋に偶然的な規定である。——したがってそれらは、芸術的な《原現象》の定義に用いられてはならない。「自然の可視性」が、芸術的活動の本来の、それどころか、唯一の目標なのである。人間の精神が事物の可視的形式をひたすら感性的に受け取り、直接的なあるいは再生された知覚においてのみ把握しようとする限り、事物の可視的形式の純粋で明確な領域は、人間の精神には閉ざされたままであるという洞察が、この形式を明るみへと高めるためには芸術的活動が必要であるというもう一つの洞察に至るのである。「人間の精神が、もはや単に知覚する存在としてではなく、活動的な存在として事物の可視性に関与することではじめて、事物の可視性は、人間の精神にとって、完全に現在的なものとなる。そして、事物の可視性がその生き生きとした現在によって、人間の精神を満たせば満たすほど、それまで事物を眺めた際に、意識の前景に押し寄せて可視性を曇らせていた一切が、それだけ退いてゆくのである」[32]。結局フィードラーは、純粋に「主観的な」側面に属しているすべての事態、つまり、可視的なものの世界にではなく「情緒的なもの」の世界に属しているすべての事態を、純粋な可視性をこのようにして曇らせるだけのものと見なすのである。こうした〔情緒的な〕領域への芸術の関係は、結局のところ、単なる感傷的な錯誤として現れることになる。芸術作品をその純粋な《それ‐自体》においてとらえることを学び、感情によって印象を汲み尽くすことが与える喜びを断念することを学んだ者だけが、芸術をそれ固有の言語において理解するであろう。したがってここでは、十全で純粋な対象性という利得は、一種の禁欲によってのみあがなわれ得るのであり、芸術的に‐創造する者も芸術的に‐観照する者も、この禁欲を自分の自我とその感情の動きに課さねばならないのである。だが、このような見方によって、芸術的体験の統一性が失われかねないだけでなく、より詳細に考察するならば、このような見方はすでに、フィードラーの認識論の根本前提に抵触するものをも含んでいるのである。というのも彼の認識論には、「主観的な」現実は「客観的な」現実と同じく直接「与えられ」ているのではないという点について、いかなる疑いも存在していないからである。繰り返し強調されるのは、認識論が、仕上がって‐存在する表象世界の存在から出発するならば、仕上がった事物世界の現実存在から出発する場合に劣らず独断的な仮定である、ということである。むしろ、すべての存在は――我々がそれを「客観的な」存在と見なそうと、「主観的な」存在と見なそうと――規定する活動と、この活動が遂行されるある種の形式を前提としている。だが、そうだとすれば、これらの形式の哲学的分析と哲学的基礎づけは、これらが対象意識の構成において遂行する働きの指摘にとどまることは決してできないであろう。哲学的分析と哲学的基礎づけは、むしろ、これらの形式が一見、正反対の方向で働くところにおいても、――つまり、《自我》、《自己意識》の世界を構成することを助けるところにおいても、これらの形式を探し当てねばならないのである。とりわけ言語と神話が、自己意識のこのような構成のために何をなし遂げるのかを、我々は立ち入って追跡したのであった(33)。いたるところで我々に明らかとなったのは、両者においては、あらかじめ存在してはいるが、それ自体で閉ざされた自我世界のみが外部に向かってゆくわけではなく、自我世界の形成は、これらの形式において、そして、これらの形式によってはじめて遂行されるということであった。この成果は、我々が歴史的意識の形式と根源を得ようと考えるならば、拡張と深化を遂げることになる。そこにおいては、我々がいたるところで注意を促されていることに気づいた媒介（*Vermittlung*）の必然性が、ただちにふたたび、きわめて明瞭になるのである。《自然》の対象性に関しては、この媒介を明確かつ鮮明に際立たせるために必要なのは、常に、何よりも認識批判的な省察である。すなわち、経験的思考の諸形式において、空間と時間、実体性と因果性の諸形式において現れる現実が、「絶対的な」現実と見なされるのである。これに対して、歴史の現実に関しては、それをはじめから、こうしたいわば具体的な事物性において受け取ることはできない。歴史的世界は常に、歴史的意識に相対的に定義され得るにすぎず、この意識の形式が、我々が《歴史》という名のもとで把握する対象そのものをはじめて規定する、という確信がただちに湧いてくるのである。他方で、ここにおいてはじめて特殊-人間的な現存在の円環が閉じられる、ということが明らかになる。我々が、有機的な生のさまざまな形式から人間の世界に移行する際に歩み入る新たな次元は、ひょっとしたらこの点において最も明瞭に際立つのかもしれない。というのも、我々が動物の知覚世界と表象世界をいかに豊かに発達したものと考えようとも、また、とりわけ高等動物に一定の「知性の働き」があると考えようとも、――これらすべては、歴史的意識の最も原始的な形態化にすら、遠く及ばないからである。もちろん有機体を、単なる現時点、〈今〉と〈ここ〉には解消されず、その現在のなかに過ぎ去ったものの痕跡を保存する存在と名づけるという、まさにそのような仕方で定義することはできる。しかし、このように実在的に保存されていること、過去が与えるこうした単なる影響作用（*Nachwirkung*）は、歴史におけるいかなる現存在もいかなる生も形成することがないのである。むしろ歴史における生は、またもや、決定的な転換、すなわち、単なる《行動圏》から《視圏》への移行を前提としている。すでに高等動物の世界においては、行動圏はもはや、端的に硬直した閉ざされたものではない。つまりそれは、「本能」の固く継ぎ合わされた規則に従って、常に同じ仕方で進行せざるを得ないような行動だけを含むのではなく、より以前の経験による影響、変形を受け入れるのである。だが、動物の「学習」のこのような形式はまだ、我々が「想起（Erinnerung）」という名で呼ぶあの「知－覚（Inne-Werden）」の特殊な形式の何ものも含んでいないのである。そこに支配しているのは、記憶（Gedächtnis）であって、想起ではない。習慣－記憶（*habit-memory*）であって、知識－記憶（*knowledge-memory*）ではない。[34] というのも、後者の機能は、何らかの仕方で変化を受けた現存在のあり方（*Daseinsweise*）における、過ぎ去ったものの単なる存続（Fort*bestand*）とはまったく別のものを必要とするからである。すなわちそれは、まなざしの方向の独特な転換を要求するのであり、これによって現在のなかに過ぎ去ったものが《現れ》、これによって、過ぎ去ったものが同時に、過ぎ去ったものとして知られるのである。このようなまなざしの変化――現在のなかに本来的な意味で《立ち止まる》ことなく、〈今〉と〈ここ〉にとらわれることなく――このように現在に立脚すること、――これが、あらゆる歴史的意識の始原なのである。しかしながら、この意識が理論的認識の段階で高まっていった形式、理論的認識において規定的で支配的な思考手段によって自己を形成していった形式において、この意識を考察するのであれば、この始原に遡行するためには、不十分である。むしろ歴史に対しても、自然に対しても、ヘーゲルが『精神現象学』において立てた要求が当てはまる。歴史の概念と自然のそれが、両者についての科学においてはじめて完成するとしても、やはり他方で要求されねばならないのは、科学自体が、自然の世界と歴史のそれを、科学にとって妥当な形式とカテゴリーのなかで我々に明示して説明することに甘んじないことである。すなわち、科学はむしろ、意識に対して、理論的認識のまさにその立場へとはじめて導いてゆく「梯子を差し出す」べきなのである。そしてふたたび、ここにおいても、神話、言語、芸術の形式形成が、この梯子の最も重要な踏段であることが明らかとなる。人類の歴史的《ゲシヒトリッヒ》な自己意識の一切、人類に固有な状況の「知-覚（Inne-Werden）」の一切は、直接的には、歴史《ヒストーリエ》という形式においてではなく、神話《ミュートス》という形式において人類に与えられるのである。自然の領域、対象的把握の領域においては、魔神化（*Dämonisierung*）が、あらゆる個体化の始原と前提条件として現れていたように、歴史の領域においては、英雄化（*Heroisierung*）が、出来事の流れと太古の漠とした薄明のなかから個々の形態を際立たせるための、唯一の根源的手段として現れる。自己自身についての知や自己自身の発展のなかで踏破した生の諸段階についての知を、人類がはじめて獲得するのは、これらの諸段階が、神話的な諸々の個体に凝縮することによってなのである。神話的-英雄的な存在のこのような直観において人類は、はじめて、自分自身から脱け出て、自分自身に対面するのである。文化のあらゆる偉業は、このような仕方で見られる。——事物的に、単なる結果や産物としてではなく、神話的な実体化（Hypostase）のなかで英雄や救済者の行為として理解されるのである。以後は、英雄の祭祀、英雄的な祖先の祭祀が、人間を太古に繋ぐ最も確固とした最も確実な絆を形成する。祭祀において、こうした太古は、単に想起されるだけではなく、同時に、直観されることになる。すなわち、過ぎ去った出来事が、主観的に表象のなかで更新されるだけでなく、祭祀の直接的な現在のなかで、客観的な形式において、人間たちの前に現れるのである。とうの昔に過ぎ去り、埋もれてしまったものが、いまここに復活される。というのも、英雄の生、英雄の行動と苦難そのものが、祭祀の儀式において、間接的に描出されるだけではなく、祭祀の儀式において絶えず反復されるものにほかならないからである。祭祀の儀式は祖先を記憶することに役立つだけでなく、祖先そのものがまさしく、それにおいてよみがえり、それによって現在の一族と常に新たに結び付けられるのである。これによってはじめて、代々の円環が閉じられる。すなわち、生存〔現存在〕の流れのただなかにおいて、人間に、その存在の統一の確実性、その不滅の持続(*Dauer*)の感情が与えられるのである。そして、こうした感情のなかで、人間にとって、出来事の連鎖は、はじめて歴史《ゲシヒテ》へと形成されるのである。こうした感情のなかでは、生成《ヴェルデン》そのものが存在《ザイン》という形式に高められている。このような高まりが可能なのは、根源的には、神話《ミュートス》だけである。というのも、過ぎ去ったものを、過ぎ去ったものとして直観し、にもかかわらずそれを、現在という純粋な形式のなかに呪縛することに成功するのは神話だけだからである。人間が、英雄的祖先を直観するなかで自身の前へと立てる(**vor sich hinstellen**)過去の形象において、人間は、自然の単なる事実である消滅そのものを超え出たのである。いまや、死という、〈死な－ざるを得ない〉という有機体的現象が、いわば、精神的現象によって、人間の自由の行為によって、乗り越えられ、克服されている。人間が自らの神話的な英雄たちに与える不死性において、人間は、自己自身に対して、自己自身の類に対して、理念的な不死性を手に入れているのである。

こうした連関においてはじめて、人類の歴史的意識が表明されている最古の形式言語が神話の言語にほかならないということ、また、なぜそうなのかということが、完全に明らかになる。歴史の科学は、自己自身と神話の間に、鮮明で明確な境界を引かねばならないとしても、歴史の哲学は、こうした境界線を同様の仕方で設定してはならない。むしろ歴史の哲学にとっては、神話が真に包括的に見られ、理解される限りにおいて、精神的な総体形式と解される限りにおいて、神話がはじめて、歴史の世界を開示する魔法の鍵となるのである。このことは、すでにヘルダーが、きわめて明確に理解していた。彼は、神話的－宗教的な物語を、単なる詩的な虚構と解するのではなく、それらの物語を「人類最古の文書」として把握して役立てる方法をはじめて説いたのであった。[二二] しかし、この方法のより鮮明な思想的基礎づけとその独創的な展開は、バッハオーフェンの歴史哲学的な仕事まで留保されたままであった。神話を歴史的認識の精神的な原形式としてとらえることが、バッハオーフェンの見解全体の本来の中心を形作っている。我々はそこに、彼の個々の研究のすべてが魂を吹き込まれ、導かれている認識原理を見なければならない。[35] 彼は強調している――「言語ならびに人間の手による制作物のほかに、比較研究には、さらに第三番目の記念碑、神話が現れてくる。それどころか、神話こそが、個々の民族の間の文化的連関の問題について、最も豊かで、同時に最も信頼のおける説明を与えてくれるのである。というのも、移住してゆく諸部族は、往々にして故郷とともに言語をも変えてしまうか、急速な混血によって、言語を見分けがつかないまでに歪めてしまうからであり、他方、芸術や手工業の営みによる生産物は、地域的、風土的な諸状況の影響に極度に依存しているからである。だが、これに対して、いかなる民族も、習俗とともに、自らの神、自らの宗教的な根本見解や自らの伝承されてきた祭祀の風習をも変えることがない。ところが、神話は、宗教的信仰の光に照らされた諸々の民族的体験の表示（Darstellung）にほかならないのである」。まさにこの点に、神話的なものの客観性がある。この客観性は、正しく理解されて用いられるならば、単なる歴史的な事実性にまったく劣らないだけでなく、ある点でははるかにそれに優っている。神話的な物語は、その歴史性の否定によって、一切の意義が剝奪されるものでは断じてない。「起こらなかったであろうものは、いずれにせよ、思考されたのである」[36]。それゆえ、外的な真理に代わって内的な真理が現れる。事実性の代わりに我々は、精神の行為を見出すのである。こうした見方がバッハオーフェンに可能であったのは、彼がはじめから、神話の単に《寓意的《アレゴーリッシュ》》な解釈に代わって、シェリングの意味において、神話の《自意的《タウテゴーリッシュ》》な理解を求めたからであった。[37]——つまり彼は、神話が、その外的な現れにおいては形態が多様で変化するにもかかわらず、一定の法則に従っており、それどころか、精神の唯一の普遍的な法則性が刻印されたものであるということから、出発していたからであった。「いたるところに体系があり、いたるところに連関があり、あらゆる細部に一つの大いなる根本法則の表現がある。この根本法則は、その諸々の顕現の豊かさのなかで、内的な真理と自然必然性の最高の保証を備えている」[38]。このような《自然必然性》は、歴史が単に事実的なものの認識であろうとする限り、個々の出来事を時の糸で繋ぎ合わせることに満足している限り、いたるところで、歴史には不可能なままであり続ける。歴史は、拾い集められた個々の事実性のこのような世界にではなく、むしろ、精神の諸々の行為に沈潜して、これらの行為を歴史の本来の対象と見なす場合にはじめて、必然的な、内的に－理解可能な連関に到達するのである。というのも、これらの行為は、自由な行為と考えられるにしても、その不変の規定性、それ固有の堅固なリズムを持っているからである。これらの行為は、偶然に次々と継起してゆくのではなく、内在的な合法則性に基づいて、相次いで自己を展開してゆく。そして、出来事ではなく、精神的な諸々の時代のこのような連続こそが、歴史の哲学が認識しようとするものなのである。歴史の哲学は、「過ぎ去った諸時代の研究の中心が、事実的な真理の探究にあるのであって、精神的な真理の探究にあるのではなく、出来事の経験的知識にあるのであって、伝承に含まれている諸々の時代思想の探求にあるのではないかのような」実証主義的な根本的誤謬と闘わねばならない。これらの時代思想は、神話という形式においてのみ把握され得るのであり、時代思想にとってこの形式は、単なる覆いのようなものではなく、唯一可能な表示（*Darstellung*）なのである。こうしてバッハオーフェンにとって神話は、歴史の不可欠の認識根拠（*ratio cognoscendi*）となる。しかしこのことは、神話が、ある意味で歴史の存在根拠（*ratio essendi*）であることによってのみ可能である。というのも、神話の諸形態においては、まずもって、人類が通り抜けてきた一定の原体験（Urerlebnisse）と原状態（Urzustände）が、対象的な形式において直観されるのであり、これによってはじめて、これら原体験と原状態が、想起や歴史的な思考や回想にとって、接近可能なものとなるからである。

しかし、ここにおいても、「外的な」現実の形式形成において我々が遭遇したのと同様の根本的関係がふたたび明らかとなる。神話が歴史についてなし遂げる成果においても、神話は、決して孤立していないのであり、神話は、神話自身と言語と芸術によって表される大いなる精神的な三幅対のなかの一要素をなすにすぎないのである。ハーマンは詩《ポエジー》を「人類の母語」と名づけているが〔一三〕、この命題はとりわけ、歴史的意識の言語に当てはまる。人間は、自らの諸々の状態や運命を神話的‐詩的に発語する（*aussprechen*）ことによってはじめて、それらのなかに生きそこに存在するだけでなく、これらの状態や運命の主体としての自己に気づくに至るのである。しかしその際に、詩《ディヒトゥング》という形式は、ある点で、神話という形式に優っている。というのも、詩において告げられるのは、時間の新たな直観であるからである。シェリングは神話について、そこにおいては、まだ端的に有史以前の時間が支配している、と述べている。――終末が始原のようであり、始原が終末であるような時間である[39]。神話は、神話において直観される内容を、未規定の時間的な彼方へと押しやる。だが、この彼方は、いわばまだ時間的な深さを獲得していないのである。神話の時間のすべての契機は、まだ、唯一の契機であるかのように存在している。――それらは、過去そのものという同一の次元のなかに存在していて、過去自体のなかでふたたび、さらに詳細に区別されることがない。ところがこのような関係は、英雄詩や叙事的な物語が過去を呼び起こして、とどめ置こうとするやいなや、別の関係に席を譲り始めるのである。というのも、物語そのものがその客観的な明瞭さと規定性を獲得するのは、物語がそれ自身において分節された全体を形成することによってのみであり、——物語は特定の発端とともに始まり、一連の中間部を経て、特定の結末に向かって進んでゆかねばならないからである。また、これと同様に物語は、それが関わっている内容にも、このような物語の構成を分かち与えることになるからである。内容は、叙事的な形式に入り込むことによって、いよいよ明確な時間的な段階づけをこうむる。出来事は個々の局面に分解され、それらの間には、連続、叙事的な継起の一定の法則が支配するのである。人間が、もっぱら祭祀によって太古と結び付いている限り、祖先たちについての知と彼らとの内的な一体性の感情が、祖先たちは祭祀の儀式のなかでいまだに直接人間のそばにいるという点に基づいている限り——このような仕方で人間が把握するものは、本質的にまだ、純粋な現在として、人間の前に存在している。だが、叙事的な語りは、この種の現在を止揚してしまう。神話的な《である（Es ist）》が、メールヒェンや伝説《ザーゲ》の《であった（Es war）》に変化するのである。いかにメールヒェンと伝説が祭祀と同一の素材圏のなかで展開しているとしても、それらは同時に、結局のところ「言い表す《ザーゲン》」という根本形式から、言語的な描出そのものから、湧き出てくる新たな形式を内包しているのである。祭祀と儀式においては、神話的なものはまだ生きられており、神話的なものは生き生きとした活動に変換される。神話的なものは、伝説においてはじめて発語され、この発語において新たな客観的な距離を獲得する。これによってはじめて、特殊ー歴史的な時間、人間の歴史の時間の直観が生まれることが可能になる基礎が据えられたのである。いまや、人間と神々の事物を包含する円環が、新たな側面から閉じられるのである。神話においては、人間と神の間を繋ぐものは、神となって、神格化（*Apotheose*）をこうむる英雄という形態のうちにある。

だが、叙事詩は、もっぱら逆の道を行く。——そのなかに我々は、神々の人間化と名づけることもできるであろう精神的な過程をうかがい見るのである。もはや、人間的なものの諸々の尺度が、端的に-人間を超えたものに高められるのではなく、ほかでもない神自身が、これらの尺度に順応して、諸々の情念や戦い、勝利と敗北が備わった狭い人間的な世界に降りてくるのである。いまやこれによって、新たな視点が創り出されている。人間的な、特殊-歴史的な時間の新たな時代の幕がはじめて真に開かれたのである。アキレウスは、その「本来の」神話的な原義によれば、むしろ日輪の英雄ではないのか、ということを論争するのもよかろう。——だが、叙事詩的なアキレウス、ホメロスのアキレウスにとっては、このような論争は一切の意味を失う。というのも、ここで立てられている問いだけでも、すでに、叙事詩の様式法則の毀損が含まれているからである。イーリアスのアキレウスは、もはや神話素（Mythologem）ではない。彼は、完全な個体的な規定と限定のなかで、歓声をあげ嘆き悲しみ、愛し怒る人間として、我々の前に現れる。そして叙事詩には、このような個体化と人間化の過程における同盟者として、造形芸術が味方する。このような精神の根本的方向において作用するのは、とりわけ彫刻である。彫刻の最古の形式であるエジプト人の彫刻は、いまだ完全に、特定の神話的-宗教的な根本直観の呪縛のなかにあるように思われる。人間の彫像が、不死性という宗教的理念に奉仕するのである。すなわち、人間にその永遠性、その無制限の永続が保証されるというのであれば、人間の形態、人間の肉体的な形式が保存されねばならないのである。その後、造形芸術は、そのさらなる発展のなかでこのような圏域からますます脱け出てゆく。形態の描出が、自己目的、美的な自己価値になるのである。だが、美的なもののこうした自律性において、同時に、人間的なものの新たな自律性が達成されている。人間の身体が、芸術的な形式形成によってそれになされる魂の付与（Beseelung）のなかで、新たな意味と新たな尊厳に到達するのである。いまや、人間の身体のみが、神的なものの可視性の純粋な媒体として現れることになる。神像は、以後はもはや、多彩に混ざり合った、半ば‐動物的な、半ば‐人間的な特徴を帯びることがない。神像は神を、それがそもそも具体化できる限りにおいては、人間的な形式において以外には示現させることができない。ここでまたしても明らかとなるのは、《外的なもの》の形態化と《内的なもの》の形態化は、互いに分離され得ないということである。造形芸術は人間に手を貸して、はじめて自己自身の身体の完全な可視性に至らせ、この身体を、明確ではっきりとした輪郭において刻み出す。これよってはじめて、特殊‐人間的な自己感情（*Ichgefühl*）が、一般的な神話的な生の感情（*Lebensgefühl*）の領域から身を解き放つのである(40)。そしてここには、空間的な境界づけと同じ意味において、時間的な境界設定が働いている。人間が、自らの過去を自らの現在から分離する場合にはじめて、両者が互いに区分されるにもかかわらずきわめて緊密に織り合わされているのを見出す場合にはじめて、このような結合と分離のなかで、歴史的な存在の形象と歴史の「主体」としての自己自身の形象が人間に生まれてくるのである。

しかしながら、形態化の圏域が究極的に閉じられるように思われ、《内的な》現実と《外的な》現実が互いにかみ合って一つの宇宙《コスモス》にまとめられてゆくこの地点においても、我々は、精神的な発展の道程の終点にいるのではない。というのも、この発展を特徴づけているのはまさに、この発展は、「人間の限界」をはじめて措定すると同様に、この措定のただなかにおいてすでに、この限界を超えて進んでもゆくという点にあるからである。人間が獲得することのできる、すべての客観的な真理とすべての主観的な真理、外界のすべての確実性と、自己自身についてのすべての確実性は、描出の機能に結び付けられているように思われる。人間が世界を知り、人間が自己自身を知るのは、人間が自己と世界について構想する（entwerfen）形象においてのみである。だが、同時に明らかとなるのは、人間は、直観的な真理と直観的な現実のこのような圏域に立ち止まらないのであり、純粋な認識の追求は、この圏域のなかに甘んじることも満足することもできないということである。認識は、こうした地盤が据えられるやいなや、ふたたびそこから敢えて立ち去るのである。――認識は、「未踏のもの、足を踏み入れることのできないものへの」〔一四〕道を行く。認識の精神的な地平は、直観の地平と一致しない。すなわち、認識にとっては、世界の理念的な意味（*Sinn*）が、描出可能性の限界内に含まれているようには思われないのである。いまや、描出の次元の上に新たな次元、つまり、純粋な「意義（Bedeutung）」の次元が構成されるのである。（我々は、一方から他方に至る道を、詳細に辿ろうとしたのであった。）自然認識の構成においては、自然認識が客観化という本来の課題を明確に自覚すればするほど、この課題を純粋に直観的な諸手段でもって果たすことを断念せねばならない、ということが明らかとなった。思考が、そこにおいて現実を把握し、そのなかへ現実を取りまとめようと試みた諸々の形象やモデルが、ますます押しのけられ、それらに代わって、諸々の純粋な思考象徴（Gedankensymbole）が現れるのである。これらにおいてはもはや、現実の直観や可能的な直観は記述されない。いかなる直観的な《事実》も、いかなる直観的な可能的事実も記述されない。――そうではなく、純粋な秩序関係（*Ordnungsbeziehung*）が把握されるのである。連ねること（Reihung）と結合すること（Verknüpfung）の法則が打ち立てられ、構築的な原理としてのこの法則から、《多様なものの統一》が、純粋に思考によって構成される。このことが最も明瞭に我々に現れてくるのは、《純粋直観》の根本形式、原形式である空間そのものが徐々にこうむる変形においてである。〔一五〕（我々がいま一度、簡単な展望と回顧を行なって、最初の原初的な「空間感情」から科学の、つまり精密な理論的認識の「空間概念」に至るまでの多様な諸媒介をありありと思い浮かべるならば、——こうした発展の全体が、独特な弁証法のもとにあることが明らかになる。ここにおいては、いかなる単純で直線的な《進歩》も生じない。そうではなく、発展は、ある特定の点において曲げ戻されるように思われ、ある種の精神的な急転回《ペリペティー》をこうむるように思われるのである。あたかも、こうした反転によって、終わりがふたたび始まりに戻るかのようにである。——形式形成の一定の成果が達せられるやいなや、ふたたび放棄され廃棄されるかのようにである。こうした発展の精神的な中間点（*Mitte*）において、空間は、その純粋な対象性において、いわば、その実体的な堅牢さにおいて、我々に現れてくる。空間は、対象世界一般の受容の場、第一の受容者（*πρῶτον δεκτικόν*）である。——空間は、あらゆる存在に、その確固とした場所、それとともにその確固とした支えを与える。だが、始まりの諸段階において、空間のこの種の《凝固（Verfestigung）》、——あるいは、より適切に言うならば、客観的な直観空間へのこの種の凝固——はまだ達せられていないとするならば、終わりの諸段階においては、この種の凝固はすでに、ふたたび捨て去られ克服されている。終わりの諸段階においては、実体的な空間把握に代わって、ふたたび純粋に機能的な把握が登場したのである。すなわち、空間は、もはや事物空間（Dingraum）ではなく、純粋な体系‐空間（System-Raum）なのである。こうして出発点と結果は、両者において、「事物世界」の構造に対する、経験的な対象性の世界に対する、きわめて明確な対立があらわになる限りにおいて、共通の特徴において一致することになる。だが、言うまでもなく、この対立は、両者にとって同じ意味と同じ方向を持つものではない。「原初的な」空間把握は、事物世界の形式にいまだ先立っており、概念的‐精密な把握は、事物世界の形式を超え出ている。すなわち、前者はいわば、事物‐以下、後者はいわば、事物‐以上である、と言うこともできよう。動物的な《知覚》と《表象》の空間、そしてある意味では神話的な空間もまだ、経験的な直観の世界にとって規定的で特徴的である確固とした対象空間ではない。——数学的‐物理学的な秩序空間は、もはやそのようなものではない。前者は、諸事物の総体というよりはむしろ、諸々の行動と行動の方向の全体である。後者は、対象的な諸要素の複合体というよりはむしろ、諸関係（Relationen）の体系である。動物の空間的な方向感覚は、どのような仕方で、どのような感覚的なデータに基づいて生じるのかという問題は、生物学と動物心理学の側から振り向けられたあらゆる努力にもかかわらず、詳細はまだほとんど解明されていないように思われる。すなわち、観察された現象のすべてに適合した真に満足のゆく、詳細を尽くした理論は、これまでに達成されていないように思われるのである。(41) しかし、動物の空間は、個々の要素が対象的な「諸徴表（Merkmale）」にしたがって区別され、互いから際立たせられる本来的な《視覚空間》ではなく、純粋な《行動空間》として考えられねばならないという一点だけは、確かであるように思われる。ベーテ〔一六〕が、一連の入念な観察のなかで確認したのは、帰巣するミツバチは、飛び立った空間内の場所を常に、きわめて確実にふたたび見つけ出すということ、これに対して、不在の間に巣箱の位置が少しでもずらされると、帰巣の際に巣箱をすぐには見つけることができない、ということであった。(42) ラードル〔一七〕は、このような実験や類似の実験に基づいて、我々が動物の《空間》と呼ぶことのできるものは、方向づけをする諸々の力の体系にほかならず、これらの力の各々が有機体に、自分自身に対する均衡をもたらす、と推論している。「この均衡が、動物の方向感覚である。異なった有機体の空間は、互いに同じではない。すなわち、ある有機体では、光の空間がより発達しているのに対して、ある有機体では重力の空間が、ある有機体では平面の空間が、そしてまたある有機体では圧力の空間がより よく形成されているのである。おそらくは、常に複数のこのような空間が同一の有機体において存在しているということ、だが、ある有機体では一方の空間が、別の有機体では他方の空間が優勢になるということであろう」[43]。このような純粋に動力学的な性格は、神話的な世界像の空間にもいまだに特有であるように思われる。ここにおいてもふたたび、空間的な方向感覚の相違は、直観的な環境世界の全体から、客観的な徴表によって区別された特定の対象的な諸々の構成単位が取り出されて、確固とした座標の－諸々の中心として用いられることによって得られるのではない。むしろ、これとは逆の過程が明らかとなる。つまり、対象的な現実の秩序は、諸々の特定の原初的な方向感情の相違に基づいて構成されるのである。《上》と《下》、《右》と《左》。これらはすべて、原始的な神話的な「意味」を持っている。――これらには固有の神話的な感情価値が付着している。現実のすべての内容は、何らかの仕方でこの感情価値を分け持っており、いまや、現実のすべての内容はそれ自体において、この感情価値に従って、秩序づけられ、段階づけられ始めるのである。ここにおいてもまた、魔神化《デモニズィールング》が、あらゆる個体化の始原と前段階であることが明らかとなる。北と南、東と西――これらすべては、本源的には、魔的《デモーニッシュ》な諸力として構想され、それらの各々は、ある種の行動の方向と緊張の方向を内包している。――そして、空間が神話的な力の場として構成されるのは、これらの力の線の全体によってなのである[44]。これに続いて、根本的に－異なった転回、形態化の新たな様態が、言語の圏域において我々に現れてくる。言語の世界は、ここでもまた、そこにおいては、単に不安定な均衡が、静力学的な均衡に転化し始めるということによって特徴づけられ、際立たされる。言語的な名称は、単に個々の空間的な諸規定を固定するだけでなく、これらの間に、新たな関係をも創り出す。いまやこれらの規定は、区別可能なものとして現れるだけでなく、相互に保持し合う。それらは、一つの客観的な全体空間に接合されるのである。言語は、それによって《ここ》や《そこ》、《近く》や《遠く》を指示し、したがって、それによって、空間の特定の点から空間の全体を客観的に見渡すことができるような表現手段を創り出す[45]。ところが、言語的な諸概念に基づいて、また、言語によってともに条件づけられ媒介された経験的な諸々の対象概念に基づいて遂行されるこの種の〈見渡し〉は、純粋な理論一般の最終的で最高の成果では断じてないのである。

純粋な理論は、現実的なものの単なる概観（*Synopsis*）にとどまることなく、綜合（*Synthesis*）の新たな形式を要求し、創造する。そして、この純粋に知性的な綜合は、そこにおいては空間が、隔離された、あるいは隔離可能な「対象」としてはもはやまったく提示され得ない、という独自性を持っている。空間は、もはやいかなる仕方においても、一種の客観として直観されたり、表象されることはできない。――空間は、もはや客観化の根本手段であるにすぎず、しかも、自らの課題を常に、自然認識の他の諸カテゴリーとの共同においてのみ、とりわけ時間概念との「連合」においてのみ遂行できるにすぎないような根本手段なのである。硬直した空間的な図式主義（*Schematismus*）をこのように打破し、空間を純粋な概念の－空間、秩序の－象徴にこのように高めることに伴って、現実はふたたび、〈考察すること（Betrachtung）〉の最初の「生により近い」諸段階において付随していたあの可動性と流動性のいくばくかを取り戻したように思われるのである。いまや、現実はふたたび、諸事物（*Dinge*）の全体というよりは、むしろ、諸々の出来事（*Ereignisse*）の全体として現れてくる。しかし、ここで現実に付与される流動性は、当初、現実に特有であったあの不安定性と非恒常性、あの一時性とはもはや何ものも共有していない。というのも、いまや思考は、現象の際限のない可変性のただなかにおいて、自己を固定し、自己自身において自己を主張することのできる手段を見出したからである。いまや思考は、もはや事物概念によってではなく、法則概念によって、生成の流れに打ち勝って、それを支配する。いまや、恒常的な諸事物の想定に代わって、不変の諸関係を想定することが、思考にとっての足場と支点になる。したがって、ここに循環運動が生じたのは、外見上のことにすぎない。〈考察すること〉が、その終わりとともにふたたびその始まりに戻るのは、外見上にすぎないのである。というのも、始まりと終わりの間には、いまや一つの世界があるからである。——諸々の純粋な秩序概念自体によって、科学的認識の諸前提と諸原理によって構成される、ほかでもないあの世界があるからである。

だが言うまでもなく、他方で、この最終的な領域への上昇にどのような困難が立ちはだかっているのかということも、明らかとなったのである。純粋な理論は、ここにおいて歩み入る新たな大地を、一歩一歩獲得してゆかねばならない。それはあたかも、思考の発展の何らかの地点で、思考が、経験的な知覚世界の構成を可能にする客観化の本来的な根本手段から、敢えて身を引き離そうとしないかのようにである。絡みついてゆく器官を用いるかのように〔一八〕、思考は、繰り返しこの根本手段にしがみついてゆく。思考は、事物のカテゴリーにしがみつくのである。知覚の世界が、純粋に内容的に言って、もはや最終的な「本来的な」実在性として思考に現れない場合にも、つまり、思考が、別の現実へ移行する必然性を把握する場合においても、思考はやはり、知覚の世界をとらえていた形式は放棄しない。いまや思考は、より確固とした基盤を要求している。すなわち、思考は、諸々の感性的な質に代えて別の諸規定を措定し、これらにおいて、いまやはじめて事物の真の「本質」を所有していると思うのである。だが、この新たな存在論的な規定は、さしあたり、純粋に方法的な規定の何ものをも変えることがない。というのも、「第二の現実」もまた、第一の現実と同じく、まだ徹底して事物的にとらえられているからである。知覚内容からその絶対的な実体的性格を取り去ることによって、思考は、この性格を、もっぱらそのようなものとして、廃棄するのではなく、それを別の箇所に移すにすぎないのである。いまや「主観性」に委ねられている第一の事物世界の背後に、もう一つの事物世界が立ち上がる。——本来的な事物性は、本来的な堅牢性と持続性であるがゆえに、この世界にはじめて帰属するように思われるのである。理論的認識は、この世界の構造を指摘してそれを詳細に規定することに取りかかることによって、自らが新たな領域のなかにいることを確かに知ってはいる。だが、にもかかわらず、理論的認識の努力は、この領域を以前の領域にできる限り同化して、この領域を以前の領域との「類似性」に従って把握することに向けられたままなのである。常に新たに、理論的認識は、こうした類比的な（*analogisch*）思考の強制の下に置かれる。すなわち、出来事の根本法則の定式のなかに、感性的な諸事物の具体的で特殊的な形態から取ってこられた形象が繰り返し忍び込むのである。原理においての思考に、図式やモデルにおいての思考が取って代わる。このような不明確化を阻止するためには、――つまり、客観化の諸々の理論的な根本手段を用いるだけでなく、それらをそれら特有の機能においても理解し、それらにそれら固有の－意義、それらの完全な自律性を認めるためには、常に新たな努力が必要となるのである。近代の自然認識の歴史は、総じて、このような闘いに満たされていた。だが、最終的には、近代の自然認識が、当初から多少とも明瞭な方法的意識をもって目指した目標は、達成されたように思われたのであった。すなわち、近代の自然認識の純粋な概念の形式（*Begriffsform*）は、単なる事物の形式（*Dingform*）から、明確かつ鮮明に引き離されるのである[46]。

しかし、ここで我々が、理論的な自然認識において遂行される、《描出》という次元から《意義》という新たな次元への移行を想い起こしたのは、ひたすら、この想起をもう一つのより普遍的な問いに結び付けるためである。「外的な」世界の形態化に代わって「内的な」世界の形態化が問題となる場合にも、類似の《意義の転換》が、指摘され得るのであろうか。双方の世界が、それらの純粋な構成原理の点で、互いに方法的に対応しているということ、――双方の世界が、いわば同一の建築術的なリズムを示すということが、我々の探究の全過程において、絶えず新たに立証されたのであった。すでにこの理由によって我々は、事物概念がいわば自己自身を超え出てゆく最終的な大いなる転換にも、「内的な経験」の領域における、これに劣らず重要な形態変化が対応している、という推測をすることが許されるであろう。外的な世界の構成が、事物というカテゴリーによって支配されるとするならば、内的な世界の構造が依存するのは、人格（*Persönlichkeit*）というカテゴリーである。前者において我々が空間的な直観の領域のなかにいるとするならば、後者においては、我々は、時間という媒体のなかで運動している。したがって、我々の問題は、次のようにとらえることができるのである。——事物の領域を踏み越えることが、可能であり必然的であると立証されたのと同じ意味において、人格の領域を超え出てゆくことがあるのであろうか。——〈考察すること〉は、空間的な直観の図式主義を超え出てゆかねばならなかったのと同様、時間の形式をも超えて、時間からいわば身を引き離すことができるのであろうか。また、引き離さざるを得ないのであろうか。もとより、純粋な「生の哲学」の立場からすれば、このような問題設定がすでに、逆説的で、不快に見えるに違いない。というのも、生の哲学が、《内部》を《外部》から区別し、時間を空間から区別するのはまさしく、我々が、後者においては、徹底して間接的で派生的な存在に、これに対して前者においては、端的に－根源的な存在、直接的に－確実な存在に対面している、ということによってであるからである。ひとたび我々が、この根源的な存在の地盤に足を踏み入れたならば、つまり、空間という形象世界から解き放たれて、時間という世界に帰還して、そのなかにふたたび没入するならば、——ここにおいては、そうであるがゆえに、我々にとっていかなる《彼岸》もいかなる《超越》ももはや存在し得ないのである。我々はヘラクレスの柱の地点に立っている。すなわち、絶対的なものそれ自体が、純粋な持続性の直観、真の持続（*dureé reélle*）の直観のなかで我々に開示されるのである。したがって、空間と-事物の形式（*Raum- und Dingform*）の破砕が必然的であることが明らかになったのと同様、――時間と-自我の形式（*Zeit- und Ichform*）の破砕を試みることは、どのようなものであれ、不条理であるように思われる。ところが、ここでもまた、生の哲学が最終的な所与であり最終的に確実なものとして引きこもる、あの「体験的時間」の構造をより精密に吟味するならば、ただちに異なった見解に至らざるを得なくなる。いまや、体験的時間そのものが、もはや端的に単純なものではないことが明らかになるのであり、体験的時間は、特有の緊張、二つの正反対の極への関係を内包しているのである。この両極性を我々に絶えず新たに立証し、明確に認識させたのは、象徴的な形式形成の過程にほかならなかった。諸々の体験の連続そのものだけが、時間形式に拘束され続けるのであって、それらにおいて把握され、体験されたものが拘束されるのではない。意図し、思念する活動だけが、時間形式に帰属するのであって、この活動が向けられる諸々の事態が帰属するのではない。ところが、こうした洞察とともに我々はいまや、以前に空間的な直観の一定の方法的な限界が明らかとなったのと同様、時間的な直観の一定の方法的な限界にも対面することになるのである。客観的な媒体の存立なしには個々の体験世界は互いに関連し合わず、互いに「筋の通った」ものとなり得ないであろうが、客観的な媒体を形成する形式の理念的な世界、――この世界そのものは、時間的に-限界づけられ、時間的に-拘束された個々の体験の圏域には解消されないし、これらの圏域の総体に解消されることもない。この世界はむしろ、これらすべてに対して、固有の内実を持つのであり、この内実は、もはや時間的な直観の言語では記述され得ないし、もはやこの言語の諸々の尺度《マーセ》によっては測り《メッセン》得ないのである。ここにおいては、超時間的な（*überzeitlich*）存在というよりはむしろ、原理的に非時間的な（*unzeitlich*）存在が問題となる。時間におけるすべての生成、すべての現存在やすべての持続とはまったく別の次元に属する、純粋に《自己自身において存立すること》が問題となるのである。そして、あらゆる象徴的な形式形成は、それ固有の仕方と方向で、このような純粋な自我－意味（Ich-Sinn）に向かおうと努めるのであり、この純粋な自我－意味は、単なる自我－意味の一切から固有に区別されるのである。言語においては、自我－意味のこのような際立ちが最も特徴的に現れるのは、言語が、自我－意味に適った表現に到達する場合においてである。――つまり、言語が、純粋な関係の妥当性と存立が陳述される繋辞の《である》を、単なる現実存在の－陳述（Existenz-Aussagen）のすべて、すなわち、空間的あるいは時間的な現存在（*Dasein*）についての陳述から、鮮明かつ明確に分離する場合においてである。[47] しかし、他のいかなる形式にもまして自我世界に根ざし、この世界に完全に解消されてしまうかに思われる神話ですら、すでに別の方向を明瞭に指し示しているある種のモチーフを我々に認識させたのであった。神話的な自我－世界、人格的な魔神《デモーネン》たちや人格的な神々の世界のただなかにおいて、我々は時折、そこには似つかわしくない異分子のように思われる諸々の形態に出会う。これらの形態は、神話的なパンテオンの諸々の形成体に通常は帰属するあの個体的な生の充溢、あの具体的な直接性の何ものも持っていない。――これらの形態は、それらに比して、奇妙に－抽象的な、身体を欠いた、血液のない形成物として現れる。ところが、これらの形態には、神話的な「意味」の全体において、きわめて明確な意義と機能が帰属しているのである。これらの形態は、人格的な意欲や人格的な作用のあらゆる偶然性を超越して、あらゆる個体的な恣意から自由に思考され得る運命の－力を司り、執行する者として現れるのである。これらの形態は、もはや作用する（wirken）のではなく、測り比べる（*messen*）。そして、これらの形態が用いる諸々の尺度《マーセ》は、時間のなかで変動するものではなく、太古から秩序づけられ、指定されているのである。こうして、ギリシアの世界では、運命（*Moira*）の力が、神々のあらゆる存在と作用の上位に位置している。しかしギリシア精神が、運命《モイラ》という形態を創造したのではない。それをただ保持したにすぎないのである。ここで問題となっているのは、ほとんどすべての民族の宗教史に共通する、真に典型的な特徴である。時間的な出来事の全体が、それ自身がもはやこの出来事には帰属せず、もはやこの出来事によっては規定可能でない威力の下にある、という根本表象に我々は繰り返し出会うことになる。それに従って時間が移りゆき、それに従って、時間のなかに存在し生成する一切に、一定の期間が、限界づけられた生の持続が、与えられる秩序。——この秩序は、それ自身、生成するのものとしてではなく、存在するものとして、時間的なものとしてではなく、永遠なものとして直観されるのである。この直観は、中国の宗教的思想圏においては、タオ（*Tao*）の表象において、インドの宗教的思想圏においては、リタ（*Rita*）の表象において、アヴェスタにおいては、アシャ（*Asha*）の表象において現れる。(48) これらすべてにおいて表現されているのは、時間を支配し、時間のなかでのすべての浮き沈み、すべての生成と消滅を支配する法則は、それ自体、時間という性質を持っていないという信仰、この法則は、超 - 時間的で、したがって、超 - 人格的な力でもあるというあの信仰である。こうして、我々がまだ神話的な思考と表象作用の基層のなかを進んでいるここにおいて、すでに、すべての生が従う生成と消滅の法則は、もはや生の圏域と個別 - 存在の圏域に端的に帰属するものとは考えられないということについての最初の予感が意識に生じてくるのである。神話的意識の構成のなかには、ある緊張、潜在的な対立が残されている。すなわち、神話的な宇宙（*Universum*）の形象、すべてを包括しすべてを支配する時間と運命の秩序の形象は、個体性（*Individualität*）の神話的なカテゴリーのある種の弛緩と解消が始まることによってはじめて得られるのである。

こうした背反定立論《アンティテーティク》は、その後も存続し、神話的な世界構想が宗教的な世界構想に高まるやいなや、激しさを増すことになる。というのも、後者においては、二つの相対立するモチーフが、まったく新たな力と深さを獲得したからである。いまやはじめて、個体的なものの直観が、真の規定性と明瞭性において達成されたように思われる。すなわち、神話的な自我－感情（Ich-Gefühl）から、自己－感情（*Selbst*-Gefühl）への、そしてまた、自己－意識（*Selbst*-Bewusstsein）への歩みがなされたのである。だが他方で、宗教的な思考が、それ自身が創り出して構成するこの領域において、自らの究極的な成就、自らの完全で十全な表現を見出すことができないということが、繰り返し現れてくる。というのも、すべての個体性は、同時に、制限を意味するように思われるからである。すなわち、すべての限定は、否定である（*omnis determinatio est negatio*）〔一九〕。我々は、哲学的な「有神論」の歴史の全体が、この矛盾にとらわれているのを見るのである。――我々は、この歴史の全体が、神の人格性（*Persönlichkeit*）の保持を、このことによって神的なものを有限な、限界づけられた現存在の圏域に拘束せずに、行なうという課題と絶えず新たに格闘しているのを見るのである。哲学的な観念論がはじめて、こうした弁証法から最終的な決定的結論を引き出すことになる。哲学的な観念論は、神的なものを叡知的な秩序と考えるが、この叡知的な秩序に、個体的な現存在あるいは個体的な人格性という形式を強いることを放棄する。そして、この観念論にとっては「存在」と「意味」の間の価値関係が逆転しているがゆえに――つまり、この観念論は、意味を存在にではなく、存在を意味に基づかせているがゆえに――このような放棄を保持し、貫徹することができるのである。こうした反転とその思想的な帰結が、最も鮮明かつ明確に現れるのは、フィヒテの宗教哲学においてである。フィヒテの宗教哲学は、神的なものの「実在性」を、つまり、そのような意味での、神的なものの純粋な意義（*Bedeutung*）を、この意義をあらゆる種類と形式の現実存在（*Existenz*）、経験的な現実から原理的に区別することによって、確保しようとする。神は、フィヒテの宗教哲学にとって、叡知的な秩序の創造者ではない。神は、この秩序ができあがった秩序ではなく、生起しつつある秩序として、所産的秩序（*ordo ordinatus*）としてではなく、能産的秩序（*ordo ordinans*）として考えられる限りにおいて、この秩序そのものなのである。この秩序の生起の－意味は、絶対的な存在から由来するのではなく、絶対的な存在によって措定され、生み出されるのではない。むしろ生起の－意味が、本来的に－根源的なもの、存在を－根拠づけるものなのである。しかし、この急進的な結論とともに、つまり、フィヒテの宗教哲学の超越論的な原則、原理として彼によって立てられる、現実存在のカテゴリーに対する意義のカテゴリーのこのような優位とともに、いまや我々はふたたび、先にまったく異なった領域とまったく異なった問題連関において導かれたのと同様の転回の前に立つことになる。いまやふたたび、同様の歩みが我々に求められる。――我々が、ある一定の精神的な「意味」を把握するためには、それを、直観的に－与えられた現実から借りてきた諸々の形象に包み込んで、諸々の形象によっていわば描写する代わりに、この精神的な意味そのものにひたすら身を捧げることが求められるのである。ここにおいても、単に「類比的な」思考、「図式化する」思考の一切の思考習慣を断固として捨て去って、純粋な意義の－思考の領域に歩み入ることが問題となる。そしてこれに伴って、さらなる犠牲が不可避となったのである。すなわち、先に我々が、実体的な事物を放棄したように、いまや、「人格（Person）」という実体的なものを放棄せねばならないのである。フィヒテの宗教論は、全き明確さと激しさをもって、その敵対者に対して繰り返し、方法のこのような決定的な要請を突きつけている。[49] しかし、こうした要請の貫徹に対して、絶えず新たな、いよいよ強くなる抵抗が生じてくることは、もちろん無理からぬことである。というのも、ここで思考に求められていることは、一見すると、個体的な諸主体の「現実」同様に、諸事物の「現実」を確固たる手がかりにすることを一切断念することにほかならないように思われるからである。だが、思考がこの要求を果たそうとする限り、自己自身の存在、自己自身の諸々の《抽象物》の存在ではないような何らかの存在が、なおも思考に残されているのだろうか。いまや思考は、以後はもはや思考にとって生の充溢や直接性への回帰が存在することのない「純粋な妥当」の空間、「真理それ自体」の空間に、真空の空間のように、閉じ込められていることに気づくのではあるまいか。結局、思考にとってこのようなジレンマの打開策は一つしかないように思われる。思考は、特殊的なものから普遍的なものへの上昇、知覚と感性的な直観から純粋な「意義」の領域への進行を阻むことはできない。しかし同様に、思考は普遍的なものを特殊的なものの形象において直観することも放棄できないように思われるのである。こうしてここにおいて思考は、対立する両極を端的に統一体に融合することはできないにしても、少なくとも対立する両極への関係（*Beziehung*）は保持できると希望してよい、中間的な方向を試みなければならない。我々は先に、このことがどのような仕方で事物の－直観の領域で生じるのかを見た。思考は、事物の－直観の原理から、事物のカテゴリー一般から身を引き離す代わりに、むしろ、諸事物の質、性質のみを変化させる。思考は、直接的な知覚が含んでおらず、提示することもない新たな諸特性を諸事物に付与するが、思考は、事物世界そのものの核には手を触れることがないのである。そして、事物－世界の構成に代わって、内的な世界、「精神的な」世界の形態化が問題となる場合には、このような打開策は、より当然であり、より一層、唯一可能で通行可能な道筋として現れざるを得ないのである。ここにおいても、「客観的精神」の諸々の形成体を、個体的な意識の単なるデータや手だてによって説明しようとするあらゆる試みは挫折する。これらの形成体は常に、このような意識の諸現象に対して、固有の自立的で還元不可能な《本質》を保持している。すなわち、これらの形成体は、プラトンが善のイデアについて述べているように、このような意識の諸現象に対して、位（Würde）と年齢（Alter）の点で優ることが明らかとなるのである。[二〇]だが、ここにおいてもまた、これら形成体のこのような独特な意義と位を、主観的な精神性の領域から端的に引き離して疎外することなく、保つことが可能であるように思われる。思考が、理論的な客観化の過程の特定の段階において、新たな種類と性質の事物を措定することに移行せねばならなかったように、いまや思考は、我々が個体的な意識現象の根底に置く諸主観とは異なった種類の精神的な諸主観を要求せねばならないであろう。そしてこれによって、一挙に困難が解決されるように思われる。――個体的なものの諸々の要求と普遍的なものの諸々の要求との間の葛藤が和らげられるように思われるのである。諸々の純粋な意味‐形式は、個別諸主観の単なる自我‐世界に無限に優っているように思われる。――だがこの優位が意味するのは、個別諸主観の自我‐世界において、超個体的な精神的なものが作用を現して語り出しているということ以外の何ものでもないのである。これらの形式の客観的な普遍妥当的内実を正当に評価するために、我々は、これらの形式を生の尺度と時間的生成の尺度の一切を超えたところに移す必要は決してない。――むしろ、我々が真に包括的で普遍的《ウニヴェルゼル》な生の諸々の中心の直観に高まりさえすれば、我々は、これらの形式をむしろ生そのものに帰属するものとして、また生の固有の深みから湧き出てくるものとして考えることができるのである。いまや、普遍的なものと特殊的なものとの対立は、生き生きとした生起という次元そのものの内部において解決され、和解される。というのも、有機的な諸形式と文化諸形式が生まれてくるのは、つまり、純粋に生命的な諸形態と言語、宗教、科学、芸術の諸形態が生じてくるのは、結局のところ、同一の過程であるからである。

　このような解決は、きわめて魅力的で魅惑的であるために、自立的な「文化の哲学」がそもそも存在するようになった以後は、絶えず新たに試みられてきたのであった。そこにおいては、超個体的な諸々の生の統一を仮定することが、繰り返し、不可欠であると思われたのであった。そのような仮定が、唯一の確固とした静止点、休止点を与えるように思われたのであった。古来、有機体論的な（*organologisch*）歴史哲学の諸々の根本理念が、ヴィーコ以来形成されロマン主義において確固たる形式を見出した文化哲学の本来的な動力をなしてきたのである。これらの理念においてはじめて近代の「精神の哲学」が、自己を見出し、これらの理念によってはじめてその問題領域を真に厳密に境界づけた、と主張するとしても、言い過ぎとは言えない。だが、有機体論的な根本直観のこのような歴史的価値をいかに高く評価するとしても、他方でそれによって、この根本直観に定められている原理的、体系的な制限を見落としてはならない。この制限は、有機体論的な根本直観もまた、純粋な《意義》の諸問題を出来事（Geschehen）の次元に置き戻して、出来事の諸問題に変容させることによって解決しようと試みる、という点にある。それ自身が超時間的である「意味」が、時間的な発展それ自体から湧出し、時間的な発展から生まれてくるというのである。だが、ここにはただ一つの二者択一しか存在しない。ヘーゲルとともに意味の領域、《理念》の領域を、それ自体で存立する領域として、精神の本来的な実体として、前もって措定せねばならないか――その場合には、その領域は、確かに歴史のなかに出現するが、決して、歴史によって、諸々の時間的形態そのものの変動と変転によって構成されることがない。――それとも、すべての精神的な内実を、歴史的な過程そのもののなかに純粋に置き移して、この内実を、ほかでもない諸々の歴史的な形成体の連鎖とリズムのなかに探るかである。その場合には、この内実は結局のところ、それが立っている時間的な位置（*Stelle*）によって規定される以外にない。内実は、こうした位置に拘束されて現れるのであり、そのために、この内実を、それを時間的に取り巻くものやその時間的な出現の諸条件から独立させて考えようと試みるだけで、すでに、その試みが不条理な企てであることが明らかとなるのである。いまや、一切の出来事そのものに帰属する個体的な限定が、無制限に、諸々の純粋な意味内実に移し置かれねばならない。これらの意味内実が、意味内実《である》のは、普遍的な、時間を超越した意味においてではない。――そうではなく、ある特定の瞬間において、この瞬間にとってのみなのである。個々の代替不可能な《今》におけるこれら意味内実のこのような〈現在(Gegenwart)〉、このような現実存在(Existenz)は、これらの意味内実が服する制限をなすのではなく、これらの現実態(Aktualität)の、これらの現実‐存在(Wirklich-Sein)の唯一可能な形式をなしている。このような見解が、歴史の有機体論的形而上学の一般的な諸前提のなかにすでに含まれていることは、異論の余地がない。だが、この点に関して、本来的に決定的な方法上の結論を引き出すことは、この形而上学の最終的な歴史的形態に至ってはじめて行なわれたのであった。ロマン主義の諸体系において支配していた有機体論の形式は、いまだ、他の諸々の思考圏に由来する理念や理想によってきわめて強力に満たされていたので、この点において、ひとたび歩み始めた道を、最後まで実際に踏破することはできなかったのであった。シュペングラーの歴史哲学がはじめて、有機体論という建造物に、それ本来の要石を付け加えたのである。懐疑的な傾向は、シュペングラーによってはじめて有機体論的な学説に持ち込まれたのではない。――だが、彼はひょっとしたら、このような懐疑への十分な勇気を持った最初の人物であったのかもしれない。我々が、詩作《ディヒトゥング》や言語において、宗教や科学的認識において目の当たりにする純粋な意味の形成体《ジンゲビルデ》が、特定の民族精神あるいは文化精神の創造物であり産出物にほかならないとするならば、それら意味の形成体を、民族精神あるいは文化精神から生成したのとまったく同様に、これとともにふたたび没落させることは、きわめて首尾一貫している。いまや、民族精神あるいは文化精神の生成と開花、その衰退と消滅は、同時に、それらの形成体の老化と死滅をも意味することになる。というのも、それらの形成体はもはや、それらが自己を展開してゆく過程の外部に、いかなる自立的で専断的な存立も持つことがないからである。それらが厳密な意味において《存在》し、それらが意義と価値を持つのは、それらが直接的な歴史的〈現在〉の輝きのなかにある限りにおいてであり、また、歴史的現実という陽光の当たるこのような自己の場所を獲得する限りにおいてのみなのである。これを超え出てゆく持続は、それらには拒まれている。――それらには拒まれたままであらざるを得ない。なぜなら、すべての有機的な現存在は、確固たる有機的な限度《マーセ》、〈ここ-と今-の存在（Hier- und Jetzt-Sein）〉に結び付けられているからである。したがって、シュペングラーの文化の没落の哲学は、彼以前の有機体論的な形而上学のほとんどすべてが唱えていた「文化の誕生」の哲学への補足にすぎず、方法的な継続、反対方向への方法的な方向転換にすぎないのである。「諸々の文化――最高の等級の生物は、野の花のように、崇高な無目的性のなかで成長してゆく。それらは、植物や動物と同じく、ゲーテの生ける自然に属するのであり、ニュートンの死せる自然に属するのではない。私は、世界史のなかに、永遠の形態化と形態変成の形象、有機的な諸形式の奇しき生成と消滅の形象を見るのである」[50]。

シュペングラーにおいて展開されているこうした形象の詳細に、ここで立ち入るつもりはない。我々は、そのなかから我々自身の体系的問題、象徴的な形式形成の問題にとって有意義な特質のみを際立たせることで満足する。シュペングラーは、まさにこの問題を、それ本来の深さとその広がりの全体、その真の普遍性《ウニヴェルザリテート》においてとらえていたように思われる。というのも、彼にとっては、文化のすべての言語と歴史の言語は、諸々の象徴によって書かれているからである。これらの象徴を貫き通すまなざし、それらの背後に現れてくる本質を把握するまなざしにとってのみ、出来事の意味-連関が開示されるのである。しかし、これによって象徴概念がシュペングラーの哲学の本来的な方法上の焦点として現れることになるとはいえ、彼の哲学は、その遂行に際しては、象徴概念の一つの特定な側面だけに、ある精神的な根本契機だけにその真価を発揮させるにすぎないのである。というのも、シュペングラーにとっても、象徴機能のすべての働きが、純粋な表情機能（Ausdrucksfunktion）に解消されてしまうからである。シュペングラーの特徴的な、一貫して用いられている方法は、まさしく、――我々固有の言葉で言うならば――描出の - 意味と意義の - 意味のすべてを、純粋な表情の - 意味に変えてしまう点に本質があるのである。ここにおいてもふたたび、我々がクラーゲスの表情論において見出した、象徴問題に対するあの立場が[51]、最大の含蓄と明瞭さにおいて明らかになっている。抽象的な事象 - 論理、理念的事態の論理ではなく、純粋な「観相学（Physiognomik）」だけが、あらゆる歴史的な現存在の内実を我々に開示し、その秘密を解明するのである。宗教や芸術だけでなく理論的認識も、音楽だけでなく数学もまた、この圏域、諸々の純粋な表明 - 機能（*Kundgabe*-Funktionen）の全体のなかに引き入れられているように見える。それらにおいて示されるものは、固有の客観的な意味と固有の客観的な「真理」を内包する何らかの構造連関ではなく、諸々の内的な状態性だけであり、これらの状態性は言うまでもなく、個別 - 霊魂に帰属するよりは、むしろ全体 - 霊魂に、「文化霊魂（Kulturseelen）」に帰属するのである。したがって、このような仕方で世界史の形態学（Morphologie）が「普遍的象徴学」になることによって、このことが同時に、普遍的で無時間的な諸々の真理を認識するという思考の一切の要求が、今後は無効であることが明らかになることを意味するのである。――というのも、「諸々の真理」が存在するのは、特定の人間存在《メンシェントゥーム》との関係においてのみであるからである。あらゆる真の表情現象に帰属する一回性と唯一性、比類のなさが、真理の普遍性に対する信仰を無効にする。表情機能が、世界認識の唯一の器官、人間が現実を把握する唯一の手段であるだけでなく、そのなかにすべての認識されたもの、認識のあらゆる

「対象」もまた含まれているとするならば、——この機能とその時間的な制約を超えて高められた真理という思想は、空虚で危険な錯覚として現れることになる。——危険というのは、この錯覚が、我々におけるそのつどの瞬間が持つ端的に-独自のもの、反復不可能で回復不可能なものに対する感覚を麻痺させることに適しているからである。

シュペングラーがここから引き出す結論は、よく知られている。もはやいかなる彫刻も、絵画も、数学も、物理学も、我々がそのそれぞれを、特定の一貫した形態化原理（*Gestaltungsprinzipien*）に基づく普遍的な〈描出-と形態化の形式〉と解するのであれば、存在することがない。すなわち、その最深の本質において互いに引き離され、まったく異なった諸々の彫刻や絵画、諸々の数学や物理学が存在するだけなのである。これらの各々は、生きている限りにおいてのみ、またその間においてのみ、《存在する》。それらは、常に必然的に限られた自らの寿命をまっとうする限りにおいてのみ、存在する。我々がそれらにおいて確実に把握していると信じているものは、諸々の「無時間的」な真理や無時間的な形式の存立に遡るものではなく、そこには、ある文化やある時代の純粋に観相学的な性格が現れているにすぎないのである。これらすべての形式世界が持つ〈対象の極（Gegenstandspol）〉は消えてしまう。——それに代えて、純粋な〈自我の-極〉、〈霊魂的な極〉だけが残されることになる。科学的な体系として現れるいかなる数学も、それ自体は、一つの霊魂の告白以外の何ものでもなく、また、それ以外ではあり得ないのである。「数学の意図された成果は歴史の表面に属するにすぎないということが確かであるように、数学の無意識的なもの、数そのもの、そして、完結した形式世界という建造物への数の発展の様式が、現存在《ダーザイン》、血《ブルート》の表現であることも同様に確かなのである」。我々はここでは、数学の心理学への、《存在》の《現存在》へのこのような解消に対して純粋な認識批判の立場から唱えられる原理的な異議の一切を無視することにする。我々はもっぱら歴史の地盤に立つのであり、我々はまた、歴史の問題を、それがシュペングラー自身によって獲得したあり方において受け取るだけなのである。だが、このような仕方で我々がシュペングラー固有の視点に完全に立つとしても、――いまや我々には、方法的に予期せざる事柄と方法的な逆説性が明らかとなるのである。というのも、たったいま克服され、抽象的で非歴史的な思考の虚像であると見抜かれたかに思われた理論的な客観性、認識が事象を備え、事象を含んでいるということ――このことが、いまやふたたび、歴史哲学そのものの基礎づけと歴史哲学特有の「真理」が問題となるまさにその地点において、現れ出るからである。そのような《真理》は、観相学的な直観（**Schau**）そのものによっては決して獲得され得ないであろう。というのも、そのような直観の力と強みはまさしく、それが考察する内容を、それがこの内容を眼前に見出す場所（*Stelle*）に放置しておくという点にあるからである。つまり、この内容をその歴史的な環境から取り出して、それをいわば別の時点に《移し替える》ことは試みないという点にあるからである。しかし、このような移し替えの行為がなければ、結局のところ、時間的に互いに離れた二つの内容を相互に「比較する」可能性、ましてやそれらをその純粋な「意義」の点で互いに同一視する可能性は、ことごとく消え失せてしまう。どの内容も、それがそのようなものであるのは、自己自身との関係においてのみであり、それとまったく異なったもの、別の時代と別の霊魂態《ゼーレントゥーム》に属するものとの関係においてではなくなる。我々の現存在と我々の知が、ヘラクレイトス的な生成の流れに完全に没してしまうのであれば、同時に、誰も同じ川に二度入ることはできない、というヘラクレイトスの命題が当てはまることになる。絶えず新たな波が次々と押し寄せてくるからである。だが、たとえ一切の歴史的な生の本質が、まさにこのような流れゆく運動にあると考えるにしても、このことは、決して歴史的な認識、ましてや歴史哲学的な認識に当てはまるものではない。というのも、この認識は常に、自己を自己自身において固定することができる限りにおいてのみ、すなわち、個々の諸々の形態《ゲシュタルテン》が流れてゆくなかに、形式の統一性と相等性を把握する限りにおいてのみ、存立するからである。シュペングラー自身の歴史哲学は、徹頭徹尾このような方法上の努力とこのような方法上の要求の刻印を帯びている。というのも、それは、ほかでもない、形態学《フォルメンレーレ》、世界史の「形態学《モルフォロギー》」であろうとするからである。ところが、シュペングラーの歴史哲学は、それがとらえているこの課題においてすでに、観相学的な表情の単なる次元を超え出てしまっているのである。形態－学（**Morpho-*Logie***）という根本主題において、「ロゴス」それ自体の力、独自性、自立性が、またしても、措定され承認されているのである。さらにそれ以上である。すなわち、ここにおいては、「ロゴス」の力、独自性、自立性が、単に暗示的に措定されて現れるのではなく、ただちに、独特の累乗化《ポテンツィールング》において、ある種の上昇と過大化の形で、我々の前に現れるのである。というのも、シュペングラーの教説はまさに、これまでのすべての歴史哲学に拒まれていたことを行なおうとするからである。すなわち、出来事の諸々の純粋な形式法則の認識を、この認識によって、過ぎ去ったものの概観、概要のみならず、未来の予告もが可能となる程度にまで、推し進めようとするのである。このような予告が、考察の本来の最終目標と見なされるのである。世界史の像は、それの内在的な《論理》を把握することを学んだ者にとってのみ、個体的な諸々の文化の変転する運命のなかの典型的なもの、見渡しがたいほどの偶然的なもののおびただしさのなかの必然的なものを認識する者のみにとってのみ、形成されてくる。ここにおいて我々は、シュペングラーの懐疑の限界の線上に立つことになる。というのも、いまや彼は、彼が「数学の論理」に拒んだあの完結性、あの確固不動の必然性を、「歴史の論理」にはあり余るほどに、取り戻して認めているからである。歴史の論理とその普遍性からは、いかなる個別的なものも、いかなる特殊な現存在も、いかなる個体的な出来事も抜け落ちることはあり得ない。これによって、我々の将来の文化の運命は、形式と持続の点で厳密に限定され、逃れようもなく規定された個別的な出来事となり、この出来事は、手元にある諸々の実例に基づいて見通すことができ、本質的特徴に関して算定できることになる。(52) これによって、シュペングラーの教説においては、考察の二つのまったく異なった道筋がくっきりと際立つことになる。彼自身が「観相学」の理想の成就と見なしている「形態学」の理想は、むしろ、「観相学」の理想に対して、見紛いようのない調停不可能な対立に陥るのである。というのも、観て解釈しようとするのではなく、算定しようとする観相学といったものが、実際いかにして考え得るのであろうか。このような異議に対しては、シュペングラーが歴史哲学に認めて留保しているあの《算定》の概念はあらゆる形式の数学的な算定や規定とは種類を異にしている、と指摘することによって、論破を試みることができるのかもしれない。「年代の《クロノローギッシュ》数」は、数学的《マテマーティッシュ》な数とはまったく異なったものである。死せる諸形式を認識する手段が、数学的法則である。生ける諸形式を了解する手段は、類比《アナロギー》である。類比は、歴史の形式言語をあらわにする。類比は、世界史的な現象形式の数が厳密に限定されていること、時代、時期、状況、人物が類型に従って反復することを示す。しかし、またしてもここにおいて次のような問いが生じてくるのである。——それぞれの霊魂態が、厳密にそれ固有の限界内に呪縛され続けるのであれば、つまり、常にそれ自身の体験の平面のなかだけで活動し、これを超えて理念的な、客観的な「意味」の純粋な媒体のなかに介入しないのであれば、このような反復は、それが存立しているとしても、そのような反復として把握され知られ得るのであろうか、という問いである。純粋に表情価値にその本質があり、純粋な表情現象としてのみ理解され得るような意識——そのような意識は、基本的に、数学的な法則によって思考することがないのと同様、類比によっても思考する能力がないであろう。というのも、結局のところ、類比による認識もまた、特定の客観的な事態への洞察を前提にしているのであり、客観的な事態がなければ、あらゆる支えとあらゆる規定性を失ってしまうであろうからである。数学のファウスト的な形式とアポロ的な形式、ファウスト的な自然認識とアポロ的な自然認識を区別して——両者のなかに、アポロ的な霊魂とファウスト的な霊魂の表情様式以外の何ものをも見ない、ということもできるのかもしれない。しかしそのような区別ですら、決して霊魂的なものの次元だけから獲得され得るものではなく、——もはやこの次元そのものに由来するのではない諸々の尺度を我々が受け取る場合にはじめて、生じるのである。数学的命題の意味と本質そのものを、純粋な判断の－意味として明瞭に念頭に置くことができないような認識は、さまざまな「文化霊魂」におけるこうした意味の多様な現れ（*Ausprägung*）を把握するいかなる手がかりも持たないであろう。我々は常にすでに、客観的に－可能な言明（*Aussagen*）の一つの完全に規定された領域としての数学の理念を把握しているのでなければ、いわば数学の論理的な存在類型を認識しているのでなければ、この存在類型が、歴史的な生成の領野で変化し、分化するさまを示すことができないのである。その場合、それぞれの歴史的な時期は、このような領域から、そのつど、ある特殊な分野を際立たせるかもしれない。だが、それぞれの歴史的な時期はそれによって、この領域を創造するのではなく、汲み尽くすのでもない。この領域にそれぞれの常に限定された歴史的な現実態と現実化を与えるだけなのである。したがって、やはり最終的には、数学なるものという最近類（*genus proximum*）が、個々の「諸々の数学」の間にある特殊な差異を可視的にするための唯一の手段であり続けるのである。プラトンが諸現象一般について語っていること、つまり、諸現象は諸々のイデアへの関与《タイルハーベ》によってのみ認識されるということ。——このことは、独特の含蓄と明瞭さを伴って、あらゆる精神的な現象、「文化」のあらゆる現象において現れてくる。我々は、これらの現象を純粋な生の現象として解釈し、これらの現象をこの意味において有機的な類型として理解することに着手し得るに先立って、諸現象をその理念的な類型に従って認識し、互いに区別していなければならない。ひとたび我々が数学的なものの本質、エイドスを把握するならば、我々はそれを、それのさまざまな時間的な表示の諸形式と現実化の諸形式のなかに、それの歴史的な顕現の全体のなかに追跡することに着手できるのである。——だが、我々がこの本質を、すでに一つの現実化の事例において範例的に把握することができないのであれば、これら顕現の集積の一切は、我々がこの本質そのものをとらえ、把握する手助けとはならないであろう。そして、このことは数学に当てはまるだけでなく、彫刻や音楽にも——たとえ、これらにおいては、個々の形成体、時間のなかに現れる創造物の充溢のなかに、形成そのものの特徴的な形式、形態化の生産的な原理が働くことが真実であるとはいえ——当てはまるのである。これらの原理を、有機体論的な形而上学の超個体的な生の諸統一に由来するものとして考えるなら、これらの原理を「説明」したことにもならないし、それらについてのより深い理解にも至ることがない。というのも、これらの生の統一からは、最も恵まれた場合においても、あらかじめ仕上がった形でそれらに置き入れておいた内実を取り戻すにすぎないからである。これらの主体のなかから、「客観的」精神の充溢や客観的な意味のさまざまな根本的方向を、これらの主体の見かけ上の実在的な産物や所産として、ふたたび生成させ、出現させるためには、「客観的」精神の充溢の全体、客観的な意味のさまざまな根本的方向を、これらの主体の概念のなかに、すでに受け入れているのでなければならない(53)。

そして同時に、ここからいまやきわめて明瞭に示されるのは、どの程度まで特殊-「精神的な」世界の構成とその完成が成就し得るかなのである。この成就は、思考がその発展の一定の段階において、事物性や具体性のカテゴリーだけでなく、《人格的な》存在のカテゴリーの一切をも超えてゆく限りにおいて可能となる。「超越」のこの後者の形式がはじめて、思考に、精神的なものの領域を真に開示するのである。もとより、思考が、このような限界の踏み越えの決意をすることはきわめて困難であり、これに伴って思考が自らのために獲得する立脚点を主張することがきわめて骨が折れるということも、無理からぬことである。というのも、思考は、事物性の領域を超え、人格的な領域をも超え出てゆくことによって、特殊-人間的な現存在の確固とした基盤と地盤を離れてしまうからである。ゲーテの劇詩断片「プロメテウス」において人類の象徴としてのプロメテウスは、「いったいどのくらいのものが、あなたのものなのですか」という問いに対して、「私の活動が満たす圏域である！　それ以下でも、それ以上でもない！」と答えている。ところが、人間の活動の領域は、実際には、《自我》と《世界》という両極によって規定され、この両極の間に広がる空間によって汲み尽くされているように思われるのである。人間は、存在の全体を諸々の部分的単位に区分けすることによる以外には、活動することができない。——つまり、存在の全体を、事物の諸形態と自我の諸形態に分解することによってである。そして、人間の活動と同様に、人間による世界の具体的-直観的な把握の一切も、これら二つの根本形式に結び付けられており、絶えずそれらに繋ぎ止められているのである。しかしながら、他方で人間は、直観と活動のこのような内在的な制限のなかにとどまることなく、それを超える飛翔を敢行する。これによってはじめて人間に、新たな天《ヒンメル》と新たな地《エールデ》が、——「叡知的な宇宙《コスモス》」が与えられるのである。人間がふたたび、この宇宙《コスモス》そのものを諸々の形象（*Bilder*）のなかに引き止めて、諸々の形象において記述することに取りかかろうとするのであれば、それは、それ自身において矛盾することであり、たったいま克服したばかりの思考と直観の習慣への後戻りとなるであろう。人間は、言語、芸術、宗教ならびに理論的認識の諸々の象徴（*Symbole*）においてのみ、この宇宙《コスモス》をなおもありありと思い描くことができるのである。我々は、いまや探究の終わりに臨んでいるのであるが、この探究の過程の全体において、このような進展を示そうとしたのであった。――我々は、いかにして人間の認識の道程が、《描出〔表示〕（Darstellung）》から《意義（Bedeutung）》に、直観の図式主義《シェマティスムス》から、純粋な諸々の意味連関と諸々の意味‐秩序の象徴的な把握に至るかを示そうと試みたのであった。しかし、これらの秩序の一切は、いかに我々がこれらを絶対的なもの、〈それ自体‐において‐存立するもの〉と考えようとも、言うまでもなく、人間がこれらの秩序の遂行に協働する限りにおいてのみ、人間にとって存在するのである。これらの秩序における人間の生が、活動なき直観を本質とすることはあり得ない。むしろ、人間の生は、人間がこれらの秩序を連れ出し、このように連れ出すことによって、これらの秩序を人間の意識、人間の知のなかに取り上げることに結び付けられているのである。〈意識的に‐なること（Bewusst-Werdung）〉と〈意識的に‐すること（Bewusst-Machung）〉というこのような活動においては、有機的な生成の領域において支配している運命のあの剝き出しの力はもはや支配的ではない。そうではなく、ここにおいては自由の領域が達成されているのである。それぞれの「象徴形式」の本来の最高の働きは、それぞれの「象徴形式」が、その諸手段によって、それにふさわしい固有の方向において、この目標に向けて、すなわち、「自然」の領域から「自由」の領域への移行に向けて協働することを本質とするのである。〔二二〕

基礎現象について

[東一八四c――一九四〇年頃]

第I章の構想――問題設定

構想

第I章――問題設定

α) 「知」覚（"Wahr" nehmung）の客観性の性格（真理価値）

《外》的経験の構成

物理学、等々――《自然》

β) 《表情〔表現〕》機能（»Ausdrucks«funktion）の客観性の性格（真理価値）

《内的》経験の構成

《精神》の世界――文化

この客観性は、いかにして確保され得るか。
確保の可能な諸形式――

Ｉα　知覚の客観性の性格

A)（形式的）－論理的な確保

《推論》、《証明》、
三段論法的な確保――
この確保の欠陥――
a)《外的》経験――知覚に関して――
《外的》経験が《それ自体において》一定の真理内実を持つのでなければ、この真理内実が、証明によって（三段論法的に）、《外的》経験の手に帰することは不可能であろう――
というのも、三段論法（推論、証明）は、そもそも何らの真理内実も《創り出す》ことができないからである――
三段論法は、真理内実を《移すこと》、転送することができるだけである――
三段論法は、Aが真であるならば、BとCも、と言うが、
Aが真であるということは、決して言わない――

三段論法は、純粋に仮言的な（*hypothetisch*）諸命題からなるのであり、実然的な（assertorisch）諸命題（真理の－現実性の諸命題）からなるのではない――

《実然的なもの》は、常に別の源泉から付け加わるものでなければならない――

したがって、《存在》は、《措定され》得るにすぎず、《証明される》ことはできない。

諸事物の《実在性》に対して試みられてきたあらゆる三段論法的な証明は、繰り返し循環に巻き込まれる――

　デカルト――神の誠実（veracitas Dei）

《知覚》の真理、客観性、「真実性（Wahrhaftigkeit）」に対する、三段論法的な確保（証明による確保）のこのような断念から、何が帰結するのか。

理論的には、さまざまな可能性が生じる。

α) 原理的懐疑論

アイネシデモス〔一〕の方式――感覚的知覚の真理価値の否認

マーヤのヴェール――幻影としての世界――「詩人たちですら歌っているもの〔二〕」――感覚の錯誤――

錯誤の性格を全体へと移すこと――

ギリシア的懐疑――デカルトの「問題を孕んだ」懐疑

（一度なりとも錯誤をなし得るいかなる機能にも信を置くことはできない）

したがって、《知》－覚〔《真》－と受け取ること〕と称するものの《絶対的な》真理は、決して確保され得ないがゆえに——
絶対的な錯誤が残されることになる、
信を置くに値しないこと——
《人生は夢》〔三〕——
このような見解は、原理的に、論駁し得ないように思われる。

論駁の一つの形式だけが残る——

《絶対的な》真理が問題なのではなく、相対的な真理こそが問題となる——

真で‐あること（＝絶対的な現実性の写像（*Abbild*）であること）が問題なのではなく、「より真」であること——

経験の全体の表現であること——

この全体に対しては、真か、あるいは、真でないか、という問いは、その意味を失う——

真である、あるいは、真でない、という述語は、この全体に対しては適用することができない。なぜならば、この述語は、常にただ、全体に対する関係に関わるにすぎないからである——

私は経験の全体に対してその真理を問うことができない。これは、宇宙《ウニヴェルズム》の全体に対して、どこ‐の問い（*Wo-Frage*）を立てることができないのと同じである——

これは、絶対的懐疑論の理論的拒否である（ヘーニヒスヴァルト〔四〕をも参照）。

その他の諸解決（これらは、しかしながら、根本においては、批判的な解決ではなく、形而上学的な解決である）――

B）《直接的認識》の理論

この理論が正当と認められるのは、これが拒否するものにおいてである――

知覚の《客観性》の確保の手段としての三段論法的な証明の拒否においてである――

この理論が疑わしくなるのは、この理論が、この証明に代えて措定するもの、においてである。

α）《常識（*common sense*）》の哲学
リードの形式における――
　あまねく受け入れられているあらゆる判断は、まさにそのことによって（eo ipso）、あらゆる理論的懐疑から守られている――
哲学は、「普通の人間悟性」の判断を覆すことはできない――
哲学は、普遍的な人間理性に代えて、いかなる《より高次の》理性も措定することはできない――
哲学は、この普遍的な人間理性の判断を記録することができるだけである――あまねく信じられるもの、あるいは、信じられないものを確認することができるだけである――
だが哲学は、これらの判断の批判のいかなる可能性も持ってはいない――
というのも、哲学は、何によってこの批判を遂行しようとするのだろうか――

哲学は、この批判のために、いかなる器官を持っているのだろうか——「普遍的な」人間理性以外には——

哲学的思考、ならびに、哲学的《真理》の、特殊な器官はなんら存在しないからである——

普遍的な思考以外には——

したがって、理性のいかなる《批判》も存在しない——

というのも、我々は、理性を、これまた理性による以外に、何によって、批判しようとするのだろうか。

したがって、理性の最も普遍的な発言と要求を確認し、それによって、理性の妥当性要求を確信することが肝要である——

本来の根本諸真理を顧慮するならば、《事実問題》と《権利問題》は一致する。

同様の立場の、他の（より現代的な）諸形式——

α）ネルソン〔五〕の理解におけるフリース〔六〕の《理性の自己信頼》の理論——

認識 - 理論の不可能性

（それが三段論法的証明の拒否としてのみ解されるのであれば、正しい——

それによって、相対的な認識 - 批判が、意味されているのであれば、正しくない——この認識 - 批判は、退けられ得ない。）

β）ヒュームの《信念》の理論

プラグマティズム的な理論――

《権利問題》の問いは、常識の哲学とは対照的に、ヒュームによっては、退けられない――

むしろ、この問いは、きわめて鋭く立てられることになる――

だが、この問いは、理論的には答えられ得ないとされる――

我々は、この問いを、実践的にのみ《解決する》ことができる。結び目を打ち砕くことによってである

――

生物学的に、――論理的にではなく

あらゆる理論的な躊躇を度外視して

「無思慮」（ヒューム『人性論』……参照）

のみが我々を癒やし得る――

（心理学的な）信念は、証明できないが、不可避である――

この信念の「権利問題」は、はるかにより問題を孕んでいる、しかし、《事実問題》の優位に対しては、

何ものも対置され得ない――

これが、ヒュームの体系における、「想像力（Einbildungskraft）」――まったく非理論的な機能――の役割である。

γ）ヤコービの《信仰》論

ヒュームの信念の理論の、宗教的‐形而上学的な変種として――

我々の「外界の実在性に対する信仰」の《根拠》は、理論的、論理的な根拠ではあり得ない――

それは、別の箇所に求められねばならない。

しかし、ヒュームの心理学的な解決は、見かけ上の解決であるにすぎない――それは、《権利問題》への問いを立てるが、同時に、それを解答不可能とすることによって、懐疑論に自由な活動の場を与える。

我々は、この問題に答えることができるし、また、答えねばならない――しかし、このことは、他の確実性の源泉へ遡行することによってのみ可能である――宗教的な直観（*Intuition*）の源泉

（最終的な確実性の根拠としての、宗教的‐直観的な意味における「信仰」、これは、いかなる《知》によっても達せられ得ない）。

《知》は、決して《存在》には到達しない――存在は、《信仰》によってのみ把握可能である、そして、このことは、《超越的な》存在についてだけでなく、内在的な存在についても当てはまる――

δ）ディルタイにおける類似の解決、根拠について――非‐理論的な解決――ヤコービにおけるような――しかし、他の根拠に基づいて――主意主義的に――宗教的《信仰》に基づく代わりに、《意志の経験》に依拠して――《体験》‐根拠の拡大。

しかし、これらすべての「絶対的な」解決には、批判的な解決が、《相対的な》解決として、対立する
――
これは、全体としての知覚の「真理」を問わない――
これは、全体における、「経験の脈絡《コンテクスト》」における、個々の特殊な「知覚」の位置を問う――
この脈絡、この《体系》は、いかなる《保護》も必要としない――それは尺度であって、測られたものではない――
しかし、あらゆる個々の知覚は、この全体において測られ、その《真》あるいは《偽》が、吟味されなくてはならない――
いかなる知覚も、《直接的な》確実性に依拠することはできない――
究極の《不変量》は、与えられているのではなく、求められ、「確定され」なくてはならない――
そして、この確定は、決して「絶対的な」ものではなく、学問の進展に依存している。
「不変量」は、「場所から場所へと」移る
一般相対性理論におけるように
これが、「主観化」の意味である
――しかしこの主観化は、「経験の全体」には決して当たらない――
常に《不変の》「足場」は残り続ける――
しかし、この足場自体は、固定したものではなく、可動的である――
表情〔表現〕機能に対する類似の検討
A2を参照〔七〕。

ウィーン学団の「実証主義」は、厳密な意味での《現実》が、単に-形式的な手立てによって（純粋な《論理》、《証明》、および、論証によって）は、決して確保され得ないことを、正しく見ている。

――この実証主義は、《現実》のために、すべての（間接的な）推論が基づく、独立した基礎（*Basis*）を要求する〔八〕――

　この実証主義は、この基礎を、《知覚》のなかに求める――

知覚は、我々に現実を開示する（*erschliessen*）唯一のものである――

我々は、（論理的-形式的に）知覚から現実へと「推論する（schliessen）」のではなく――

　知覚こそが、現実を打ち開く（aufschliessen）ものなのである――

知覚は我々に、純粋に概念的、論理的な方法では、決して得られない、現実についての唯一の、（直接的な）解明（*Aufschuluss*）を与える。

その限りにおいて、《基礎》の特別な位置は承認される――

しかし、《物理主義》においては、この基礎は、あまりに狭く考えられている――

《表情〔表現〕》が、第二の次元として、付け加わらなくてはならない――

《生》、《心（Seele）》、《精神》の世界に対する鍵（Schlüssel）として。

これなしには、我々にはこの三つの世界は、永遠に閉ざされた（*verschlossen*）ままである――

単なる（事物-）知覚からは、いかなる道も、これらの世界には通じていない――

物理主義の《現実》は、単なる知-覚（*Wahr-Nehmung*）の先端の上で、バランスを取る――

この現実は、心、生、精神として理解され得るものに対して、いかなる「感覚（Sinn）」も持たない
――

そして、物理主義は、単なる客観化する知覚が、こうしたすべてに対して、「いかなる感覚も持っていない」という告白であるにすぎない——

だが、こうしたすべてが事象的に無意味（*sinnlos*）で《ある》と推論することは、誤りである——

我々は、物理学の立場からは、また、物理学の方法をもってしては、この意味は可視的にされ得ない、

ということを推論し得るのみである——

したがって——「霊たちの世界は、閉ざされてはいない、

汝の感覚（Sinn）が閉じている、汝の心（Herz）が死んでいるのだ〔九〕……」

Iβ　表情〔表現〕機能の客観性の性格

ここでもまた、《知》–覚（「外的」経験の構成）において追跡し得たのとまさに同じ諸問題が繰り返される。

A）予備段階——

表情〔表現〕機能の、無批判な、無差別の受け入れ——

それは、端的に「現実」の表情である——

（しかも、「神話的な」現実の表情）

魔術的《マーギッシュ》–魔《デモーニッシュ》的な世界像

（瞬間の神々、等々）

このことは、まだ「感覚の批判」がまったく始まっていない――まだ、すべての知-覚されたもの（alles Wahr-genommene）（――真として受け取られたもの（*als* wahr genommenes））が、まさにそのことによってまた、《真》である、あの理論的世界像に対応している。

学問（ギリシアの哲学、等々）とともに、こうした「現実」への疑いが始まる。そして、この疑いは、こうした「現実」の完全な破壊にまで至る――

現代の思考においては、この破壊（まったくの否定）には、二つの形式がある――

行動主義――物理主義

この否定は、意味の問い（*Sinnfrage*）の否認にまで至る（カルナップ）――

物的な存在以外のいかなる存在への問いかけも有意味にはなされ得ない――

「学問の普遍言語」としての物理学――

物理学的な形式において把握可能な立証以外の、いかなる学問的な立証も存在しない――

（これに対しては、哲学は、学問にのみ関わるのではなく、「世界理解」のすべての形式と関わる、という異議がまずもって立てられ得る――

これらの形式に関して、ある種の相違があることは、カルナップ自身も、認めるに違いない。

――虫を引き合いにした異議〔一〇〕　表情〔表現〕機能を参照――

これは、ともかくも指摘可能な差異を明らかにする——
　したがって、問いは、「無意味」ではない）
ここでもまたおそらく、知-覚に対する絶対的な《懐疑論》におけるのと同様であろう——
我々は、知-覚（ならびに表情〔表現〕機能）の《真理》を、なるほど批判的に限界づけることはできるが、懐疑的に-廃棄する、あるいは、反駁することはできない。

——


否定的に正しい——

　表情〔表現〕機能の「権利」（権利問題）に対する、形式的-三段論法的な証明は、なされ得ない
論理的には、《独我論》は、《可能な》見解である——

にもかかわらず、それは、事象的には（*sachlich*）、「不条理」（ショーペンハウアー——要塞——精神病院、等々[一一]）である。

この《事象的》は、《論理的》に対して何を意味するのか。

ここには、理論的な（知覚の-）問題におけるのとまったく同様の二者択一がある。（A1参照[一二]）

I）直接的認識の理論
我々は、「他の我」へと推論する必要はない——
我々は、それを「直接的に」経験し、体験する
事物的な（*dinglich*）存在よりも、はるかに確かに、また直接的に。

推論形式の理論の拒否——

「類比《アナロギー》による推論」の理論、等々。

例えば、シェーラーにおいて拒否されているのは、正しい

だが、《常識》（リードを参照）の意味における、

あるいは、形而上学的な「直観主義」（——これは、ヤコービの立場に対応する——表情〔表現〕問題

との関わりにおいては、シェーラーとベルクソンに代表される）の意味における、

「直接的認識」の形而上学への飛躍。

ベルクソン——すべての実在性は、「生」の実在性である、

いわゆる「事物世界（Dingwelt）」、（物理学、物理主義）は、「学問」の幻影にすぎない——学問的認識

は、必然的に、生の事物化（Verdinglichen）、固定化、死滅化である。

生は、絶対的に-実在的、しかし、認識不可能、ただ直観的に-把握可能である。

これは、《物理主義》の逆転である——

物理学は幻影である——生（表情〔表現〕機能において顕現するところの）が、唯一実在的なもの、与

えられているもの、真実なもの。

表情〔表現〕機能が、意識に直接に与えられたもの（une donnée immediate de la conscience）である。

同様に——クラーゲス……

我々の立場は、「批判的」立場である。——

表情〔表現〕機能の ｛虚偽（懐疑）ではなく
　　　　　　　　　 ｛あるいは真理（形而上学）でもなく、

批判的な《限界づけ（*Begrenzung*）》——

表情〔表現〕機能の働きの、批判的な限界づけと批判的な正当化——

「文化世界」の構成。

いかなる学問的な懐疑によっても反駁されない確実な出発点として、《自己の自我》が現象として——

しかも、原理的に「物理主義的」には記述し得ない現象として——与えられているという事実が、ここでは常に、存続する

この現象においては、「学問の普遍言語」としての物理学は機能しない——

《自我》という語が意味するものを、数学的 - 物理学的に記述すること、《定義する》ことは、可能ではない。

（このことは、すでにライプニッツにおいて観取されている——

《知覚（perception）》は、物理学的に表現し得る現象ではない——

風車小屋のなかでのように、我々がいたるところ歩き回ることができたとしても〔一三〕——

これに、彼の哲学の全体が依拠している——

あの意味深長な私という言葉（ce moy qui dit beaucoup）〔一四〕）

《私は欲する》、《私は考える》という命題は、《物理学的》であることなしに、「有意味」である。[二五]《私》のこの還元不可能性[二六]（「視覚物（Sehding）」[二七]へ解消され得ない、等々）については、コーンのカルナップに対するコメント——六五頁以下も参照。）

しかし、もう一つのより困難な問いは、この立脚点、つまり、〈私に私が立つべき場所を与えよ（δός μοί ποῦ στῶ）[二八]〉、これが、「自己の」自我についての知を超えて広げ得るかどうか——「他の」自我についての知は、物理学的に可能であるのかどうか、である——

ここにおいて、我々はまず、シュレーディンガー[二九]による意想外の回答、「仮説π[二〇]」を得る——

このような知は、可能であるだけでなく、必要不可欠〔必然的〕である——

学問としての物理学は、同様に、仮説πを、その全体系のなかに組み込まねばならない——少なくとも、それを暗黙裡に承認せねばならない——

学問としての物理学は、《知覚されたもの》が、私に対してだけでなく、他者に対しても《与えられている》という前提なしに、済ますことはできない——

《与えられている》とは、常に、ある主観に、《私に》、あるいは《他者に》与えられていることを意味する——

したがって、物理学の《データ》がすでに、こうした物理学的に還元不可能な現象を内包している。

（シュレーディンガー……参照）表情〔表現〕機能において。

シュレーディンガーのこの仮説には、すくなくとも次の一つのことが含まれている。つまり、この自我‐始点（*Ich-Ansatz*）は、物理学的に還元不可能であり、物理学の言語で表現可能ではないものの、決してこの言語に矛盾するものではない——

そうではなく、《暗黙裡に》（すなわち、表現されずに、というより、表現不可能なまま）物理学の言語に入り込んでいる、ということである――

このような、暗黙の、表現不可能な《諸前提》もまた、まさに存在するのである。

物理学の《データ》が「ある誰かに」与えられているということ、このことは、このデータに付随する全般的な性格であり、したがって、すべての物理学的な陳述において、脇に置かれ（「除外され」）得る、物理学的には意義のない（「おのずと理解」され得る）性格である――

　しかしこの性格は、このような「除外」にもかかわらず存立している――それは、哲学的には無意義なものではなく、現実についての十全な陳述に必要である。

このように、ほかでもない実証主義的‐物理学的な認識論もまた、感性的な（sinnlich）《体験》について語る――

しかし、このような《体験》は、自我‐ファクターを常に内包しており、このファクターは、純粋に物理主義的には記述できず、ただ全般的な《基準点》としてのみ定義可能である。

（ナトルプ『批判的方法による心理学序論（*Einleitung in die Psychologie nach kritischer Methode*）』第一版も参照！）

基礎現象について

1　基礎現象（原現象）

I）ゲーテ　箴言　三九一～三九三〔二一〕

我々が、神および自然から享けた最高のものは〔二二〕……

ここにおいて、我々は生の構成の試みを手にする——生の存在のあり方に従った、そして、それが、我々自身と他者にとって認識可能であるようなあり方に従った——

つまり、我々が生から得ることのできる知のあり方に従った——

この二つの問いは、内的に結び合って一つになる。というのも、人間の生は、自分自身を意識した生であるからである——

人間の生は、端的に《存在する》のではなく、《自らについて知っている》、そして、この《自らについて知っていること》は、人間の生にとって、構成的であり、人間の生の特殊な差異をなしている。

ゲーテはここで、三種類の階層化を試みている。

第一段階——

生は、我々に、《モナド的な》存在の形式で与えられている——《存在》、しかしそれは、静止的ではなく、過程として、運動として理解され得る《存在》である——

《意識の流れ（stream of consciousness）》

休息も静止も知らない、絶えず流れゆき、決して休息することのない意識の流れ——

これを我々は、それについての《説明》を試みることなしに、原現象（Urphaenomen）として受け入れなければならない。

私は、私自身をもまた、受け入れ（認め）なくてはならないのか。

その限りでモナドは、秘密（*Geheimnis*）であり続ける——しかし、《神秘（Mysterium）》ではない——それはむしろ、秘密に満ちて - 顕在する（geheimnisvoll-offenbar）もの、否、あの原啓示（Uroffenbarung）そのものである。

原詞（Urworte）、オルフォイス風に——ダイモーン（*Δαίμων*）〔一三〕

第二段階——

ゲーテがここで区別する第二のものは、行為（*Tun*）の形式における自「覚」（sich "Gewahrwerden"）であ

る
——作用（actio）と反作用（reactio）の形式。

モナドの《生》は、それ自身のうちに閉ざされた現存在であり続けるのではなく——

「外に向かって」進む——

モナドの《生》は、作用（Wirkung）と反作用（Gegenwirkung）において自己を表明する——

活動（Wirken）のこのような形式によってはじめて、モナドは、新たな意味において、自己を見出す。

内的に-限界のないものとして、外的には、限界づけられたものとして、

（フィヒテを参照——自我は、非-我によって、自己自身を限界づけ、規定する）

3,58〔二四〕——

無制約の衝動に
喜びが従い、助言が従う、
汝の努力（Streben）、それが愛のうちにあり
汝の生が行為（Tat）たらんことを。〔二五〕

《モナド的な》努力は、自己自身のもとにとどまり続けない——

それは、その求心的（自己-中心的）な運動、「自己自身の回りを回転するモナドの運動」を、放棄する——それは、外へと、他者へと、向かう——

それは、《世界》に身を委ねる——したがって、もちろん、《外面》に、偶然（τύχη）（《原詞》の第二段階）にである。

いまや、自我、モナドは、もはや《無制約》ではない、もはや絶対的でも専断的（selbstherrlich）でもな

い——

それは、自己自身を、他の生けるものに向かうことによって、《制約する》——

自我の原現象には、愛の原現象が、寄り添う——

そして、愛から行為が帰結する。

（不十分に表現すれば——

モナド、自我は、《個体《インディヴィードゥム》》として、《社会的な《ゾツィアール》》世界に向かう。

倫理的な原現象——自我は、他なる存在（Wesen）を、自己の《傍ら》に、自己の《外》に、

私の外側にではなく、私と並んで

承認し、彼らとの活動的関係に入る）ふたたび、フィヒテ、道徳論を参照——

他者とのこのような関わりにおいて、人間は、自己自身についての、最初の明澄さ（*Klarheit*）を獲得する。

この明澄さは、ゲーテの基本的確信によれば、単なる内観（Innenschau）、自己観照（Selbstbeschauung）によっては、決して人間に、分かち与えられ得ない——

決して認識によってではなく、行動（Handeln）によって

汝の義務を果たそうとせよ、そうすれば、汝はただちに、汝に付随するものを知る[二六]——

人間は、自己を、ただ人間のなかでのみ認識する

内面においては、人間は、自己の最も内奥のものを認識するには至らない（タッソー[二七]）。

第三段階——

いかにして我々は、他者の知るところとなるのか。

我々自身によってではなく、我々が生きている、あるいは、存在するところのものによってではない。

客観化（*Objektivierung*）によって、つまり、我々が創造する《作品（Werk）》によってのみである。

我々の作品においてのみ、我々は、他者にとって知り得る——

しかも、行動と行為として、言葉と文字として——

行為（*πρᾶξις*）と制作（*ποίησις*）（アリストテレス）として
　制作としての言語について、ビューラー[二八]、参照
——しかし、ここで、奇妙な転回が起こる——

作品はすでにもはや、我々には属していない——それは、《疎外（Entfremdung）》の第一段階である——

作品は、諸々の客観的な尺度に従う固有の秩序のなかにある。

したがって、この秩序のなかで自我が、自己をふたたび見出すことは、もはや決して完全にはあり得ない

　　——魂が語ると……[二九]

（ジンメル参照。文化は、異質な諸形式のなかに入るよう自我を強いる、という文化の《悲劇》）——
それは、阻止するもの（*Hemmung*）として感じられる。
ファウスト——ああ！　我々の行為そのものが、我々の苦悩と同じく、
　我々の生の衝動を阻止する——[三〇]
それは、我々自身にというよりむしろより多く、外部世界に属する……

そして、それらはまた、我々にとって、もはや十分には認識可能ではない——

というのも、作品、つまり形成体の存在は、その創造者よりも生きながらえるからである——

作品は、ある意味では、その創造者以上のものである——

それは、その創造者に対して常に、独特の《超越《トランスツェンデンツ》》を保持している——

　ゲーテの劇詩断片「プロメテウス」を参照——

　私は知っています、それらは永遠です——というのも、それらは存在しているからです——

作品は、特有の実体（οὐσία）を持っている——

継続的なものとして持続する形式（εἶδος）——これが作品の永遠性——

そして、この形式によって、作品は、創造する個体、つまり、作品のなかに作用をもたらしているモナド、にとってはまったく見渡し難い仕方で、作用を及ぼし続ける——

この意味で、次の言葉が当てはまる——

「いかなる織匠も、自分が織っているものを知らない」〔三二〕——

この点については、「外部世界」（これは、この場合、歴史的世界であるが——）のほうが、「我々が自身でなし得るよりも早くに合意に達する」ことができる。

プラトンの作品が何で《ある》のか——

それは、プラトンのモナド的な「意識」に包含されてはいない——

というのも、それは、何世紀も先へ手を伸ばしているからである——

それは、その作用と解釈の全体においてはじめて明らかとなる。

II）《原現象》への転回

《反省》の始まり

ゲーテは、彼が立てる三つの命題（箴言三九一～三九三）において、芸術家として彼が直接身近に感じる、《自然的な》精神的態度を守ろうとする——

芸術は、いかなる《形而上学的な》深さも必要としない——それどころか、芸術は、この「深さ」なるものから身を守らなくてはならない——芸術が自己自身を失うことを欲しない限り、そのような「深さ」には用心しなければならない——

というのも、芸術は、現象の《表面》に関わるからである（ディドロ『絵画論』〔三二〕）——《彩られた反映》において、芸術は、その生を持つ。〔三三〕

（「ゲーテとプラトン」〔三四〕を参照）

この立場をゲーテは、思想家としても守ろうとする——絶対的なものについて——箴言二六一〔三五〕。

こうしてゲーテは、原現象の背後に遡ってゆくことの一切に——原現象を《説明》しようとする試みの一切に、異議を唱える——

我々は、原現象を、その栄光と理解し難い状態のなかに在らしめるべきである。

ゲーテは、哲学的体系家ではない——彼は、絶対的なものを、露呈させ、その秘密を暴こうとはしない——しかし彼は、かろうじて現れて、存在しているが、そこにおいてはそれ以上何も説明され得ない、真の原現象に対する比類のない感情を持っている——こうして我々は、このような原現象の隠された宝へと導いてくれる真の占い棒（*Wünschelrute*）として〔三六〕、彼を用いることができるのである！

このことを繰り返し無に帰せしめ——直接的に‐確実なものを、何か別の、まったく疑わしいものに還元しようとする（物理学、色彩！）「取り持ち屋の悟性」〔三七〕に対して、彼は激しく攻撃する——

この悟性は、この直接的なもの（dies Unmittelbare）を仲介〔媒介〕する（*vermitteln*）ことに、常に携わり——

しかしながら、この仲介〔媒介〕の作業と称するものにおいて、また、それによって、この直接的なものの本来の、根源的な意味を奪うのである——

　原現象のうちに基礎を置き、原現象に依拠するということ、これこそ、ゲーテが、我々に要求する態度である——

とりわけ、生の、行動（*Handeln*）の、そして行為（*Tun*）の原現象に対して——

生と行為（行為《プラクシス》と制作《ポイエーシス》の意味において）は、最終的なものである——

それらにおいては、もはやそれ以上何も、《知る》ことも、説明することもできない——

我々は、それらのなかにある——

しかし我々は、我々をそれらに対置することはできない、それらを、外側から、あるいは、形而上学的に「上から」考察することはできない。

しかし、ゲーテがここで芸術家として要求し、行なっているような態度は、精神的な生の全体において、可能であるのか。

ここには、そのように《直接的》で、屈折していない（*ungebrochen*）統一が存在するのか。

否である――むしろ、屈折そのものが、内在的な（《弁証法的》な）必然性として示される――

というのも、問うという《悟性の》‐機能もまた、精神の、根源的で本質的な諸機能に属しているからである――


　これらの機能においてはじめて、精神自身は、それがそれで《ある》ところのものに《なる》。

この〔問うという〕機能は、すべての哲学の始原に存在している（決して、いわゆる《形而上学》の始原においてだけではない）。

哲学の始原としての驚き（*θαυμάζειν*）――

哲学は、それは何であるか（*τί ἐστι*）、という問いをもって始まる――

これが、ソクラテスの概念の始まり、反省の始まりである――

ソクラテスは、自我の、モナドの人倫的な自己意識へと、
そして、モナドの行為《プラクシス》と制作《ポイエーシス》へと、問いを向ける。

彼は、（形而上学的に）これらすべての〈どこから〉を問わない――

しかし彼は、（倫理的に）《何のために》を、テロス（*τέλος*）としてのエイドス（*εἶδος*）を、問う。

《問い》という形式による、《生》の形態変成（Umgestaltung）――これが、ソクラテス‐固有の業績である――


　これによってはじめて、生は価値を獲得することになる――

　他方、吟味を欠いた生というものは、人間にとって生きるに値しない（*ὁ δὲ ἀνεξέταστος βίος οὐ βιωτὸς ἀνθρώπῳ*）〔三八〕。

しかしどこに、この点での限界があるのか――「活動的な取り持ち屋の悟性」に対する防御はどこにあるのか。

ソクラテスの哲学とソフィストの議論を区別するものは何か。

――両者は、アリストファネスによって、互いに、直接に取り違えられる――

両者に共通している一つのこと、重要で中心的なことは――

両者が、生そのものと生のすべての形式を、総じて、問うて - しかるべき（*Frag*-würdiges）何かと見なしている、ということである――

両者は、生を単純に、引き続き受け入れて、甘受することはなく――

原現象としては認めない、ということである。

両者は、生を（「おのずと理解される」何かとして、）認めることはできない
両者は、生を、何か別のものによって理解しようとする――
両者は、その「根拠」、その《ロゴス》を問う。
生は、我々に与えられている――しかし、生についての弁明（*Rechenschaft*）を与えねばならないのは、我々である。この「弁明」こそが、すべての哲学的な「誠実さ（Rechtschaffenheit）」の始まりである
――
弁明なしの「誠実さ」は、無である――単なる経験と熟練（*ἐμπειρία καὶ τριβή*）にすぎない（ソクラテス『パイドン』――ミツバチやアリの生、等々〔三九〕）。

この誠実さは、ソクラテスとソフィストたちとでは、まったく異なって理解される——

　ソフィストたちによる弁明の遂行
——ちなみにそれは、彼ら流に、まったく正当で必然的であって、それにはじめから汚名を着せること
などは許されない——

それは、本質的に、知的な遂行である——

それは、存在と概念の両者を、その要素に分解して——

これら要素の《由来》を確定した場合に、存在あるいは概念を理解したことになる——

これこそが、アルケー（*ἀρχή*）へのソフィスト的な問いである——

この問いは、本質的に、歴史的に（*historisch*）、答えられ得る——

ソフィスト的な《知》、ソフィア（*σοφία*）は、本質的には、《学（Kunde）》（*ἱστορίη*）である。

ソフィストの議論は次のように問う——

言語はどこから、法はどこから、国家は、人倫は、どこから、等々と。

そして、これらに共通する答えは——
これらすべては、自然の事物のように、人間から独立して、厳密に-客観的に、存立するのではなく
——
それは、人間の作品であるということ——自然の事物のように、《生い育った》（自然に従った
（*φύσει*））のではなく——
それは、《作られ》ている、つまり、人間によって制作され（*hergestellt*）ているということである

法によって、定めることによって（νόμῳ, θέσει）。

したがって、それはまた、それがそれであるところのものであり、また、あり続ける自然の事物が持つ変更不可能な存在を持っていない——

それは、《通用する（gelten）》ことによってのみ、《存在する》のである。

しかし、それが通用するのは、（ノモス（νόμος）の、ないしは、テシス（θέσις）の）措定の活動自体が継続していて、他のものによって交代されたり、廃棄されない限りにおいてである。

客観的な人倫といった、事物的なものは存在しない——

そのような《客観的な》人倫は、ソフィストの議論の意味においては、論理的に言語道断のこと、形容矛盾である——

というのも、そうなるとそれは、人倫を、それ自身の《自然》によって存在し、持続する自然的な存在《ピュセイオン》（自然的な事物）にするであろうからである——

ところがやはり、人倫はすべて、まったく正反対のものである——

人倫は、変化することによってのみ、存在する——

というのもそれは、ノモス（νόμος）に根ざし、そしてこのノモスが、人間——この人間がノモスを措定し、人間のためにノモスは措定されるのだが——が別のものになるのに応じて、別のものになってゆくからである——万物の［尺度は人間である］（πάντων χρημάτων）。

したがって、人倫の《根拠》は、その発生である——

それの《なぜ》への問いは、歴史的《ヒストーリッシュ》に答えられなくてはならない——

ここに、そして、ここにおいてのみ、それのアルケーがある——ピュシス（φύσις）の事物においては、火、水、風、そして、地といった、変わることのない永続的な《元素（Elemente）》にあるのとは異なって。

ソクラテスの《反省》は、このような類いの理由づけや説明では満足しない――

ソクラテスの《反省》は、《別の形式の根拠》（他の種類の原因（*ἄλλο αἰτίας τὸ εἶδος*））、プラトン『パイドン』〔四〇〕を求める。

この原因（*αἰτία*）、真の原因は、歴史的な由来においては、始原においては、アルケーにおいては、見出され得ない――

真の原因は、むしろ、《終わり》に、テロスにある。

しかし、ソフィストとソクラテスの問題設定における、このような根底的な相違にもかかわらず、両者には、一つの、ある意味で本質的なことが、依然として共通している――つまり、そもそも《問いかけ》がなされる、ということである――

自然の存在だけでなく、とりわけ人間の存在――これが第一にであるが――もが、問いかけを必要とする（*fragebedürftig*）、また、問うてしかるべき（*fragwürdig*）ものとして認識される、ということである――

以後は、こうした問いかけの圏域から、何ものも逃れることはできない――

汝は何であるのか――

汝は、どこから来たのか――

汝の要求、汝の権威、汝の尊厳は、
　何に由来するのか、何によるのか
という問いかけがなされ得ない、また、なされる必要がないほどに、確かで、自明で、神－さびた（alt-ehrwürdig）ものは何もない。

《反省》の始まりが、これによって遂行されている——

そして、反省はもはや、いかなる《最終的なもの》の前でも、停止をしない——

反省は、あらゆるものを、〔ものごとを〕解明してゆく《批判》に供する——

少なくとも哲学は、以後は、こうした批判の手に帰し、自己自身を放棄することなしには、この批判から身を守ることはできない——

　スコラ哲学においては、（ギリシア的な）ラツィオが、（キリスト教的な）《信仰》と和解しようとする——

しかし、この結合から生じるのは、擬《まが》いの推理（*λογισμός νόθος*）〔四一〕、つまり、庶出の子にすぎない（唯名論と実在論という、スコラ的な《諸体系》）。

批判の精神こそが、デカルト、カントにおいて——この《婚姻》をふたたび解消する——

そして、この精神は、問いかけの、疑いの先鋭化された形式を導入する——

批判は、懐疑の限界にまで達する——

　すべてのものについて疑うべきである（de omnibus dubitandum）。

《反省》、言葉を与えること（*λόγον διδόναι*）〔四二〕には、いかなる特定の制限も、措定され得ない。

中世――ヴォルフラム――疑いが人の心の隣に住みつくと〔四三〕……

しかしここでは、逆のことが当てはまる――

《疑い》は、認識の積極的な道具（*Instrument*）であり――

哲学的な認識の機能を表現している。


さていまや、我々の問いが生まれる――

いかにして両者は、相互に結び付けられ、和解され得るのか――

いかにして我々は、《原現象》のゲーテ的な要求と、《反省》のデカルト‐カント的な要求を、認識の構成、および哲学の構成において、満たすことができるのか――

いかにして、ゲーテが原現象に認める確実性の、《直接性》のあの形式が維持され得るのか――そして、にもかかわらず、すべてを《思考》の法官席の前に引き出して、吟味し、認証しようとする《思考》の不可侵の権利が保持され得るのか――

ここにおいてなお、何らかの総合が可能であるのか――

それとも、和解し難い抗争に終始しなくてはならないのか。

この抗争、二律背反は、繰り返し主張されてきた——

とりわけそれは、現代の諸々の哲学的な闘争に、その印を刻している——

周知の主要な対立の一切は、この抗争に還元され得る——

《精神》は、他の、より深く、より根源的な実体の名において、憎悪され、叱責され、迫害される
——

この実体が、いまや、魂と呼ばれようと、生と呼ばれようと、あるいはその他どのように呼ばれようとも。

思考の単なる《媒介》の一切に代わる、《直接的なもの》への衝動——

単なる反省に抗して呼び出される直観（Intuition）——

《知性》に対する優位が帰せられる意志、衝動的生——

これらが、《形而上学》の主要テーマである。《形而上学》がロマン主義によってふたたび復活させられてよりこのかた——

かたやロマン主義——かたや実証主義——かたや《理性と学問》、かたや両者への敵対、それどころか両者の蔑視——かたや《非合理主義》、かたや合理主義、かたや神秘主義、かたや《物理主義》——これこそが、本来、この一五〇年間（一七八一～一八三一年[四四]）の哲学のテーマの全体である。

我々は、これらの二者択一の一つに必然的に身を捧げなくてはならないのか——

それとも、折衷主義的な混淆より以上の、それと原理的に異なった何かであるような、何らかの《和

解》が存在するのか――

原現象に対する畏敬は、保持され得るのか――

批判の《精神》に反して行動することなしに――

この精神に対して、不正を犯すという罪に陥ることなしに――

不正を犯すとは、次の点、つまり、我々が批判の精神の根源的な権利、その自律性を否認する点にある
――

我々が、この精神を、余所者にして闖入者（L'intruse）として取り扱うという点にある。


これが、我々が以下において立てようとしている問いである。

2　基礎現象についての概観

我々は、基礎現象（*Basisphaenomene*）についての概観を手に入れるために、もう一度、ゲーテの箴言三九一～三九三を糸口とする。《現実》への何らかの通路を手に入れるためには、基礎現象を出発点としなくてはならない――そして、この基礎現象において、我々が《現実》と呼ぶ一切が、我々に根源的に打ち開かれ（aufschliessen）、開示（erschliessen）されるのである――

論理的－意識的な主観の意味における《我々》が、《思惟（cogitatio）》と《論証（argumentatio）》の形式において、現実「へと」推論するのではない――

推論のこの形式は、後に詳細に示さねばならないであろうが、まさに、基礎現象には適用可能ではない

——基礎現象は、すべての思考と推論に先立っている、このこと自体の根底にある——

むしろ、基礎現象それ自体が、現実をまずもって《打ち開く》——つまり、啓き示し（offenbaren）、顕《あきら》かに-する（manifest-machen）のである——

それは、フッサールの意味における《原的に-与える働きをする（originär-gebend）》志向である——

それは、我々にとっては、現実認識の本来の源泉である——

我々が、この源泉が塞がれていると考えるなら、現実認識の流れは、ただちに涸れるに違いないであろう——

《現実》という概念は、それが、この源泉から供給され、この源泉によって直観的に（anschaulich）満たされる限りにおいて、はじめてその意味を持つ——

基礎現象、および、現実をそのさまざまな形式、方向、次元のすべてにおいて、我々にまずもって接近可能にするもの——

これらは、我々が間接的に推論しなくてはならない《結果》ではなく——

これらは、「光と道」である。

——我々は、次のようなものとしては、これらを正しく記述することができない——《存在する》何かとしては。——絶対的な存在という意味において現存し、さらに、このように解された意味において、

その《存在》へと《推論》され、その絶対的な存在が論理的に結論づけられ得るような、何かとしては、――(例えば、デカルトが、物質、物体世界の存在を、《神の誠実(veracitas Dei)》から結論づけているように)。

このような類いの《存在》は、すべての現実的な基礎現象においては問題とならない――基礎現象は、何らかの仕方で媒介されるものではなく、媒介(*Vermittlung*)そのものの様式、様態(*Modi*)である。

具象的に語るならば――基礎現象は、何らかの仕方で、我々の意識の窓を通して、(我々の《感覚器官》の窓を通してであれ、他の《精神的な》、霊的な《媒体》を通して見られるのであれ)我々に到来する、それ自体において現存する何かではなく――それ自体が、現実‐認識の窓である――それを通して我々が、我々を現実に対して打ち開く、ところのものである。

――基礎現象は、我々が間接的に、骨を折って、「我々の圏域のなかに引き込ま」ねばならないような、外的に‐存在するものを、我々に媒介するのではない……

それは、我々が世界に投げる、まなざしである――

いわば、我々が開く目である――

このように、まずもって目を開くことによって、《現実》という現象が我々に開示される。

我々はこれをここで、ゲーテの叙述においてもはっきりと区別される、三つの基本方向、三つの次元にわたって追跡する。

(我々はその際に、この三‐次元性を、さしあたり単純に、事実として前提とする——

したがって、その《可能性》とその《根拠づけ》は問わない。

我々の探究の比較的後の段階においては、この《可能性》もまた、我々の関心事とならざるを得ないのではあるが)——

第一の契機——
1) 自我の、モナドの、《生》の現象そのもの。
これは、他の何かから導き出され得ない、むしろ、他のすべてのものの「根底に」ある——
このことは、明白である——
我々がこの現象を、生物学的‐生気論的に記述しようとも
(ベルクソンの生きられた持続 (durée vécue) の直観)
心理学的に把握しようとも
(自己‐意識の現象として、つまり、もともとはデカルトにおいて考えられているような、最も広い意味でのコギトの現象として)
あるいは、超越論的な意味においてであれ
(《意識性一般》の現象として。この点については、とりわけ、ナトルプの叙述、『批判的方法による心

理学序論』を参照)。

我々は、さしあたりまだ、これらの相違のすべてを度外視する――

我々は、ゲーテがここで考えているような意味での《モナド》を注視する。

我々はここに、一つの、本質的なものだけを見出す。

(それは、記述の三つの形式すべてにとって――

　生物学的、心理学的、超越論的な記述にとって、本質的である)

つまり、モナドは、いかなる存在(永続性としての実体《ウーシア》)でもなく、流れゆく活動性(Bewegtheit)であるということ――

モナドは、いかなる休息も静止も知らないということ――

いかなる個々の《状態》にも結び付けられておらず、そもそも、とどまっているものではない――そうではなく、動いている何かである(知覚から知覚へと移行するもの、ライプニッツ――次の状態に向かう限りにおける、ないし、次の状態をあらかじめ含んでいる限りにおける、現在の状態そのもの(status ipse praesens, dum tendit ad sequentum, seu sequentum praeinvolvit)〔四五〕ということである。

したがって、この《モナド的な》存在は、単純な〈今〉のなかに包含されておらず、それどころか、〈今〉によっては、まったく記述され得ない――

この存在は、いかなる個別的瞬間にも「とらわれて」おらず、その生の契機の全体、つまり、現在、過去、そして未来が開示する――

〔現在は〕過去を背負い、未来を孕んでいる(chargé du passé et gros de l'avenir)〔四六〕。

私は、《私》を現在的なもの（gegenwärtig）として体験することによって、私を《存在するもの》として（存在－論的に――異なった時点において継起的に固定されたものとして、その限りで「持続的なもの」として）体験するのではない――

私は、私を、現在的なものとして、在ったもの（gewesen）として、そして、在る－であろうもの（sein-werdend）として体験する。

（この意味で、《生》として、つまり、《歴史》を持つところの、在ったところの、そして、在るであろうところの主観として――

この点については、記念論文集〔四七〕のなかの、オルテガ

「体系としての歴史（*History as a System*）」、引用を参照。）

第二の契機――

《活動（*Wirken*）》の基本現象（Grundphaenomen）――

他から隔離された個体としての《モナド》は、抽象である――

現象学的な「所見」にとどまり続けるならば――

我々は、自らを決して単独には見出さない――

我々の主観内部の「意識」の壁に閉じ込められて――

我々は、自らを、単に《知覚的に》、状態から状態へと移行するものとして経験するだけでなく

――我々は、自らを、活動するもの、および行動するものとして経験する。

この活動と行動は、我々の《現実意識》のすべてにおける、第二の、本質的な、構成的契機である――

活動の、このような根源的で、他から導出不可能な意識を欠いた、いかなる現実の意識も存在しない――

我々は、単に我々自身を《体験する》だけでなく、我々に対立し、抵抗する何かを、体験する――

そして、この抵抗（*Widerstand*）から、我々にはじめて、対-象（*Gegen-Stand*）の意識が生じる。

（現実認識の《主意主義的な》諸理論――

ショーペンハウアー、根源的には意志としての存在

実在性の意識についてのディルタイの記述と叙述）

その際に、対-立しているもの、抵-抗しているもの、それは、意志の経験のうちに根源的に与えられているのであるが、それは、いまだ、単なる非人称的な《それ《エス》》ではなく、我々はそれを、根源的に、ある種の《汝《ドゥー》》として見出す――

それは、独自に-存在するもの、我々と《異なって》いるにすぎない何かというよりも――

それは、独自の-我意を持ち（Eigen-Sinniges）、独自の-意志を持ったもの（*Eigen-Williges*）である

――我々の行動の空間を狭め、それに異議を唱える何かである――

（単に、どこか《外》に、空間の他の場所に、《存在し》、《在る》何かであるだけではなく）。

「空間における」――諸事物の――《存在》は、それとは別の、もっとはるかに込み入った後々の問題である――

ここでは、それとは別のもっと原初的な何か――共通の行為-空間における活動が問題である――

生物学的には、我々は、この現象を、動物の世界にまで下って、追跡できる——

この動物の世界において「共同-生活（*Zusammen-Leben*）」、「相-互-生活（*Mit-Einander-Leben*）」の（抽象的に表現すれば——《社会的《ゾツィアール》》生活の）形式が与えられているところでは、いたるところで、この現象が登場する——

我々はここで、まず次の一事だけを確認する。つまり、相-互への-活動（*Auf*-Einander-Wirken）の形式におけるこの相-互-存在（*Mit*-Einander-Sein）の形式は、真の基礎現象であるということである——

いかなる他のものからも導き出すことはできず、根源的に構成的な——

我々は、「我々を」常にすでに、この規定性とともに見出す——

単に、《生きている》ものとしてではなく、すなわち、ある状態から他の状態へと移行するものとしてではなく、活動し（*wirkend*）また受動〔受苦〕する（*leidend*）ものとして。

活動と受動によって、他のものたちに繋ぎ合わされ、また、他のものたちに結び付けられているものとして——

したがって、（活動と受動における）この《結合》は、根源的な現象であり、それがなければ、いかなる《客観性の-意識》も存在しないであろう。

——フィヒテにおけるこの思想の核心、非-我の「道徳法則」からの《演繹》

（マックス・アドラー〔四八〕の、現実の「社会学的」証明をも参照。）

いずれにせよ、この活動の-体験は、真の根源の体験であり通路の体験であり——「存在への窓」（先の論述〔四九〕を参照）である。

すべての「プラグマティズム的な」《認識》－理論は、この点に、その正当な根を持っている。

第三の契機――

ゲーテが記述している第三の局面において、我々は、新たな意味における「外界」に接近する――それは、我々の前に開かれる、《作品》の領域である――

《作品》は、第二の局面において記述されたような《活動》の段階に対して、より客観的なもの、いわば、より固定的なものとして現れる――

作品は、活動の目的（*Ziel*）である――しかし、作品において、活動もまた、その終わりに到達している――

テロス（*τέλος*）という表現は、この両者を含んでいる――

活動の運動は、停止している――それは、作品のなかに《沈殿して》いる――

それによって、確かに、自我からの隔たり（*Entfernung*）が据えられている――

それどころか、ある意味では、疎－外（*Ent-Fremdung*）でもある。しかし、しばしばなされているように

（擬似ロマン主義、神秘主義、等々）

「外（**Fremdheit**）」というこの表現に、単に否定的なだけの意味を置き入れるとしたら、誤りであり、軽率であろう――

それはむしろ、まったく新たな定立（*Position*）の始まりである――

我々を、はじめて本来の現実意識へと導く《定立》の始まりである。

（カント――〈存在する〉とは、ある事物の概念に付け加わり得るであろうような何ものかの概念ではない。それは、単に、ある事物の定立、一定の規定それ自体の定立である。I, 516ff.（Phil. B. Kr. d. r. V.)）〔五〇〕

――

こうした《定立》への第一歩が、人間が、自らの内から《外へと立てる（herausstellen）》作品である

――


人間の諸々の作品から《沈殿する》不変の「産物」

――《作品の領域》、《形成体》の領域が、《客観的》存在の領域への通路、本来的な媒介を提供する

――


作品－意識から、本来の事象－意識（*Sach*-Bewusstsein）が生じる――

ここにおいてはじめて、我々はまた、事象的な必然性が何を意味するのかを経験する――

「対象」は、それ固有の、自立的な諸々の要求を告げる――

対象は、それが《作品》にまで生い育つとするならば、一定の種類の取り扱いを要求し、強いる。

我々は、神話的な情動の領域から――

（願望制御……）

作品制御（*Werk*bemeisterung）へと移行しなくてはならない。

自然は、これに従うことによらなくては、征服されない（Natura non nisi parendo vincitur）。

したがって《存在》は、まずもって我々に、
まったく引き離された相－在（So-Sein）
（《我々の外の》－存在）
として与えられているのではなく、作品という媒体において、我々に与えられている、ということもまた正しい――
それは、（持続する）道具（*Werkzeug*）である
（ハイデガー――「事物的に存在する道具（vorhandenes Zeug）」）。
「永続的な」作品（生産物）への
および、「常に同じ仕方で使用可能な」道具への移行は、人間に、《客観的な》領域を
――《事象》の領域を、はじめて本来的に打ち開く――
その際に、この領域を、何らかの仕方で、単なる《降格されたもの（*Degradation*）》として把握しないように、注意せねばならない。
直接的な生の感情の楽園からの「離反」、堕罪として把握しないように注意せねばならない――
あるいは、束の間の、変転する《原初的な》活動の楽園からの――

事象の領域は、むしろ《事象性（*Sachlichkeit*）》の領域である――
事象性とともに、我々にとって接近可能となるのは、事象性の「精神」である――
そして、事象性とともに、現実への最終的な「進出」――
現実へ通ずる「窓」が、いまやはじめて、完全に開かれている――

作品において、客観的に‐描出〔表示〕する言語において、我々が現実を我々の前に広げることによって、現実に対する、客観性に対する《まなざし》が我々に開かれている。

この点で我々は、言語と道具が、人間の一つの根本態度から展開されるとする、ノワレ〔五二〕のテーゼに同意する。

ここにおいて我々は、三つの原現象（基礎現象）を、目の当たりにする。これらを我々自身は、もはやそれ以上《説明する》ことができないし、また、することを欲しない――しかしこれらは、《現実》への鍵である――

1）自我‐現象
2）活動の‐現象
3）作品‐現象

――あるいはまた、自我の現象、汝の現象、それ《エス》の現象――
自己の現象、《他者》の現象（いわゆる「他者の心的な」もの）、世界の現象（《対象》、客観的現実）。

我々はいまや、同じ事態を、さらに別の側から、明らかにすることができる――つまり、最も広い意味における《心理学的な》問題設定の側からである。《心理学的な分析》は、何をなし得るのか。《原現象》、基礎現象を、心理学的な分析の側から《説明する（erklären）》ためにでは決してなく——というのも、それは、独断的な心理学（特に「感覚主義的な」それ）の側からしばしば試みられてきた、不可能な企てと言うべきであろうからである——

むしろ、《原現象》、基礎現象を「可視的」にするために、何をなし得るのか——

心理学がその課題を果たすべきであるのなら、説明することではなく、照明すること（*Erhellung*）こそが、心理学がここで、行ない得ることでなければならない——

しかし我々は、今日の心理学において、このような照明の試みすら、その発端すら見出すであろうか。

長い間、それを期待して見守らねばならない——精神生活を観念連合の-メカニズムに解消しようとする《自然主義的に》方向づけられた心理学のすべては、事実、我々の問いに対しては、沈黙したままである。

しかし、ディルタイの念頭にあった、

そして、フッサールが明確に述べ、——

ナトルプが、体系的に根拠づけようと試みた記述的心理学のあの理想——

これらはみな、事実、基礎現象に向かっての新たな「突破」を形成している

——そして、いまや我々は、この突破に取り組もうと思う。

3　基礎現象（心理学への関係）

心理学が、《基礎現象》の解明のために何らかの寄与をなすのであれば、心理学がこの課題を果たし得るのは、明らかに、心理学が方法的に、あるまったく明確な根本的要求に従う場合においてのみである——

心理学は、その自律性を保たねばならない——つまり、心理学は、諸現象を心理学に固有の《視点》のもとで把握しなければならない——この視点を、外部から指示させてはならない——

後者は、心理学が、自らの最高の課題を、「客観化する」諸々の学問、特に自然諸科学と競争することのなかに見て、自らの最高の功名心を、このことに設定したところで、いたるところで生じたのであった——

自然諸科学からは、《基礎現象》が可視的にされ得ないということは、明らかである——というのも、この現象は、自然諸科学が取るのとは、まったく正反対の方向にあるからである——自然科学そのものは——その認識価値が、いかに異論の余地がなく、不可欠で、不朽のものであれ——ほかでもないこの現象を、その視点に収めることは断じて不可能である。ましてや、余すところなく、認識し、説明することは不可能である——

というのも、その本質的な《パトス》とその方法的なテロスは、まさに、この現象をいよいよもって

《度外視する》ことにあるからである——

上述の《原現象》を、ふたたび見ることができるようになるためには、いわば、まなざしの方向を転換しなくてはならない、「視線」の方向を逆転しなくてはならない。

十九世紀における、心理学の方法的な発展の全体——
とりわけ、自然科学的な心理学と精神科学的な心理学の間の争い
（ディルタイと彼の学派——
ヘーニヒスヴァルトの《思考心理学》）
その根底には、このような事態がある——

そしてこの事態から、心理学をめぐって行なわれてきた方法的な闘いが、ただちに明らかとなる。

a）客観化する学問の理想
　認識するとは、《客観化すること》である
すべての知は、それが、自らに対する何らかの客観的妥当性を要求する限りにおいて——
それが、単に-主観的な《思い込み》以上のものである限りにおいて（「思い込み（Meinung）」とは、
「私の（mein）もの」である——ヘーゲル）諸客観についての知、客観と諸々の客観関係とに関する知
でのみあり得る——

客観を認識すること——このことは、しかしながらふたたび、この客観を限定することにほかならない——

空間と時間におけるその位置を一義的に規定し、同時に、それが、他の空間と時間に位置する他の諸々の客観と、どのように関連するのか、また、どのように因果的にそれらに「依存」しているのかを確定することにほかならない——

我々が、自然科学的な説明、客観的な認識の、こうした方途に従う場合——《心的な》現象、とりわけ、《自我》、《意欲》等々のあの原現象は、その場合にどうなるのか。

答えは、簡単である——

　それらの現象は、姿を消す、なぜならば、それらはいまや、我々の背後にあるからである——

そして、それらをふたたび可視的にするために必要となるであろう、まなざしの方向転換が、客観的な学問の方法的な可能性、および、方法的な権限の、まったく外側にあるからである——

自我現象においては、このことは、直接、明らかである——

デカルトにとっては、コギトにおける自我は、なお、真の原現象、基礎現象である——

それは、推論されない（——我思惟す、ゆえに我在り、これは、仮象にすぎない、とりわけ、反論〔五二〕を参照）、

それは、直観的に把握される——

しかし、この直観は、イギリスの経験論では、潰えてしまう——

なるほど、ホッブスは、すべての現象のうちで、現れるということ（τὸ φαίνεσθαι）が、最も根本的で、賛嘆に値する現象である、と説明している――

だが、それは、彼においては、デカルトにおいてとは別のもの、それどころか、正反対のものを意味している――

というのも、彼は、活動（*Akt*）としての知覚の現象を強調するのではなく、この活動において「現れる」もの、事象的-客観的な意味における現象を強調するからである――

そして、この《現れるもの》は、彼によれば、必然的に物体である。

二元性、つまり、思惟実体と延長実体の二元論は、仮象である――

いわゆる《意識》は、幻影である。

物体だけが「存在する」――

そして、《感覚すること（Empfinden）》は、物的な反応（*Reaktion*）にほかならない。

これによって、自我-体験は、余すところなく除外されている――

ヒュームにおける別の道筋――

「現実的」（所与）であるのは、個々の感覚だけである――

自我と称されるものは、「知覚の束」にほかならない――

多数の感覚に対する、単なる名前――

こうした徹底した、自我の除外が、いかに十九世紀の心理学の全体を規定したかは、よく知られている――とりわけ、マッハの自我-論を参照。

この心理学は、単に、心《ゼーレ》のない心理学であるだけでなく、それは、そもそも、「自我のない心理学」であった——

そして、これと同じ《還元》を、その他の《基礎現象》、とりわけ、感情と意志の現象もまた、甘受せねばならなかった——

これらもまた、そもそも可視的にされるべきであるのなら、つまり、自然科学的な心理学のまなざしの前に、「現れて」しかるべきものであるのなら、前もって、徹底的な変換（*Umwandlung*）をこうむらねばならなかった——

このような変換のプログラムは、ミュンスターベルク〔五三〕が、きわめて精密に、また首尾一貫して、展開した。

（ミュンスターベルクの心理学と、その方法的プログラムについては、ヨーナス・コーンの二つの論文〔五四〕（抜刷り！）を見よ。

表情〔表現〕機能という表題の草稿を参照……）

ここにおいて、目的は達せられている——

「心的なもの」は、余すところなく、物的なものに変えられている——

なぜならば、それは、物的なものとしてのみ、明示可能で、認識可能（つまり、空間-時間-連関に、因果的に、組み入れ可能）であるからである。

このような因果的な組み入れ以外の、認識の理想は、存在しない——

(ミュンスターベルク自身においては、この《一元論》は、同時に、彼の価値論によって修正されている——

しかし、《価値》は、心理学的には把握可能でない何ものかである——

価値は、まったくの別《問題》である。

心理学は、自然科学であり、自然科学であり続ける——

そして、そのようなものとして、心理学は、すべての精神的なもの、《思考的なもの《ノエーティッシュ》》を除外し、それを、メタ心理学的、《メタ》物　的《フュージッシュ》〔形而《上》学的〕な価値論に委ねる。)

心理学の内部において、この消去の過程は、首尾一貫して進行する——

《自然主義的な》心理学は、確かに、知覚の心理学だけであったのではないが、やはり本質的には、知覚の心理学であった——

他のすべての現象は、この心理学にとっては、何らかの仕方で《把握不可能》であったのであり、そして、この把握の不可能性のために、疑わしいものであった——

この心理学は、それらを無視するか、それらを知覚心理学の言語で記述しようとした、つまり、知覚心理学の次元に移そうとした。

こうして、例えば《思考する《デンケン》》という現象は、この心理学においては、後になってはじめて、しかも、奇妙な迂路〔五五〕を経ることによってのみ、発見された

(キュルペの思考心理学の発端、被験者を用いての実験、ならびに彼らの陳述の自称《客観的な》記録による！　を参照)

ビューラー『心理学の危機（*Die Krise der Psychologie*）』、一二頁――思考心理学とその「発見」の記述――今日の我々には、このことは発見とは見なし難い――それは、ほとんど陳腐なことのように思われる。

思考することは、ここでは、もっぱら否定的に、《直観的ではない体験》として特徴づけられる――例えば、メッサー(五六)の『感覚と思考（*Empfindung und Denken*）』を参照。

類似のことは、感情と意志にも当てはまる。

ランゲ－ジェームズの感情理論――我々は、悲しいから泣くのではなく、泣くから悲しいのである。ミュンスターベルクの意志理論――意志は、「筋肉感覚」に解消される。

常に同様の傾向――思考すること、感じること、意志することは、原現象、つまり、自己自身を説明する基礎現象ではなく、――単純に「現れて、存在している」基礎現象ではない――基礎現象が、現実に把握され、学問的に理解され得るのは次のことによってのみである、すなわち、そのようなものとして直接自らを《示している》ものとは、まったく別の何ものかにすることによって、物的な、物体的な出来事の単なる随伴現象（Epiphaenomene）として理解することによってである――

ここで、どのような方途で、転換 (*Wendung*)、思考の転換《メタ・ノエイン》 (*μετα νοεῖν*) が期待され得るのか――

決して、十九世紀の心理学の全体が、自然主義的な、実験的な心理学のこのような流れのなかにあったのではないということが、まずは言われなくてはならない――

この流れに抵抗し、この方途によっては、原現象は可視的にされ得ないということを、明確に把握し、表明した思想家たちがいたのである――

それゆえに、彼らは、単なる観察から「直接的な」《体験》への回帰を要求したのであった――

このような《体験 - 心理学》を主張したのは、とりわけ、テオドール・リップスである〔五七〕――

彼は、自然科学的な心理学とますます激しく対立しつつ、内省 (*Introspektion*) という原権利 (Urrecht) を究めてゆき――彼の著作のすべてにおいて、それを認めさせようとする――

この点において彼は、フッサールの現象学に決定的に先立つ仕事を行なった心理学者であった――

このことによって彼は、単なる知覚の - 心理学の圏域を、はるかに超え出ている――

彼は、単なる感覚に還元され得ない、他から導出不可能な部類の心的現象として、感じること、意欲すること、ならびに、考えることを区別する。

(――すでに十八世紀に、とりわけテーテンス〔五八〕において、明確な形で存在している古い分類である。だが、リップスにおいて新たな内容が盛られるのである――これは、次の著作において、きわめて明確に、また簡潔に述べられている――『感じること、意欲すること、考えること (*Vom Fühlen, Wollen und Denken*)』)

リップスは、これらの基本現象の、独特で、そして往々にして実に頑固とも思われる記述において、当時の心理学に比して、やはり、きわめて意義深い一歩を進めている——というのも彼は、心理学がまったく見失ってしまった現象の総体を、心理学の視点のなかに、徐々に取り戻してゆくからである——

感じること、意欲すること、考えること——

日常的な、前学問的な言語から、頓着することなく、事前の学問的な準備なしに取り出される分類——

そしてそれは、そうではあっても——ひょっとしたらまさしくそのゆえに——心理学にふたたび、新たな深い次元を開示する——

それを、心理学は、その「感覚主義的な」形態において、あまりにはなはだしく見過ごし、過小評価したのである。

感じること、意欲すること、考えること——

これらの概念を、ゲーテ（箴言三九一～三九三）が述べているあの三つの原現象に対する章節の表題として、まさしく、使用することもできるであろう——

紙片 β1）β2)を参照〔五九〕！

《生》の、モナドの表現としての感じること

他者への、また他者との行動の表現としての意欲すること

そして最後に、《作品》（なされたる仕事（Opus operatum））において、その可視的な表現を見出すあの客観化、隔たりの‐設定の表現としての考えること——

ここからリップスは、心理学の「埋められてしまった」諸問題への帰路——とりわけ、自我への帰路を見出す——

b) 心理学における、客観化する学問の理想に対する批判

《自我なしの心理学》は、彼によって論駁され、嘲笑される——

自我は、その中心的地位を取り戻し、とりわけ、リップスの感情論全体の焦点となる。

彼によれば、諸々の感情が、自我を構成する——つまり、私の生のあらゆる瞬間において、直接、私によって体験されるような自我である。他方、諸々の感覚内容が、客観的世界の知覚像を構成する。

私が、私は感じると言うか、あるいは、私は私を感じると言うかは、同じことである。

——リップス前掲書二頁、その他を参照。


さらに別の側面からも、我々は、本来的な基礎現象への心理学のこのような反転を追跡することができる——

この反転は、今度は、心理学そのもの、および心理学に内在的な仕事に由来したのではなく——

心理主義的な統一要求へのきわめて手厳しい批判者であった思想家たちによって生じたのであった——

この統一要求とは、例えば、リップスによって無条件に主張されるようなそれである。彼にとっては、論理学、倫理学、美学、等々もまた、心理学の部分領域にすぎない——

ここに、フッサールの決定的な批判が介入する——

リップスもまた十分に承認し、フッサールの理論の最終局面を本質的に支配していた批判である——

《心理主義》から現象学への移行が、この局面にとって特徴的である――

しかし、すでにそれ以前に、まったく別の側から――

つまり、批判哲学、あるいは《超越論哲学》の側から、本質的なひと押しがなされたのであった――

この哲学は、まずは（コーヘンにおいて）、カントによって指し示された道に従っていた――

それは、まず第一に、また根本的に、数学と数学的な自然科学の《可能性》を問い、両者に対する《公理体系》を打ち立てようとした――

しかし、ナトルプの『批判的方法による心理学序論』――とともに、特徴的な《方向転換》を明瞭に表現している新たな問題設定が始まる――

心理学は、客観化する認識の圏域、とりわけ、自然科学の圏域から、原理的に取り除かれる――

心理学の道筋と目的は、自然科学のそれとは、正-反対のものである――

心理学は、前進して諸々の客観へ向かうのではなく、反転する――

《客観化》に代わって《主観化》――プラス-方向に代わって《マイナス》-方向――

ナトルプによる心理学の基礎づけの新しさと独創性は、彼が、客観化する、自然科学的な方法論の一面性に、立ち向かっているという点にある――

また他方で、彼が、この方法論の、厳密な、それどころかある意味では排他的ともいえる学問としての性格を徹底的に承認しているという点にある――

したがって、彼は、この方法論に対して、純粋な《内省》あるいは《直観》に基づくとされる、固有の、いわば手前勝手な「精神科学的」方法論を対置しない――

というのも、彼によれば、生の《直接的なもの》が、「生の哲学」、直観主義、等々の意味において、直接的に認識されることもできるということは、誤りであるからである――

生、主観、等々は、本性上先なるもの（πρότερον τῇ φύσει）であるかもしれないが――

しかしそれは、決して、我々にとって先なるもの（πρότερον πρὸς ἡμᾶς）ではない――

それは常に、間接的にのみ、可視的にされ得る――

つまり、我々が、諸々の《客観的な》形成体から、それらの諸々の《主観的な》源泉と《根源》に向かって、遡って問うことによってである――

これが、ナトルプの心理学の、きわめて独特な《再構成的》方法である。

（ナトルプの心理学については、私のナトルプ論[六〇]と『象徴形式の哲学』第三巻を見よ）

ナトルプの心理学は、原現象を直接的に「観ること（Schauen）」を拒む――

というのも、観ることからは、常に証明や根拠づけを必要とする学問は生じ得ないからである――

だが、ナトルプの心理学が強調し、承認するのは、主観性の根拠づけは、常に、客観性の根拠づけとはまったく別の方途で、行なわれねばならないということである――

主観的なものについての知は、決して、直接的に与えられている知ではない――

それは、むしろ、獲得されなくてはならない知である——

そして、その獲得は、常に、客観性への迂回においてのみ、行なわれ得る——

「事象知（Sachwissen）」、つまり、客観的な知による再構成的な分析によってのみ、このような客観的な知を生み出して、自らの内から外へと立てた諸力についての知が獲得され得る。


ナトルプの心理学のプランの全体は、実現されなかった——それは、トルソーにとどまった——そして、心理学的な思考の発展に、ナトルプの心理学は、いかなる点においても、直接に介入することがなかった——それは、完全な異分子、外れたところにある功績であり続けた——

フッサールだけが、それを、その原理的な価値において、認識した——

しかし、心理学の全体においては、ほとんど顧みられないままであり続けた——

すでに、新たな現象学的問題設定の決定的な影響の下にある現代の心理学者たちもまた、ナトルプの《超越論的な》問題設定を、その意義において、認識することがなかった。

だが現代の心理学の発展のうちには、ナトルプの要求、再構成の要求もまた、認められ始めているということの、重要で間接的な兆候が、存在する——

我々はここでは、一つの、特徴的な例だけを指摘しておく——

つまり、カール・ビューラーの心理学的思考において遂行されている転換である。

この転換は、彼の著作『心理学の危機』、および彼の著作『言語理論（*Sprachtheorie*）』から見て取れる

――

この二つの著作は、直接、相互補完的な関係にあり――また、互いに他方を説明している――

ビューラーは《心理学の危機》として、何を感じ、何を記述しているのか。

本質的には、次のような事態である。つまり、心理学が、精神的生の、単純で、基本的な諸々の存立基盤の記述において、機能していないということである――

心理学が、その諸手段をもってしては、これらに対処し得ないということである――

このことは、言語を例として証明される――

言語は、多次元的な形成体である――きわめて多様な機能を内包し、それらをまとめて統一している。

言語は、《表情〔表現〕(Ausdruck)》、「表明（Kundgabe)」、

《制御（Steuerung)》

そして《描出〔表示〕(Darstellung)》

が、一体となったものである。

しかし、この統一性に、心理学は、現在の状態では対処できない――

というのも、心理学は、ここに指摘した三つの契機のうち、常に、そのつど一つだけを把握し、それを一面的に際立たせるにすぎないからである――

したがって、決して、言語《というもの》や言語における意味の全体を実際に創り出し、汲み尽くすことができないからである。

ビューラーによれば、肝要なのは、この意味の分析と、認識されたその多‐次元性の分析から、ふたた

び《心的なもの》一般の多-次元性へと遡行することである。

（『〔心理学の〕危機』と『言語理論』におけるより詳細な論述を参照）——ビューラー自身における、数学と純粋な自然科学の可能性へのカントの問いとの比較、『〔心理学の〕危機』、五七頁を見よ。

だが、ここでいったい何が起こったのか——また、心理学のどの方法論がここで適用されているのか。

ビューラーは、通常の意味における、言語心理学的な研究から出発したのでもないし、さらにまた、思考心理学的な研究から出発したのでもない——

また、純粋に《自然科学的な》心理学の諸々の方法からも、彼は、はるかに離れている——彼の仕事は、むしろ、ナトルプの意味における、真に《再構成的な》ものである——

彼は、言語が「事実的に」何《である》のか、すなわち、言語が、その意味の、つまりその意味-遂行の、統一性と総体において何《である》のか、という点から出発する。

そして彼は、この意味を、その《諸契機》に分解する（彼は「この意味の可能性の諸条件」を問う）。

そして、このようにして指摘された諸契機の各々——表情〔表現〕、制御、描出〔表示〕——に対して、彼は、それぞれ、心的な再現〔表現〕(*Repraesentation*) のある特殊な様態を要求する——すなわち、心的現象の分類は、心的現象そのものから、直接に読み取られず——純粋な《内省》によって、直接には得られず、《言語》という形成体の特性から、遡って推論されるのである。

この言語という形成体は、何らかの仕方で、諸々の心的な基本現象に《基礎を置いて》いるに違いない

――

というのも、これらの《基礎（Anlagen）》がなければ、この形成体は、自らを《展開する》ことができないであろうし、

――《言語》という内容の機能分析によってそれであるところのもの、になることができないであろうからである。

明らかに、これこそが、ビューラーによれば、唯一、現在の《危機》を乗り越えさせることのできる新たなまなざしの転換である――

しかしながら、ビューラーの分析の成果をより詳細に注視するならば、我々の考察の全体にとって、さらに意義深い契機が現れてくる――

というのも、《言語》を次の三つの根本的契機にこのように分解することは、何を意味するのか

　表情〔表現〕、制御、描出〔表示〕

このように分解することは、結局、遡って何を、指し示しているのか――

より詳細に考察するならば、驚くべきことに、それは、まさしく、我々がすでに区別していた、また例えば、ゲーテの考察において現れていた、あの三種の基礎現象を遡って指し示していることが明らかになるのである――

《表情〔表現〕》の現象は、そこにおいて、主観の純粋な「内面性」、主観のモナド的な固有の‐存在と固有の‐生が表明される当のものである――

《表情〔表現〕》――これは、この内面性が《現れ（erscheinen）》、自らを「啓き示し（offenbaren）」、

《外》へ向かって進んでゆくことのできる、唯一の道である——
制御は、行動（Aktion）‐連関、活動（Wirken）‐連関の契機に対応している（このような活動‐連関は、
何らかの感性的な《標識（Zeichen）》による制御なしには可能ではない——
このような標識は、すでに、動物の世界において働いており、そこに見出される社会的生活の基礎と前提を形作っている）
——そして最後に第三のもの——描出〔表示〕——客観的な《存在》および客観的な《諸事態》の措定。

あるいは、また、先の（リップスの）術語においても——
表明、表情〔表現〕——これは、《感じること》の領域に属し
制御は、《意欲すること》の領域に属し
描出〔表示〕は、《考えること》の領域に属している。

最後の《考えること》は、ここでは、単に《抽象的な》思考として理解されてはならない——

それは、具体的な思考である——

つまり、すべての認知的な活動一般の総体である——

客観的なもの（単に、自我の‐領域と汝の‐領域だけでなく、それ《エス》の‐領域）の《措定》に至るもの、
このことにとっての不可欠の条件であるものすべての総体である。

したがって、そこにはまた、とりわけ、あらゆる《知覚すること（Wahrnehmen）》が、——それが単に

主観的な感覚であるだけでなく、対象関係（*Gegenstandsbezug*）を内包している限りにおいて――含まれているのである――

したがって、あらゆる《真の》知覚すること一般が含まれている

（というのも、対象関係なしの、対象的志向なしの《感覚》は、単なる抽象物にすぎないからである）

同様に、あらゆる《直観すること（*Anschauen*）》が含まれている。

知覚、直観、および思考は、とりわけ言語によって遂行される《対象世界》の構成における不可分の統一体を形成している――

言語は、これら三つすべてによって「飽和されて」いる――他方で、言語は、知覚すること――私の、会議－講演（六一）と『心理学雑誌』〔掲載の論文（六二）〕を参照――直観すること、そして考えることという対象的な機能を十全な活動へと展開させるための最も重要な乗り物（*Vehikel*）の一つである。

こうして、ここにおいてふたたび、我々が、一般的な認識批判的な限界づけ、ゲーテの《原現象》、心理学と言語理論を手がかりにして追究することのできたさまざまな問題のすべてが――

一つの焦点に収斂してくる。

つまり、《現実》一般を我々に媒介し、開示する諸機能への問いに――

それらの体系的な総体、およびそれらの体系的な分節化への問いにである。
我々はいまや、この問いに向かおうと思う。

4　基礎現象（形而上学への関係）

我々はいまや、基礎現象の《層》を、形而上学およびその歴史的発展の側面から明らかにする。

まずは、形而上学と経験の関係についての、一般的なコメント――

経験から独立しているという点に形而上学の本質を措定する、形而上学の把握と定義がある――

　形而上学は、経験から汲み取られるのではない存在の本質についての、一般的陳述である、という点にである――

そして、この陳述は、経験によって証明も反駁もされ得ない――

形而上学はカントにおいてもなお、まさしく、「可能的経験」によって確認され得る一切を超え出てゆくということによって、定義されている――

形而上学が、経験を原理的に《超越する》ということによってである。

しかし、形而上学の歴史的な諸形式を考察するならば――

経験からの絶対的な自由へのこの要求は、それらのいずれにおいても、満たされていないということがわかるのである——

それらはすべて、何らかの仕方で、《経験という実り豊かな低地》(六三)に根をおろしている。

いかにして、それ以外であり得よう——

我々が、経験への一切の橋を取り払うのなら、現実についての普遍妥当的な、端的に普遍的《ウニヴェルゼル》な陳述は、
いかにして獲得され得るであろうか——

我々が、経験の土壌を離れるならば、いかにして——

まさにそれゆえに、あらゆる現実の形而上学においては、経験からのこのような離反は問題とならない——パルメニデスにおいて、ヘラクレイトスにおいて、アリストテレスにおいて、ライプニッツにおいて、スピノザにおいて、ヘーゲルにおいて然りである——

むしろ問題となるのは、そのつど、経験の特定の契機が、絶対的に措定されるということ——

そして、この契機が、この隔離、この絶対的な措定において、根源的な、それ自体で存在するものとして明言されるということである——

このような仕方で、自己による存在者（Ens a se）、また自体的な存在者（Ens per se）として実体化されて、措定されるのは、常に、経験的現実の特定の特徴にほかならない。

（形而上学のこの方法については、例えば、ジンメルの『哲学の根本問題』とりわけ三〇頁以下、また、『歴史哲学の諸問題』を参照。）

このような仕方で、《絶対的》として、根源そのものとして措定されるのが、存在であったり、生成であったり、統一であったり、数多性であったり、自然であったり、神であったり、霊魂（精神）であったり、物質であったりするのである。

――しかし、こうした措定のすべてにおいて、形而上学的概念を《現実》と結び付けている臍帯は、どこにおいても引き裂かれていない――

依然として、特定の《経験》が保持されている。ただ、いまや、単に相対的な性格ではなく、絶対的な性格が、それに付与されるのである。

――したがって、形而上学が《経験》に対して根底的に対立するのは、この《経験》そのものを、その概念の、それ自体まったく恣意的な狭隘化によって、感覚的データ、印象等々の総計として定義する場合だけである――

しかしながら、形而上学は、それ自体としては、断じて、経験からの離反ではない。

諸現象一般からの離反ではない。

――形而上学はむしろ、諸現象の説明《ドイトゥング》、解釈、理解であろうとする――

その場合、伝統的形而上学においては、言うまでもなく、ある現象、あるいは特定の部類の現象が際立たせられて、

――こうした隔離のなかで、端的に‐本質的なもの、根源的なものとして、《一切の存在の根拠》として取り扱われる――といった仕方で《説明》がなされるのである――

その際に、《形而上学》が失敗に終わるのは、経験そのものからの離反によるのではなく、経験のある種の根本的諸契機の遮蔽によるのである――

このような遮蔽のために、形而上学は、その最も固有な要求、すなわち、現実的なものの全面的な眺望

と全面的な解釈への要求を満たすことができないのである——

形而上学は常に、他の諸契機を可視的にするために、特定の諸契機を抑圧せざるを得ない——

形而上学は、《一元論》あるいは《多元論》、

《唯物論》あるいは《唯心論》

観念論あるいは実在論

主意主義あるいは主知主義

であらざるを得ない。

しかし、そうではあっても、これらのテーゼの各々は、自らの正しさを、何らかの根源的な直観によって証明することができるのでなければならない——

自らのよって来たる源泉を明示することができるのでなければならない——

そして、形而上学が掲げる、確実性への本来的な要求の内実は、このような源泉の申し立てにある——

そこに、形而上学の《権利問題》があるのである。

そうであるならば、歴史的形式における形而上学の分析は、間接的にせよ、現実認識の構造について、いくばくかを明るみに出すということ——

それどころか、歴史のなかで実際に現れた形而上学の諸形式、諸類型は、この構造関係の間接的な叙述を生み出すということ——これらのことを我々は推測することが許されるであろう。

現実認識の全領域についての、一種の地図——

しかも、この推測は、実際に、確証されるのである——形而上学の諸類型についての概観は、我々が区別しようとしたあの典型的な諸々の《基礎現象》へと、ふたたび我々を連れ戻すのである。

形而上学の諸類型

形而上学の方法にとって特徴的なのは、次の事態だけである——すなわち、形而上学は、それが依拠するそれぞれの原現象、基礎現象を、それ自体として《可視的に》することで満足せずに、その謎を解こうとするということ、ザーイスの女神のヴェールを取ろうとするということ——生の謎、自然の謎、等々を「突きとめ」ようとするということ、である。

そして、形而上学は、ただ次のことによってのみ、この目標に到達し得ると信ずる——つまり、形而上学が、その現象を、端的に一切を包括する現象であると証明すること、——現実的「なるもの」一般、存在の核心であると証明することによってである——

もはや、他のいかなるものも、それと並んで存在の場を持つことがない。

——単なる外皮、端的に《取るに足らない》現象——幻影、マーヤのヴェール以外には——

しかしその際に、役割はまったく交換され得るのである——

一方の思想家にとって核心であるものが、他方の思想家にとっては、単なる現象であり、また逆に、——一方の思想家にとって、真の、最も深い現実であるものが、他方の思想家にとっては、単なる幻影である。

こうして、パルメニデスにとっては生成が、ヘラクレイトスにとっては存在が幻影である——プラトンにとっては《イデア》が、真実在（*ὄντως ὄν*）であり、その一方、それは、厳密な唯名論や経験論にとっては、空虚な虚構、音声の流れである……

三つの部類の基礎現象を通して、このことを追跡してみよう。

第一の類型

a）《モナド》——第一のもの——《いかなる休息も静止も知らない生》。

それは、「我々にとっても、他の者たちにとっても、秘密」である——

だが、形而上学は不遜にも「門扉を引き開け」ようとする——

形而上学は、生の神聖な櫃を開けようとする——

生の《戦慄すべき秘儀（Mysterium tremendum）〔六四〕》をあらわにしようとする——

こうして、生の哲学のさまざまな基本形式が生ずる——

ルネッサンスの生気論的なダイナミズム

（カンパネッラ、生（*vita*）、力（*vis*）

ジョルダーノ・ブルーノ

自然は、豊穣な、神的な生である——

そして神は、ほかならぬこの生そのものである——

神は外的な叡智、等々ではなく、運動の内的な原理（*internum principium motus*）である——）

ここから道は直接、神秘主義（ヤコブ・ベーメ
レーゼ（六五）〔の著作〕……

『ヤコブ・ベーメからシェリングへ（*Von Jakob Böhme zu Schelling*）』、一九二七年を参照）を経て、シェリングへと通じている。

これは、自然哲学を、生の概念に基づかせること、むしろ、生の直観に基づかせることである——

生が何《である》かは、抽象的に概念においては把握され得ない——

というのも、概念は、抽象し、隔離し、命を絶ち、《機械化する》からである。

しかし、概念のあらゆる分離を超え出て
生の過程の統一と根源性を可視的にする——

そのような生の知的直観が存在する。

そしてここから、《精神》が身を起こす——

生に対する対立物としてではなく、生の開花および完成として——

我々が自然と呼ぶものは、精神のオデュッセイアにすぎない——謎が解かれ得るのであるのなら——

精神は、不可思議な仕方で欺かれ、自己自身を探し求め、自己自身から逃れ去る（六六）——

ベルクソンにおいても形而上学の同様の基本類型——直観、および「創造的進化」についての彼の概念。

第二の類型
b)《意志》の原現象
二つの異なった根本形式において——意志が、「盲目的な衝動」として把握されるのか
（ショーペンハウアー——意志の優位——自己による存在者（Ens a se）としての意志
現代的な形式——衝動的生（*Triebleben*）としての生
——あらゆる存在の根拠としての、また、存在のあらゆる特殊化の根拠としての衝動——
経済衝動（史的《唯物論》
性衝動（フロイト））

それとも、《意志》が、固有のもの、自立的なもの、自律的なものとして、諸々の単なる衝動に対抗し、
それらを支配し、形成するのか——
ここからは、倫理的な形而上学が生ずる——フィヒテにおいて最も明確に現れるような。
フィヒテの《道徳論の体系》
義務の意識、《良心》が、自己意識の単なる《モナド的》な形式を打ち破る——
義務の意識は、《汝の実在性》に至る
等しく権利を持ち、等しく - 自律的な、人倫の主体としての汝——
個体性は、仮象であるにすぎない。
一つの神的な生、
『学者の使命』等、参照。

だがこれは、倫理的な生の統一と考えることができる――

《自然》そのものは、人倫的な究極目的の実現のための手段にすぎない――

したがって、その存在もまた、単に間接的な存在として、
すなわち、義務の感性化された素材として。

ここでは、きわめて独特の仕方で、全存在が、一つの点に凝集される――意志の現象に《引き戻されて、飲み込まれる（*zurückgeschlungen*）》、この現象そのものが、純粋な倫理学の意味における我－汝問題として現れるのである。

第三の類型
c）《作品》の基本現象――
文化と《歴史》の問題

《作品》が、恒常的なもの、不変なものとして、活動から際立つことによって、我々が文化の、あるいは歴史の存在と呼んでいるあの存在がはじめて生ずる。


――《文化》が、《自然》（*φύσις*）から区別されるのは、文化が、単に－《生い育ったもの》、生まれること、生じること（*φύω, φύεσθαι*）であるのではないという、まさにその点においてである――

《文化》は、「引き起こされたもの」である――

人間の手と人間の精神によって産出されたものである――

そして、すべての歴史的存在は、この産出によってのみ、可視的にされ得るのである——

歴史におけるすべての作用連関は、それが、一定の持続的な形成体となって顕現することによってのみ、我々にとって《存立する》のであり、我々にとって把握可能となるのである——

これらの形成体は、「造形芸術」のそれのように、自然的な《現存在》を持つ必要はない。何らかの特定の材料（絵画が描かれるカンバス、彫塑における木や大理石のような）に依拠する必要はない——

これらの形成体はまた、まったく「非物質的」でもあり得る——

法、国家のように。

本質的なのは、ただ、それらが、とにかく《受‐肉している》ということである
（法、国家が、《受肉した》習俗であるように）——

束の間のもの、過ぎ去りゆくもの、一時的なものが、それらにおいて、何らかの仕方で固く保持されていなければならない。ヘーゲルの意味において、《客観的》精神となっていなければならない——

このようになるのは、束の間のもの、過ぎ去りゆくもの、一時的なものが、諸々の作品からなる一定の体系において凝縮される場合のみである——政治の諸作品（諸々の憲法、法典）、造形芸術、文学、哲学、そして学問の諸作品——


そして、このような作品‐領域は、形而上学をまったく新たな課題の前に立たせる——

この課題は、
1）単に‐モナド的な存在の側からは、果たすことはできない
（——というのも作品はどれも、それ自体としては、個人の作品ではなく——

作品は相互作用から生じ——

作品においては、《社会的な（*sozial*）》活動があらわになるからである——

「歴史」と「文化」は、社会的な現象としてのみ理解可能である）

2）意志の形而上学からも、完全には把握され得ない。

というのも、これらのすべての独特な形成体が、そのようなもの《である》のは、それらが、そのようなものとして、意識的存在によって意志されているからではないからである——恣意的に生み出されているからではないからである。

もちろん、それらをこのような仕方で解釈する誘惑は、常に生じ得る——

それらを、ある一定の《計画》に従って生じた「産物」と考える誘惑である——

それらを、意志の行為に帰することによって、《作品》の説明を見出そうとする誘惑である——

この意味において、例えば神話は、これらの作品のすべてを、「上からの贈り物」に帰する——

これら（例えば、言語、文字、法、国家の制度、等々、さらには、個々の道具やその使用法）は、救いをもたらす者（プロメテウスと火）によって、人間にもたらされた

あるいは、神の直接の教えによって植えつけられた——

したがって、「作品」の《原作者》への問いは、この問いが天界、神々、魔神たち、英雄たちの世界に投射されることによって、神話的に答えられることになる——

このような神話的世界が姿を消すやいなや、《作品》、《形成体》の「内在的な」説明が要求され、説明が厳密に人間的な圏域に限定されるやいなや――

作品を、それを生み出すことを余儀なくされている個々の者たち、個々人の行為に還元する以外には何ものも残されていないように思われる――

こうして、さまざまに表現され、適用される――言語、社会、法、国家の起源への適用――諸々の契約―理論が生じる。

これが、啓蒙主義、古典的な「合理主義」の一般的な回答にほかならない。

しかし、この回答の弱点は明らかである――《作品》は、このような仕方で、個々人の行為の総計として把握することはできない――

作品は、申し合わせ、取り決め、契約、等々に基づくものではない。

こうして、ロマン主義は、啓蒙主義の解決を原理的に拒否する――

諸々の有機体論的な理論において。また、原理的にこれと異なった表現で、ヘーゲルにおいても――

しかし、このような拒否においては、一つの特徴が、ロマン主義とヘーゲルに共通している

――両者は、個々人の意識や「主観的精神」の領域を超え出る解決を要求するのである――

なぜならば、そのようにしてのみ、「作品」の《客観性》が、真に理解され、真に保障され得るからである――

作品は、単なる「協定」や単なる「契約」の産物であってはならない――

個々の意志、あるいは、そのような意志の単に－外的な結合（連合）から生じたのであってはならない——

作品は、他の、より確かなよりどころを持たねばならない——

だが、我々は、このよりどころを、どこに見出すのか。

これを見出すために、ロマン主義もヘーゲルも、解決を、超経験的なもの、超感性的なもののなかに移さねばならない——

その際に、ロマン主義は、ふたたび直接、神話へと遡る——

ロマン主義は、作品が帰属し、根源的にそこから由来するとする、精神界を考案する——

その多様性、特殊性、非派生性における諸々の《民族精神》が、詩《ポエジー》、芸術、法、国家、人倫、等々の産出者なのである。

ここにおいて作り上げられるのは、天界というよりも、冥界である——

まさに「地下的な」諸力が、ここにおいて活動し、この諸力の火山性の活動によって、人間の諸々の《作品》の山脈が聳え立つに至るのである——

地の諸力、大地の諸力、下界の神々が、これらすべてを、未知の深淵から、自己のうちから湧出させるのである。

この解決に、ヘーゲルはあらがう——

彼は、この過程の全体を——この点では《啓蒙主義》と一致しているのだが——ロマン主義的な暗闇から解放しようとする——

知の明るい光のなかへと

——哲学の、《絶対的理念》の明るい光のなかへと移そうとする——

——彼は、この過程の全体を余すところなく見通せるようにしようとする。単なる悟性哲学、反省の哲学の意味においてではないものの、この過程の全体を把握可能にしようとする——

ここから、《理念》という彼の構想が生まれるのだが、これは、その自己運動が、諸々の作品を、内在的な弁証法的必然性をもって、自己のうちから産出してゆく動因である。

——しかしロマン主義的な「民族精神」もヘーゲルの「世界精神」も、等しく反論される——

両者は、満足のゆく回答を含んでいない——両者は結局のところ、我々に、問い（諸《作品》の《根源》への問い）を異なった形で突き返すにすぎない——

問いを解決するのではなく、問いを新たに名指しているにすぎない——

というのも、民族精神、世界精神、等々は、あらゆる形而上学的な実体化（*Substantialisierung*）や基体化（*Hypostasierung*）と同一の根本的欠陥を病んでいるからである。

それらは、《説明（Erklärungen）》と称する——

しかし、その説明とは、説明を要する諸現象を、それらの究極の「担い手」たる、単なる未知のXに遡って関連づけることにほかならない——

このような実体概念は、結局のところ、精神的な諸現象に対しては不適切であることが明らかとなる。

自然科学における《実体》が、特殊な自然現象の認識に対して果たすのと同様に、である。

こうして、ヘーゲルの形而上学が崩壊した後には、新たな発端が必要であった——

いま一度、問題の純粋に内在的な解決を得ようとする試みがなされた――

人間の世界――経験的に知られており、与えられている人間の世界――が問われ、この世界からのみ
――

　――人類の歴史とその構造的諸条件から――

説明の諸原理が見出されるべきであった――

これが、ディルタイが行なう決定的な歩みである――

彼は、《合理主義》、啓蒙主義、反省哲学に対する断固たる敵対者である
――彼は、これらに対して、歴史は抽象的な諸概念からは構成され得ず――歴史への唯一の通路は、豊穣さと多様な形態における《体験》の世界であることを、繰り返し指摘する――

体験の構造からはじめて、歴史の世界が我々に開示される。

ここからはじめて、歴史的現実の《理解》が生まれる。


しかし他方でまた、ディルタイによれば、この「理解」は、形而上学的な説明のさまざまな類型のすべてから、明確に、また原理的に、区別されなくてはならない――

　それらはすべて、批判され、拒否される。

――とりわけ、初期ディルタイ、『精神科学序説』を参照――

それらはみな、見せかけの説明に終始し、それらのいずれもが、果たすと称しているものを果たしていない。――

こうして、ディルタイはふたたび、下から構成しようとする――

諸々の歴史的構造を、具体的に我々の前に立てて分析し、それらの特殊な諸条件において認識し、それによって、それらを《理解可能》にしようとするのである。


直接的な《体験》から作品へのこの歩み——

これが、簡潔に言えば、ディルタイの歴史哲学の大いなる一般的主題である。

——このことによって、つまり、この総合とこの相関関係によって、ディルタイは、まずは、心理学的な「体験」概念を、その狭隘さ、その単に-心理学的な主観性から解放する——この主観性からは遍《あまね》きロゴス（κοινὸς λόγος）（ヘラクレイトス）としての歴史の客観的世界に至るいかなる通路も通じていない——

だが彼は次に、歴史を、徹底して「経験という実り豊かな低地」に引き留め、歴史の単なる概念的形而上学を一切、禁じて拒否する。


これが、ディルタイにおいて決定的なことである——

彼にとって「体験」は、心理学的な概念でも形而上学的な概念でもない。もっとも、この概念は、心理学と形而上学の問題設定に関係づけられているのではあるが。


ディルタイの根本問題は、創造的行為の問題である——

　すなわち、自己の内から《作品》を生み出し、自己を作品のなかで表し、示し、作品において、また作品においてのみあらわとなるような、行為の問題である。

したがって、体験－心理学としての心理学の意味における、単なる主観的体験の分析では決して十分ではない――

それは、作品、すなわち、創造されたものの構造分析によって補足されなければならない――

なぜなら、この分析によってのみ、そして、創造されたものの媒介によってのみ、つまり、創造されたものの反射（Reflex）によってのみ、創造行為そのものが自己自身を理解することができるからである、すなわち、その諸々の根本的方向において、自己自身を明確に知ることができるからである――

この主題をディルタイは、まずは、詩（*Dichtung*）において、遂行しようとする――

彼の関心を引くのは、徹底して、詩人の《人格（*Persönlichkeit*）》である――

そして彼は、そこからのみ、作品を、詩作品を《理解する》ことができると考える――

（ゲーテ、レッシング、ノヴァーリス、ヘルダーリンについての彼の性格描写）。

しかし、《体験》から再構成するこの形式は、詩作品を、決して、その単なる心理学的、伝記的な特性においてとらえるのではない――

こうした特性は、単に偶然的なもの、偶有的なもの、単に－主観的なものであり、そこからは、作品の客観性や特性は、理解可能にされ得ない――

《理解すること》はむしろ、内的な創造の過程を我がものとすることを意味する――

この過程は、人格の諸条件、ならびに、創造されたものの諸々の（目的論的な）構造－条件、より適切に言えば、創造されるべきものの諸々の（目的論的な）構造－条件に基づいている――

例えば、芸術－作品は、客観的に見て取ることのできる固有の構造を持ち、この構造は、例えば、哲学や学問の作品の構造からは、明瞭に際立って区別され得る。

そして、この一般的な構造諸法則の内部で、個々の偉大な芸術家の個体的な創造過程が遂行されるのである――

我々は、この創造過程のなかに身を移すことができる――

我々は、この創造過程を、創造的に共体験することができる。なぜならば、これらの一般的な構造は、我々に接近可能であるからである

――我々は、これらの一般的な構造を、ここにおいてふたたび、具体的に、偉大な芸術家‐人格というプリズムを通した媒介、屈折において、把握するのである――

「体験すること（Erleben）」は、ディルタイにとっては、受動的に単に付き従って生きる（*Nachleben*）ことではない――

それは、創造的な共体験（Miterleben）のことである。

このような創造的な共体験によってのみ、《歴史《ゲシヒテ》》という事実と現象が、我々にとって存在する――

まさにそのことに、歴史《ヒストーリッシュ》的な《理解》のすべての可能性が基づいている。

歴史的な理解とは、歴史の諸作品に表出し、それらに凝縮した諸力を可視的にすることを意味する――

政治的な歴史も、ディルタイによれば、同様である――

その《行蹟（res gestae）》を理解するためには、我々は、それが根源的に生まれてくる創造的過程のただなかに、自らを移し入れなければならない――

こうして、ローマ法、ローマ帝国は、ローマの権力意志と秩序意志のこの特殊な方向からのみ説明され得る――

しかし、単に抽象的にのみならず、両者が具体的に、例えば、カエサルといった偉大な人格のなかに現れるがままに。

歴史のこのような《人格主義的な》見方に属するものとして、例えば、グンドルフの分析がある（シェーラーの『哲学的世界観』、四六頁を参照！）。グンドルフは、現代の文芸学の領域で、ディルタイのプログラムを最も純粋に、最も完全に遂行したのであった。――

ここから、歴史を、行為と作品の相互浸透として、――あるいは、もっと適切に言えば、両者の純粋な相関関係、一方の他方への刻印として理解する新たな可能性が生じる――何らかの偶然的な生の活動においてではなく、それらの作品において生き、働き、そして存在する諸人格――

作品、つまり、それ自体、青銅の像よりも永続する（aere perennius）ものとして、創造する諸人格について「知らせ」、証言する《記録》――創造されたもの、生み出されたものによる証言――これこそが、歴史的な理解のテーマである。この生み出されたものが、芸術、学問、政治、宗教史、等々の作品であるにせよ。

精神の「諸作品」、および、それらの独特な客観性の《理解》に到達することに向けられている、最終的、根本的な考察の仕方は、カントによって哲学に導入された方法である——

この方法は、カントのコペルニクス的転回の例によって説明される、立場と視点のあの方向転換、あの原理的な変換を要求する——

この方法は、事物（*Dinge*）の分析から発するのではなく、我々に事物がそれにおいてのみ《与えられ》得、また、それによって事物が我々に媒介され得る、特有の認識様式（*Erkenntnisart*）を、それぞれ問うのである——

そして、《認識様式》というこの概念は、ここでは、最も広い意味において理解されなければならない

「自然」の法則性、空間と時間における経験の諸対象の法則性を我々に打ち開く、特定の認識様式、理論的認識という認識様態（modus cognoscendi）がある——

人倫的なものの法則性——

「意志の自律」——を我々に開示する

認識様式（「実践的」認識、実践理性）がある

そして最後に、芸術の領域、および芸術の特有の「真理」と対象性の領域を我々に見通せるようにし、この領域を、芸術の構成的諸原理のなかで、理解可能にする、第三の認識様式（「判断力」という認識

様式）がある――
悟性、理性、判断力というこれらの術語はみな、ここでは、心理学的な能力論の意味においてではなく、
それらは、厳密に超越論的に理解されなくてはならない。
それらは、「意識の事実（Tatsachen des Bewusstseins）」として打ち立てられるのではなく、
自然科学、人倫、芸術の「可能性の条件」として、開示され、要求されるのである……

それらは、決して《事物》として理解され得ない
――外的経験の事物としても、内的経験の事物としても、《外界》、あるいは《内面の世界》の事物としても理解され得ない――それらは、常に、こうした純然たる条件の-性格において考えられなくてはならない――

それらの妥当性、それらの客観的な品位は、経験的な対象であれ、超経験的（「超越論的」）な対象であれ、何らかの対象の現存在と取り違えられてはならない――

カントは、古い存在論の意味における事物の存在（*Sein*）を、直接、探究するのではない――彼は、特定の《作品》（――「数学的自然科学」の作品、等々）の事実（*Faktum*）を探究する。
そして彼は、この作品がいかにして《可能》であるか、つまり、これはいかなる論理的諸前提と諸原理に基づいているのかを問う――
したがって、どの種類の《心理学》ともまったく異なって、また、ディルタイの精神科学的な心理学ともまったく異なって――

――しかし、ここにおいても中心となるのは、構造の諸問題であるという点では、ディルタイと一致している――

だが、ディルタイにおけるように、ここといまにおいて、存在の特定の歴史的な時点において、実際に実現されており、この特殊な実現において理解されねばならないような特殊な諸構造ではなく

――普遍的な諸形式として

――自然科学「というものの」形式、

芸術の形式。

いまや、作品の《構造》を問う、最終的な仕方が、これを引き継ぐ

――象徴形式の哲学の問題設定である。

それは、カントの《批判的な》問いの設定に立ち戻る――だが、それに、より広い内容的な領域を与える――

文化のすべての《作品》は、その諸条件が問われ、その普遍的な《形式》において描出されなければならない――

この《形式》は、経験的な素材に沈潜することによってのみ見出すことができる――

そして、このことは我々に、――この点で、この分析はディルタイと一致しているのだが――ほかなら

ぬ歴史的な形式において、到達可能なのである。
しかしその際に、歴史は、象徴形式の哲学の考察様式にとっては、出発点にすぎないのであり、終点ではない――
　始点であって、目標ではない
哲学的認識の通過段階であって、目的ではない――
言語史、神話史、宗教史、芸術史、学問史――
これらは、象徴形式の哲学の《質料》を形作る、そして、これら特殊な学問に負わねばならないこの質料がなければ、この哲学は、一歩たりとも前に進むことはできないであろう――
だがいまや、象徴形式の哲学は、普遍的なものへと、その方向転換を遂行する――
この方向転換は、この哲学を、心理学的な諸々の普遍性（「心《ゼーレ》」の根本諸力）に至らせないし、形而上学的な諸々の普遍性
（精神の発展と自己展開の弁証法的な諸段階の提示としての、ヘーゲルの意味における「精神の現象学」）へも至らせない。
むしろ、言語「というもの」一般の普遍的な把握――その「内的形式」、神話というもの一般の、
自然認識というものの、数学というもの一般の普遍的な把握へと至らせるのである――
これは、それ自体が《音声の流れ》であり続けるであろうような、単なる抽象ではない、
これは、むしろ、真の構成（*Konstitution*）である。

（この意味における問いが徹底して正当であるということは、いまや、心理学的な研究の側からも洞察され承認される——このことの最も重要な証拠は、ビューラーの言語理論のなかにある。）

象徴形式の哲学が主張することは、これによってはじめて、《作品》の領域への真の通路が開かれるということである——

いまや我々は、もはや《作品》を、《超地上的》（ヘーゲル）にも、《地下的》（ロマン主義、民族精神）にも説明する必要がない——さらに我々は、作品を、直接に、創造的な諸人格に遡って関連づけ、彼らから作品を解釈し、《理解》する必要もない。

理解のこの形式は、決して不必要であると宣告されはしない——

しかしそれには、さらに別の一般的な理解が、先行しなければならない、

言語の、芸術の、

何であるか（τί ἐστι）（《エイドス》あるいは《テロス》）の認識、

それぞれ、特殊的ではあるが、しかしこの特殊性においてまったく普遍的かつ独特（originell）（本源的（originär）であるがゆえに）である、意味付与の諸形式としての。

5　基礎現象（認識論）

基礎現象の相異なった次元は、とりわけ、認識論の構成においても顕著に現れる——

というのも、それぞれの次元の内部において、認識の問題は、別の形態と別の《意味》を受け取るからである――

すなわち、別の目的論的構造を受け取るからである――

そのつど別のことが、《認識》の下で理解されている、なぜならば、《認識》によって、相異なったことが「思念され」、意欲されているからである。――

哲学の歴史に登場してきた、相異なった《認識論》は、《認識》という概念についてのこれらの相異なった《思念《マイヌンゲン》》を説明しているにすぎない――

認識論は、根本において、認識の解釈学にほかならない――

しかしそれは、それぞれ、認識の特殊な「方向」をとらえて、解釈の基礎に据える解釈学である――

それぞれ、特定の基礎現象を、中心的な、それどころか、唯一の基礎現象として際立たせ――

この基礎現象に、我々が認識と呼んでいるすべてを帰して――

分析的に構成し、還元しようとする解釈のこれらのさまざまな形式――

それらが、認識論の多様な基本方向を規定しているのである――

真に普遍的な認識論の課題は、これらの解釈のすべてを、それらの制約性において――

つまり、それぞれを、基礎現象のある特定の基本部類への関連性において、それの《意味の説明》、《解釈》として把握し――

次に、それらを、現実認識のすべての観点に対して一様に、それ相応の権利が認められるような仕方で、総合的にまとめ合わせることであろう――

しかし、認識論の歴史的な進行は、常に、これとは別のものであった——
すなわち、何らかの一つの観点が、本来的に‐正当な、唯一根拠を与えるものとして確定され、
そのうえで、遡及（還元）あるいは派生（演繹）によって、他の諸観点には、間接的に、その周囲に、
それらの相対的な真理、妥当性、それらの《権利問題》が割り振られたのであった。
しかし、これらすべては、諸々の一面的な眺望《ペルスペクティーヴェン》をもたらすにすぎない……

しかしながら、この事態を説明するにあたって我々は、認識論のさまざまな「方向」や「学派」を慣例に従って特徴づけるのを常とする、あの旧来の諸々の図式によって惑わされてはならない——


　ここでの問題は、実在論と観念論、経験主義と合理主義との伝統的な対立ではなく、これらの対立が、それに比するなら単なる諸々の表面的‐カテゴリーに見えるような、より奥の深い区別なのである——

《経験主義》、あるいは《合理主義》といったカテゴリーは、認識の《起源》への問いに関わる——発生的な意味においてではなく、《品位（Dignität）》の意味において。

我々は、認識の《起源》とその真理の基準を《理性》のなかに探さなくてはならないのか、それとも、純粋な《経験》のなかに探さなくてはならないのか。

《感官》、あるいは《悟性》が、確実性の基礎、妥当性の基礎であるのか、また、それらのいずれに、根源的な《真理》が属しているのか——

我々が、確実性の始原に突き進もうとするのなら、認識のどの様態に信頼を寄せるべきなのか。

この問いへの回答によって、認識論の諸学派が分かれることになる。

しかし《様態》のこのような問いから
——そしてまた、《様態》のさまざまな確実性の質、明証（「感性的」明証、論理的、数学的明証）の問いから、認識の基礎への問いが、さらに、区別されるのである——
というのも、我々が区別した三つの基礎現象の各々が、それ自体、ふたたび、特定の認識様態において見られ、解釈されることができるからである——
そして、これらの様態の各々から、そのつど、認識論の特殊な特徴づけが生ずるのである——

これらの両契機——
認識の基礎、（すなわち）すべての確実性がそこから発し、流出する《源泉》として（根底に置かれる原現象）、および、この現象が《把握》され《解釈》される認識様態
これらの両契機は、したがって、我々が《認識論》の可能な諸形式についての体系的な概観を得ようとするならば、区別されなければならない——

三つの基礎

認識の基礎の規定から始めるのであれば、以前の論述に従って、それぞれ、特定の原現象に対応している、三つの基礎を出発点とすることができる——
我々はこれらを、簡略さを旨として、自我－基礎、汝－基礎、それ－基礎（*Es-Basis*）と名づける。

これらの各々に、それぞれ、認識の特定の、特徴的な形式が割り当てられている——

《直観（*Intuition*）》の形式、《行動（*Aktion*）》の形式、《観想（*Kontemplation*）》の形式である。

これについては、さしあたり、より詳細な説明が必要となる。

A)《第一の次元》——自我‐観点（Ich-Aspekt）——《モナド的観点》

これに属し、対応し、根源的に‐与える働きをする（ursprünglich-gebend）知は、どのように特徴づけられるのか。
我々に全体としての自我の世界を打ち開き——
そして、この世界の内部で、さまざまな構造を区別する（unter*scheiden*）ことを我々に可能にするのは、
どのような種類の認識なのか。

これに対しては、まずは、否定的に答えがなされ得る——

ここでのみ問題となる認識の種類は、客観化する学問において——

しかも、《外的》経験の学問においても《内的》経験の学問においても、妥当するような種類の認識とは、固有に異なっている。

客観化する認識
‐対象についての認識——

これは、《事実（Tatsachen）》あるいは《事態（Sachverhalte）》、《事実の問題（matter of fact）》あるいは
《観念の関係（relations of ideas）》へと向かう――

これが、このような種類の認識の二つの根本的内容である――

それらを超えては、我々は、一歩たりとも進むことはできない。

（客観化する認識のこの理想は、きわめて鮮明にまた的確に、ヒュームの『人間知性の探究』において打ち立てられ、確定されている――この圏域に取り込み得ないものは、単なる虚構であり幻影でしかあり得ない、あらざるを得ない――

それは、量や数に関する何らかの抽象的推論を含んでいるのか。否。それは、事実の問題と存在に関する何らかの実験的推論を含んでいるのか――否。

それならば、その書物を焼却せよ。なぜなら、それは、詭弁と幻影しか含むことができないのだから（II, 135 Ess.〔六七〕)）。

（客観化する）認識のこの基準をひとたび根底に据えるならば、自我の（基礎－）現象にも、同じ判決が言い渡される――

それは、《詭弁》であり《幻影》である。

というのも、自我は、我々に、事実（Faktum）（事実の問題）として与えられているのでもないし――

《普遍的真理》（観念の関係）として、論理的な道筋で証明することもできないからである――

それは、我々にとって、両方の道筋によっては《到達可能》ではない。《諸々の事実》は、我々にとって、観察と比較による帰納的方法によって、到達可能となる――

諸々の事実は、《知覚》（印象）（Impressionen）によって証明され得るものでなければならない――

しかし、確かに、一定の内容（赤い、硬い、酸っぱい）の知覚は存在するものの、自我についての知覚は存在しない（『人性論』……参照）。

自我は、いかなる個別的知覚によっても与えられていない――

自我は、知覚の束を表す単なる集合名詞にすぎない――

固有の、自立的な実在性が対応していない名前にすぎない――

そして、知覚の帰納的な比較もまた、この実在性を、我々に、到達可能にすることはできない――

というのも、いかなる知覚にもそれ自体として含まれていないものが、単なる総計のなかのどこに見出され得るのであろうか――

だが同様に、自我へと突き進んでゆく合理的な方途も存在しない――

《心》についての形而上学が打ち出す普遍的概念の一切、心の‐実体についての論理的な論証を伴った《合理的》心理学の一切は、まったく空虚である――

等しく、単なる名前にすぎない――

これによって、自我の現象は、否定され、唯名論的に解消される――

ただし、（心理学的な）《帰納》において
あるいは、形而上学的‐論理的な演繹あるいは論証において我々に与えられている通路とは異なった、
自我への別の《通路》を見出すことに成功する場合は、その限りではない――

この種の通路（帰納あるいは演繹以外の）を示すことに成功しないのであれば、――

自我の真理は絶望的となる――

我々は、それを、《詭弁的な》幻影と見なさないわけにはいかなくなる。

だが、そのような通路が存在するのである——

自らの認識論を自我の現象に基づいて構成したすべての哲学的な理論家によって、常に歩まれたのは、まさにこの通路である——

彼らが、これを表すべく選んだ名称は、《直観（Intuition）》である——

彼らは、これによって、自我に固有に-割り当てられている認識の源泉を挙示していると信じたのであった——

この源泉が、見ることの独特で比類のない仕方において、自我の、新たで独特な「形成体《ゲビルデ》」（《相貌《ゲジヒト》》）を打ち開くのである——

この《相貌》は、根源的なもの、本源的なものである——

しかし、この本源的なものは、それはそれでふたたび、さまざまに説明され、解釈され得るのである——

認識のさまざまな《様態》において——

その際に、それぞれの様態は、認識の一定の《高さ》——

認識のある種の《水準》を表している。

我々がまず、これらの《高さ》、これらの水準の-差異を、より詳細に、相互に区分しようとするならば——

それらに共通しているのは、それらが支えとし、本源的に（＝直観的に）与えられているとそれらが見なしている、それらの〈私に私が立つべき場所を与えよ（δός μοί ποῦ στῶ）〉である。つまり、それらの自

我‐基礎である
――異なっているのは、この原‐所与性、原‐直観を、解釈し、説明する《認識様態》である。

ここで我々は、ベルクソン、デカルト、フッサールという名前によって表される三つの段階を区別する
――

彼らはみな、確実性の基盤として彼らにとって不可欠である直観という認識の源泉に依拠している――ベルクソンにとっては、自我の直観は、《生》あるいは、《体験された持続》、生きられた持続（durée vécue）の普遍的な直観と融合している。

この《持続》において、我々に、生の原形式と自我の原形式が与えられている。

この種の持続は、客観化する考察、学問的な概念の考察には、到達不可能であり、原理的に閉ざされている――

この学問的概念は、持続をとらえない――

それは、これを殺す――

そして、いわゆる《学問》はすべて、《持続》をこのように硬直させること、殺すことにほかならない
――

我々は、学問的な《把握》のこのような形式から自由になり、自我あるいは生を、その特殊な意義とその全体において、ふたたび、まなざしのなかに収めなければならない。

これこそが、形而上学的直観の特性である――

経験的な《帰納》や合理的な《演繹》に比しての。

デカルトの場合はまた別である――

彼は、自我‐現象を生の現象と結び付けている紐帯を原理的に解いてしまう――

彼は、自我‐現象を、純粋な隔離のなかで、生の‐現象への鋭い対置において、獲得する――

《自然》と《自我》は、通分され得ない
――それらは、厳密な方法的な区別のなかで、橋渡し不可能な対立物として相対峙している。

《自然》は、機械論、数学主義に委ねられる――

我々が、自然の《生》と呼ぶのを常とするものは、仮象にすぎない――

（動物は、「自動機械」で、《心がない》）

生の現象は、自我‐現象へと収縮する――

それとともに、思考の現象、《コギタティオ》の現象に収縮する――

思考においてのみ、思考によってのみ、我々は、我々の「生」、我々の「現存在」、我々の《自我》を把握する
《我思惟す、ゆえに我在り》。

だが、その際に、この命題は、自我の根源的な直観（自我の「自己確実性」）を廃棄するのではなく、解釈していると、解されねばならない――

　デカルトにとっても、純粋な自我‐確実性は、独特な確実性であり、――それは、決して、論証的な（論理的な）確実性には還元され得ず――

むしろ、自立的なものとして、この論証的な確実性の《基礎に置かれ》なければならない。

したがって、デカルトにおいては、《コギト》の自我は、コギトによって——論理的な推論過程によって——見出され、証明されるのではない——

この種の証明を、デカルトは、『省察』において、明確に拒否した——

ここにおいて、彼は、明確に《直観》に遡る——

しかし、我々が、ひとたびこの原‐直観、あらゆる確実性のこの《源泉》、〈私に私が立つべき場所を与えよ（*δός μοί ποῦ στῶ*）〉を見出したなら——

その時に、演繹がその権利を受け継ぐ——

その時に、我々は、確実性への要求を掲げる他の一切を、合理的証明の手立ての道筋によって、確実性へと連れ戻すことができるし、連れ戻すべきであり、連れ戻さねばならない——

多彩な姿をとる生の《直観（Anschauung）》や——

生の多様な形式への沈潜が、我々に確実性を与え得る当のものではない。

この（ベルクソンの）直観は、デカルトの意味においては、我々に、単なる幻（*Phantasmagorie*）以外の何ものも、それ以上の何ものも与えない——

この直観からは、哲学が要求するような《存在についての知》は、決して獲得することはできない——

《合理主義の綱領》としての《我思惟す、ゆえに我在り》、《我は思惟している（Sum cogitans）》は、むしろ、別のことを語っている——

その本質的な構成要素に還元するならば、それが語っているのは——

《自我》の原現象である

——これは、直観（Intuition）によって、《絶対的な》
現象として確保され、与えられている——

論理的な（演繹的、論証的な）認識の様態において（解釈の－仕方において）。

《真理》、《確実性》を持つのは、認識のこれら二つの（根本的に異なった）形式が浸透し合っているものだけである——

すなわち、根源の－現象——自我、エゴ・コギト、および《コギタティオ》の様式、《コギタティオ》の諸形式、推論諸様式とに、同時に、与る（分有する（μετέχει））ものだけである。

デカルト哲学の両極としての《コギト》と《普遍学（*Mathesis universalis*）》——《物体世界》の確実性は《証明》を必要とする、また、証明可能な、間接的な現象である……


フッサールにおいても、ふたたび、直観のこれとは別の道筋——

彼もまた、《合理主義者《ラティオナリスト》》である。

しかし、デカルトの《普遍学》の意味におけるよりも広い意味においてである。

彼の《ラティオ》は、《ノエシス》と《ノエマ》の全領域を包摂している。

つまり、可能的な意味－志向、可能的な《ノエシス》の多様性のすべてを。

しかし、これらすべては、フッサールにおいても、デカルトにおいても、自我の、《エゴ・コギト》の根源的な、《超越論的》な直観に、根拠づけられている。

諸事物のすべての現実性は、現象学的還元、エポケー（ἐποχή）によって、取り除けられる——「括弧に入れ」られ、遮蔽される——意識の流れの現実性、《純粋自我》の現実性だけが残り、これに、いわゆる存在のすべてが関係づけられ、これにおいて、《根拠づけ》られる。

この点について、詳細は、とりわけ、フッサールの『デカルト的省察』にある。フッサールのこの立場は、現代哲学における、純粋な自我-観点の、《超越論的観念論》の最も一貫した叙述である。

もっとも、諸々のモナド的な《パースペクティヴ》のこのような特徴づけに際しては、いかなる現実の認識論も、自らを、ある特定の観点に拘束することは不可能である、ということが忘れられてはならない——

　現実の認識論は、まさに、存在のさまざまな契機、諸々の《次元》に適うものでなければならない——それらを、何らかの仕方で、表現し、ともに含んでいなければならない——したがって、現実の認識論は、これらの契機を否認しない——自らの課題を果たそうとするのであれば、これらの契機を欠くことはできない——その課題とは、（自我、汝、世界の経験を——《感性的》世界と《超感性的》世界を包括する最も広い意味における「可能な経験」の）認識の全体を、可視的に、接近可能にすることである――

しかし、問題は、どのような座標系がここで選ばれるべきなのか、また、すべての認識が、そこへと向けられ、方向づけられる座標の‐中心がどこに置かれるのか、ということである――

すなわち、何が《直接的なもの》

（それ自体で確実なもの、それ自体明らかなもの（*per se notum*）、明証的なもの）と見なされるのか、

何が、媒介されたものと見なされるのか、ということである――

こうした座標の‐中心を、諸々の《モナド的な》見解は、自我の《純粋な直観》において、所有することになる――

この直観から、他の一切のもの（《汝》、《それ《エス》》）が、はじめて「導き出」され、その間接的な明証性を

獲得しなければならない――

個々の認識論的体系における、真に‐普遍的な特徴を表している、あの方法論は、ここから説明される。

――

《実質的》差異がいかに大きなものであれ、それらの一切を超える、一つの真の構造‐形式が説明されるのである――

例えば、ベルクソン、デカルト、フッサールの三つの《モナド的な》認識論を考察してみよう。

それらは、その内容と推論の点では、まったく異なっている、それどころか、完全に方向を異にしており、相容れない。

――例えば、デカルトの機械論とベルクソンの生気論――

フッサールの超越論的観念論、等々と比較されたベルクソンの《実在論》。

しかし、それらが、それらの中心（自我の《純粋直観》）を際立たせ、獲得し、確保する仕方においては、
それらは、一つのまったく明確な、完全に相応じた道筋を辿る――

この道筋はどのようなものなのか。

　いかなる《認識論》も、自己自身から構成されるものではないし、またそれ自身で、単独に存立するものでもない――

認識論は、常に、それが《所与》として前提とする、知の特定の事実的な存立に結び付いている――

しかし、この前提は、絶対的な、廃棄不可能なものではなく、相対的で、暫定的なものである――

この前提は、特定の留保、自己修正の留保をもって形成される。

認識論の《技術》の本質は、特定の知、認識の総体を措定し、この総体をふたたび仮説的に廃棄して、

――この廃棄から何が帰結するのかを見ることにある――

　このことによってのみ、認識論は、その「中心」、座標の-中心、《無条件的な》（すなわち、廃棄不可能な）明証性（《アルキメデスの点》）へと迫ってゆくことができる。

この方法は、より詳細に考察すれば明らかになるように、特定の類型の認識論のすべてに共通している――

出発点の-素材に由来する、結果のあらゆる相違にもかかわらず。

このことは、デカルト――ベルクソン――フッサールの対照によって、明瞭に追跡することができる
――

三者は同じ地点を目指す
（自我の純粋《直観》）

しかし、彼らが、そこに到達するのは、まったく異なった道筋によってである――

彼らに共通するのは、まずは、《……を度外視すること（Absehen von）》の特徴的な形式である
――しかしこれは、通常の《抽象》とはまったく別のものである――

というのも、《……を度外視すること》の特徴的な形式の本質は、むしろ、積極的に、見やること（Hinsehen）、〈……をねらうこと（Hinzielen auf）〉にあるからである。

特徴的な志向、意味-方向（見ること=追跡する（sequi）、ビューラー参照）に、特定のまなざしの方向を確定することに、あるからである。

我々は、このような志向を正しく評価するためには、何が度外視されるかというよりも、むしろ、この度外視（Absehen）、意図（Absicht）が、どこへ向かってゆくのか、を問わなければならない――

その際に、諸々の《モナド的な》認識論に本質的なことは、それらが、《汝》と《それ《エス》》を《度外視する》ということである。

それらが、《汝》と《それ《エス》》を存在論的に-非現実的で、無効であると宣告するという意味においてではなく――

むしろ、《汝》と《それ《エス》》を純粋自我へと方向づける、そこへと-向ける（hin-richten）、という意味においてである。

しかし、この方向づけ（そこへと《ヒン》-向けること《リヒテン》〔処-刑すること〕）は、さしあたりは、実際の処刑

（*Exekution*）という性格を徹底して持つ——

他の観点が、みずからを自立的なものであると思う、少なくともその限りにおいて、

そのつど、その観点を《消滅させる》のである——

（《明証性》の座標の-中心としての）

《自我》への関係の外部において、《絶対的な》存在、あるいは《絶対的な》真理を要求する、その限り

において——

こうした仮象は、解消されなくてはならない——そして、このことは、還元（Reduktion）、括弧入れ

（Einklammerung）の特徴的な方法によって生じる——

この方法が、また、出発点の-素材の全体をも包括するのである。

学問的方法、《帰納》あるいは《演繹》、に由来する何らかの素材が、常に、ともに-措定されなくては

ならない

（というのも、そうでなければ、認識論は、どこからその素材を手に入れたらよいのだろうか）。しかし、

このともに-措定する（*Mit-Setzung*）ということは、絶対的な前-提（*Voraus-Setzung*）と取り違えられ

てはならない——

前-提の絶対的なものは、むしろ、廃棄される——

もはや仮説ではない始原（*ἀρχὴ ἀνυπόθετος*）〔六八〕に達するために

——プラトンは、このことを、哲学的認識の本質として把握した最初の人物である、彼はこの認識を、

まさにそれゆえに、弁証法的認識として
（廃棄における措定、および、措定における廃棄として）
ベルクソン、デカルト、フッサールを例として、このことを追跡しよう――
理解する――

I）ベルクソン――
ベルクソンの《形而上学》の構想において最も注意を引くことは、彼が、形而上学を厳密に、また原理的に、学問（Wissenschaft）から分離しようとすることであろう――
《形而上学》とは、彼にとって、まさに本来的に――非‐学問である――
形而上学と《科学（Science）》の対立は一貫している――
真の明証性のすべてが、学問には拒まれる――
真の明証性は、形而上学と形而上学の原‐直観のみに、留保されたままであり続ける――

しかし、他方では、ベルクソンの存在論と生の理論は、生物学的な帰納のきわめて包括的で多面的な素材に基づいている――創造的進化の構成、そこに示された、麻痺、本能、知性、等々の階層――これらすべては、その経験的真理、正しさが前提とされる生物学の諸々の立証がなければ、まったく考えることも、理解することもできない――
ところで、ベルクソンの《練達した手際》は、この生物学的で心理学的な素材のすべてを、確かに受け入れはする（*hinnehmen*）ものの、同時に、それに何らの存在論的な意義も与えず、象徴的な意義のみを与えることによって、それを失効させる、という点にある――つまり、彼は、それを、単なる示-唆（*Hin-Deutung*）の意味において、すなわち、純粋自我、生きられた持続の原現象への示唆の意味において、受け取るのである――絶対的な（実在的-）価値は犠牲にされる――《事実的なもの》は、（心理学的あるいは生物学的な学問の硬直した《事実》）は、《形而上学者》にとっては、「比喩」となる。原-直観への示唆、それへと向かわせるものとなる――事実は、このような《弛緩》においてのみ、意味を手に入れる――事実は、知の最終目標ではない、事実は、別の、新たな何かへの道筋、単なる《学問》の《彼岸》への道筋である。まさしく、現実的な、真の《明証性》への道筋である。

ベルクソンのこの方法は、彼の最初の著作『意識の直接与件についての試論』において、きわめて明瞭に現れる――

ここにおいて彼は、経験的心理学の通常の、《帰納的な》《学問的な》方法論から、《方向転換》（プラトンの洞窟から「光への方向転換」）によって、真正の、真実の自我-理論を、《形而上学的》心理学を獲得しようとする

――意識的生の原事実、生きられた持続を可視的にしようとする――

そして次に、この原事実、原-直観が、ベルクソンの以後の著作において、自我の秘密を打ち開く鍵として用いられる――

《生》は、《生物学的な《ビオローギッシュ》》事実の集積と抽象的な比較によっては《説明》され得ない。

というのも、《ビオス》は、《ロゴス》に従わないからであり、ロゴスは、ビオスにとっては、徹底的に不適切な形式であり続けるからである――

ロゴスが、その《硬直した》形式をもって現れるやいなや、生の固有のもの、生の《流れ》は逃れ去る、

――

だが逆に、生の流れの純粋な直観によって、ほかでもないこの流れの分化が理解され得るのである――

生の流れが、さまざまな方向に分岐し、

さまざまな典型的な基本形式において、進化してゆくさまが理解され得るのである。だが、そうではあっても、この《進化》は、常に生の創造物（創造的進化（évolution créatrice））であり続けるのである。

――

II) デカルト

我々は、ベルクソンのこの手立てに、デカルトの手立てを対置する――

まずは、極度の対立がある――

ベルクソンにおいては、生への方向、デカルトにおいては、生からの離反、現実の完全な脱-霊魂化

――

ベルクソンにおいては、《形而上学》と《学問》の間の亀裂、癒やしがたい分離、デカルトにおいては、

形而上学を学問にする要求と衝動、学問的認識という位階へ高めようとする要求と衝動――

形而上学の存在根拠、その正当性の根拠は、この高まりにある。

しかしながら、両者の間には方法論の大いなる類似がある——

この類似は、同じ《類型》、「モナド的な類型」への帰属性に由来するものである——

デカルトがともに-措定し、前-提する学問の-素材（先の論述〔六九〕を見よ）は、帰納的学問ではなく、演繹的学問の圏域に属する——

演繹が、唯一の学問的確実性の類型である——

このほかには、いかなる「真理」、「認識」、確実性もない。

したがって、デカルトが引き合いに出す《素材》は、《事実的学問》からではなく、《理念的学問》から取られている——

素材の本質は、《偶然的真理（vérités contingentes）》にではなく、《普遍的真理（vérités universelles）》にある。

諸々の感性的な客体にではなく、純粋数学の諸対象、延長、数、量にある。

だが、いまやこれらの対象、ならびに、それらに割り当てられている普遍的な《諸真理》に対して、同様の類型的な反転（*Rückwendung*）、還元が始まる。これは、それらを「無効」と宣告するものではなく
——

むしろ、それらを「方向転換」させ、もう一つの、それのみで十分な、十全な光-源へと——

《コギト》の光源へと向かわせるものである。

デカルトの懐疑の方法の本質はここにある、これによって説明される――

「確実となるための懐疑」、新たな立脚点への突破のための否定である。

デカルトは、普遍的な諸真理、数学の公理と原理を措定する
――ベルクソンが、生物学と心理学の帰納的「諸事実」を措定するのと同様に――

デカルトは、演繹的諸命題という《質料》に基づく。同様に、ベルクソンは、帰納的諸命題という質料に基づいている。

しかし、両者は、この最初の措定を、もはや仮説ではない始原（ἀρχὴ ἀνυπόθετος）に達するための、単なる「踏み切り板」（ἐπιβάσεις καὶ ὁρμάς）〔七〇〕と見なす。

この始原《アルケー》には、断固とした《方向転換》によってのみ到達することができる――

（帰納的あるいは演繹的な）《諸々の所与》を失‐効‐させる、ことによってである――

これこそが、デカルトの懐疑の行なっていることである――そして、《欺く者としての神》という逆説的な考えは、ここからはじめて解明される――

これは、数学的確実性の類型から――

数学の《客観的な》疑いのない真理の類型から、デカルトが力ずくで身を‐もぎ‐離すことなのである
――

「疑いないものに、疑問を‐投げ‐かけること」である――

確実性の本来の源泉、《コギト》へと突き進むために――

こうした力ずくの否定のみが、新たな、真に‐本源的で、独特の立脚点を開示するのである。

Ⅲ) フッサール

《モナド的》な認識論のこうした手立ては、はるかに鮮明で、含蓄に富み、特徴的に、フッサールにおいて示される――

彼は、デカルトとの連関を徹底的に意識しており、
デカルトのうちに、哲学的思考の根底的な革新者を見ている、――
《現象学》においてその実行と遂行がなされた思考の革新者をである――『デカルト的省察』を参照。

フッサールの思考の《宇宙》は、デカルトのそれに類似している、だが、一致してはいない――

デカルトが、個別諸科学への拡散に対して、一なる《人間的智慧（sapientia humana）》を強調したように
――

彼が、常に疑わしいものであり続ける単なる事実‐知に対して、純粋な理性‐知を――

「帰納」に対して、「演繹」を対置したように
――フッサールは、「厳密な学としての哲学」を根拠づけようとする。

哲学を心理主義から解放することによって。

《純粋な形式》についての知を、単なる事実の問題（*matter of fact*）、「帰納的な一般化」に基づく知から、
原理的に、また根底的に区別することによって――

彼は、《純粋な形式》の世界へと、純粋な《本質（Wesenheiten）》へと導く原理的に新たな道筋を示そうとする――

この道筋は、帰納的な一般化の道筋ではない。それは、本質直観（Wesensschau）、形相的直観（eidetische

Schau）の道筋である。

帰納「から」、本質直観、形式直観（Formenschau）を獲得し、導き出そうとすることは、不条理である

——

このような試みにおいて表現されるのは、まったくの論点相違の虚偽（*ignoratio elenchi*）にほかならない。

これが、『論理学研究』の核心である——純粋論理学と普遍学の主題である——

普遍的意義論（*Bedeutungslehre*）と形式論（*Formenlehre*）の主題が、ふたたび可視的にされ、「心理主義的」な誤認や誤解から守られなければならない——

純粋な（論理的な）諸形式のこの世界が、フッサールの現象学の《客観的》な前提であり、ともに-措定されているものである

——ベルクソンにおいて、生物学的な諸事実の領域が、デカルトにおいて、数学的な諸真理、数、量、延長についての諸真理の領域が、暗黙に、ともに措定されるのと同様に——

ところが、反-転の同様の仕方によって、同時に、ほかでもないこの措定されたものが、失効させられる——

措定されたものは、《括弧に入れ》られ、《超越論的還元》の手に帰する。

そして、この還元が、はじめて、現象学の固有の中心を——

《コギト》、《エゴ-コギト》の中心、《モナド的》な自己確実性の中心を可視的にするのである。

　とりわけ、『デカルト的省察』を参照。

すべての志向は——
《汝》への、また、《それ《エス》》への、《他の諸主観》の現実への、また、世界の現実への志向は——
自然の経験的諸対象への、また、数学の理念的諸対象への志向は——
経験的、数学的、形而上学的な宇宙《コスモス》へのあらゆる展望は、
これらすべては、純粋自我の《ノエシス》、意味付与、意味方向のなかに含まれており、結局のところ、
それらに引き戻され、それらによって理解されなければならない——
これが、フッサールが理解する「超越論的観念論」である。

B)《第二の次元》——行動（Aktion）の契機と意志の契機

認識論は、モナド的な基本図式を超え出てゆくやいなや——
　モナド的な内への - 方向転換（内省）に対して、
根底的な外への - 方向転換を決断するやいなや、新たな方向転換をする。

意識の言語で表現するならば、この外への方向転換は、意志の現象において、最も明瞭に、見紛いようもなく示される。単なる《可能性》にとどまるのではなく、活動（Wirksamkeit）、現実、《エネルギー》へと突き進んでゆく意志においてである——

まさにこのことが、我々が《コギト》の形式の下で我々の自我をとらえるあの純粋な《直観》から、意志の現象を原理的に区別する――

前者においては、あらゆる外的現実からの隔離と、除外、

自我の純粋な孤独への引きこもり――

あらゆる《世界》、現存在のあらゆる広がりの、一点への凝集――

極度の集中――あらゆる《周辺》を自己という唯一の中心的な事実へと引き戻すこと――

これに対して、意志においては、逆の方向――

拡張への衝動、世界への方向転換――そして、世界の征服。

意志は、この《無限性》によって、《ますます先へ》、〈なおもその上に（Plus Ultra)〉というこの拡張的な衝動によって特徴づけられている、それどころか、根源的に構成されている――

意志は、あらゆる目標を超えて、外へ飛び出してゆき、この《外へ》において、その本質を持つ――意志は、本質的に、遠心的である。

どのような類型の《認識論》が、この遠心的な傾向に対応するのであろうか。

我々は、ここにおいてもふたたび、類型の違いそのものと、特定の類型の内部での様態的な違いの間の差異（先の論述(七二)を見よ）を明確にせねばならない。

両者は、特定の具体的な《認識論》の形象に、きわめて本質的に、影響を及ぼして、変化させることができる。

――だが、《様態的な》変化は、類型の変化とは別の次元に属しており――

我々の分析的考察においては、類型の変化から注意深く区別されなければならない。
我々が、意志の現象の一般的な類型論の内部にとどまるのであれば、
解釈が、《原初的な》意志の形式を注視するのか、《より高次の》意志の形式を注視するのかに応じて
——《内的な》衝動を注視するのか、《精神的な》衝動を注視するのかに応じて——
不明瞭な《無意識的な》意志を注視するのか、《合理的な》意識的な意志を注視するのかに応じて——
異なった種類の《認識論》が現れる——
この二つの形式は、歴史上の認識論において、主張されている。

a) 単なる盲目的な生の衝動としての意志——端的に根拠を欠いた、非理性的な意志としての
——この意志は、知性を自らの外へ追い出す——
意志の面前に現れて、
　——空間、時間、因果性という
知性に固有の諸形式において意志を直観する知性を追い出す——
しかし知性は、直観のこの形式においてもなお、意志から身をもぎ離して自己を現実に解放し、自由に
することができない——
知性は、常に、意志に捕らわれ、付着し、意志の召使、下僕であり続ける。
このような《主意主義的な》認識論の新たな形式——
現代のプラグマティズムと虚構主義。

――意志から独立した知性が存在しないのと同様に、意志から独立した真理も存在しない――

意志の上に君臨し、意志が敬意を払い、それに「従わ」ねばならないような存在、妥当性――

そのような《真理》は、単なる幻影である。

真理は、いかなる《客観的な》性格も持たず、単に道具的な性格を持つにすぎない――

真理は、意志に仕えており、意志が自己の目的に役立てるために創造した道具である――

すべての真理は、

――実際に《理解》され、認識論的に正当化されるためには、――

こうした一なる源点へ
（座標の－中心へ）

引き戻されなければならない。

これによって、まったく新たな座標系が生ずる、これは、モナド的な座標系、《コギト》の体系とは、
性格的に異なっている――

デカルトとフッサールが、彼等の認識論を根拠づけている、純粋な自己意識、自我－意識の現象すらも姿を消す――

こうした方向転換は、例えば、《プラグマティズム》の代表的な主唱者の一人であるジェームズにおいて、明確に現れる――

彼は、結局は、自己意識の「現実存在（Existenz）」、現実、真理を、文字どおり否定し、こうした真理をも、有用な虚構であると宣言する。

（ラッセルが『心の分析』において引用している〔ジェームズの〕論文、「意識は存在するか」を参照）

このことは、きわめて特徴的である——その意味するところは、プラグマティズムの観点に十分な効力を持たせるために、他の観点、すなわち——デカルト、フッサール、カントの意識概念（「純粋統覚」）が依拠している自我の‐観点、モナド的な観点が、遮蔽され、失効させられなければならない、ということにほかならない。

（これは、逆説的に見えるかもしれない——というのも——これに対しては、次のように問うことができるだろうからである——ここで中心に据えられる基本現象は、——そもそも、「衝動」と「意志」やそれらに属するカテゴリー——手段／目的は、意志する「自我」なしに、目的を「措定する」主観なしに、理解可能なのであろうか、と。

自我における、《意識》における、こうした根拠づけを断念するならば、プラグマティズムは深淵に落ち込むのではないだろうか——

しかし、これに対する答えは次の通りである——「衝動」と「意志」は、ここではるかに広く解されている、と——

それらは、意識の‐観点に由来するのではなく、それとは別の、純粋に‐生命的な層に属している、と

——

衝動、意志——

これらは、ショーペンハウアーの意志の形而上学において、《原存在（Ursein）》として主張されるようなあの「盲目的」な勢位《ポテンツェン》である——

意識の圏域のまったく外にある特定の部類の行動（*Handlungen*）、

いわゆる本能的行動において、
純粋に客観的に我々の眼前にある、あの《駆り立てられること》である――
これらの行動は、我々が純粋に行動主義的に、それらにおいて読み取ることのできる特定の方向性を示している――
我々が、それらの根底に何らかの《意識》を据える必要もなしに、あるいは、根底に据えることができることとすらなしに、である――
見かけ上の逆説は、このようにして説明される
――プラグマティズムの認識論を支配し、導いているのは、要するに、行動の‐観点であって、（主観的、現象学的な）意志の‐観点ではない――

そして、この限りにおいて、ジェームズはまったく首尾一貫して振る舞っており、《純粋意識》、純粋統覚、《コギト》としての意識を抹消し、それを、虚構に算入するのである……）

客観的価値の領域、ならびに客観的存在、客観的真理の領域も、自我の‐領域と同様に、遮蔽される。

それらはすべて、上に示した意味での、目的‐手段の図式に従わなければならない――

それらは、（生の維持、力の維持、力の増大という）目的のための手段である――

いかなる客観的な、「自律的」な価値もない。いわゆる価値はすべて、異質なものに仕えている（「力への意志」に由来しつつ）。

これは、すでにニーチェが引き出していた結論である。

彼は、真理価値のこのようなプラグマティズム的な平均化の、最も鋭い、最も一貫した主唱者である。

(誤謬が、真理よりよいとするならばどうか。等々)

虚構主義のすべてはここに由来する――

なぜ、生を促進し、力を増大させる誤謬があってはならないのであろうか――

それどころか、我々が真理あるいは価値と呼ぶすべては、ひょっとしたらそのような誤謬ではないのか。

それは、庇護と支えを求める生の衝動から生み出されたのではないのか――

生成の不確かさに対する恐怖、生のダイナミズムに対する恐怖から、より確かな存在とより確かな真理の港へ逃れようとする生の衝動から――

存在とは、プラトンのイデアの国とは、永遠の形式の国とは、我々がその根源を把握してしまえば、幻と見抜けるような、そのようなものにほかならないのではないのか――

これは、デューイのテーゼである――〔デューイ〕『論理学的理論の研究』(レアンダー〔七二〕による引用を参照)。

客観的《存在》と客観的《価値》を、意志の《措定》に依存するものとして――意志の断言、すなわち、

〈我はかく欲す、我はかく命ず (sic volo, sic jubeo)〉

〈意志は、理性に代わって立つ (*Stat pro ratione voluntas*)〔七三〕〉

から導き出されたものとして取り扱うすべての理論は、これと同じ方向を行く……

ソフィスト的な措定《テシス》(θέσις)――理論の最も初期の形式――

それは、行動(*Aktion*)の領域に由来し、そのことのために算定されていた――

それは、〈劣った議論を優勢にする（*τὸν ἥττω λόγον κρείττω ποιεῖν*）〉〔七四〕べきものであった

そして、まさにこの《優勢であること（Überwiegen）》のなかに、《すぐれたもの（das Vorwiegende）》、よりよきもの、真なるものの特性を見たのであった――

『テアイテトス』におけるプロタゴラスの話を参照。〔七五〕

この理論は、真理そのものではなく、効果（*Wirkung*）を目指す雄弁家の領域から生じた――

雄弁家は、言葉（ロゴス）によって、人を動かそうとする。

こうして、雄弁家にとっては、《人を動かす》ロゴスが真のロゴスである――効果が、言葉の基準である。

さらにまた、効果への真理のこのような還元が、《力への意志》を最高の原理に高めるあらゆる理論を特徴づけている――

諸々のファシスト的な理論、ならびに、上部構造についてのマルクス主義的な教説――

（我々が真理と呼んでいるものは、上部構造にほかならない――

すなわち、結局のところ、「背後に潜んでおり」、それを暴くことが必要とされる、特定の《関心》のための口実である――

認識－論は、こうした暴露の技術にほかならない――

「それ自体で」存立している真理の解明（*Aufdeckung*）の技術ではなく、こうした自称真理（たとえば、宗教的真理、哲学的真理）の背後に隠れている――あるいは、そのなかで「象徴され」ている、原－衝動の発見（*Entdeckung*）の技術である。

主観的な面に向けられるならば、こうした発見、暴露、仮面剥奪は、精神分析を導く原理である。）

ひとたび我々が、この第二の類型に歩み入るやいなや、《認識》-論のすべての命題は、一挙に、まったく別の意味と別の色彩を帯びることになる
——これを示す特徴的な例は、フッサールからハイデガーへの現象学の方向転換である——
この方向転換における枢要なもの、決定的なものとして——技術的な細部の一切を度外視するならば
——次のことを挙げることができる。すなわち、ここにおいては、第一の類型（モナド的な認識論）から
第二の類型（意志の理論と行動の理論）への歩みがなされている、ということである——
ただちに、基本的カテゴリーの一切が変化する
——純粋自我、「向自的な存在（Für sich Sein）」は、「世界内存在」となる。
直観（本質-直観）は姿を消す、
《自己自身を固持すること》は、外へ、前方へ、〈駆り立てられること〉となる——
《現存在》は《気遣い》の手に帰する、等々。
これらすべてにおいて、特徴的な方向転換が明瞭となる。

b) 倫理的なエネルギーとしての意志

しかしながら、我々が、この第二の類型にとどまりつつも、その内部で、把握の別の様態に向かうのであれば（先の論述(七六)を見よ！）、またもや、まったく別の形式の認識論、学問-論に出会うことになる
——我々が、認識に対する意志の優位を保持しつつ
意志そのものを、単に不明瞭な、暗い、無意識の《衝動》とするのではなく、意志のなかに、自己自身

を意識した、合理的な、理性的なエネルギーを見るのであれば——

単に駆り立てられることではなく、能動的に、意識的に、《自由に》自己を超え出てゆくものを見るのであれば——

我々が、《生命的なもの》から《精神的なもの》へと歩を進めるのであれば——

要するに——我々が、意志を規定する命法を、倫理的な命法（「理性の命令」）と考えるのであれば——

こうした方向転換は、歴史的には、最も純粋に、フィヒテによって代表される。

フィヒテは、伝統的には、すぐれて（κατ' ἐξοχήν）「主観的観念論者」と見なされている
——彼の理論は、通常、単なる自我の－立場の完成、単なる自我の－立場の徹底した過大化として理解される
——ここにおいては、純粋に自己自身から世界を創造し、生産し、いわば魔法で呼び出すのは、自我にほかならない——

こうして、彼は、完全に、第一の、純粋にモナド的な類型に属しているように見える——

しかし、このような考察の仕方は、人を欺くものである——

というのも、フィヒテは、決して、デカルト、あるいは、フッサールの《コギト》から出発しないからである——

彼は、カントの「超越論的統覚」の理論を引き継ぐ——また、そのなかに、超越論的哲学の全体を《括り付け》なくてはならない「最高点」を見る——


　しかし、この超越論的統覚の重心は、彼にとっては、論理的なものから倫理的なものへ、知性から意志へと移動したのであった——

彼は、自我の純粋な直観に安んじていない——

自我は、彼にとっては、最終的な所与、最終的な事実ではない——

それどころか、自我は、決して、そのような事実として——静止して、静的に——（現象学的な明示(Aufweisung)の意味において）「明示され」得ない——

自我は、産出されなければならない、事行によって証明されなくてはならない——

したがって我々は、《自我》という語を発声することにおいて、すでに、行動の‐領域のただなかにいるのである——

また、このことに特徴的なのは、措定《テシス》（θέσις）という古い表現が戻ってくる、ということである——（先の論述(七七)を見よ）。

というのも、自我は、

　受容的に単純な事実として、自己を目の当たりに見出すのでも、《世界》を目の当たりに見出すのでもないからである……

自我は、世界を《措定し《ゼッツェン》》、自己自身を措定する

——本源的な、自発的な活動《アクト》においてである——

いかにして、このような措定に至るのか——

また、この措定は、何に基づくのか。

これが、フィヒテの知識学が答えようとしている問いである——

その際に、フィヒテの知識学は、ふたたび、特徴的な仕方で、意識の原衝動に立ち戻る——ただし、

《何ものか》への（具体的な個別的な対象、あるいは個別的な目的へ向かう）衝動にではなく、活動（*Tätigkeit*）そのものへの、活動一般への衝動に立ち戻るのである——

この衝動こそが、自我の措定に《衝撃（*Anstoß*）》を与えるのである——

この衝撃が、それに続く《事行》の全系列を引き起こし、開始するのである。

この衝撃は、フィヒテが明確に強調しているように、理論的には説明することも導き出すこともできない——

それは、実践的に説明されなければならない。

したがって、フィヒテの世界創造の先端には、自己自身を考察しながら、自己自身を思考し、こうした（静的な）自己考察にいわば沈潜した、純粋自我があるのではない——

彼が《知的直観》について語る場合、彼は、それによって、まったく別のことを述べているのである——

こうした知的直観に対する決定的な、説得的な例として、彼は、『知識学』の第一、および、第二序論において、定言命法を挙げている——

定言命法から、自我、汝、世界の直観が生まれるのである——

自我の直観——というのも、自我は、実践的である限りにおいてのみ自我であり、自我が実践的であるのは、自我が一般的な、端的に普遍的な理性の命令に従う限りにおいてのみであるからである——

汝の直観（〔七八〕——というのも、汝の「承認」は、《当為》の途上においてのみ成立するからである。『道徳論の体系』を参照——

世界の直観——というのも、——世界は、《義務の感性化された素材》にほかならないからである、等々。

C)《第三の次元》——《作品》という出発点

この次元と、前の次元——《意欲》と《活動《ヴィルケン》》の次元——との間に境界線を引くことは、一見、困難であるように見える——

というのも、作品はどれも、《活動の結果《ゲヴィルクテス》》ではないのか——

作品は、完全に、そしてもっぱら、意欲の世界に属しているのではないのか。この領域において汲み尽くされるのではないのか。

だがやはり、ここには明確な違いがある——

その内実、その意義、その《意味》の本質が、特定の《作用《ヴィルクング》》を生み出すことだけにあるのではないような《作品》が存在する——

つまり、何らかの物的、あるいは心的な変化を引き起こし、——物的あるいは心的な因果連関のなかに介入することだけにあるのではなく——

そうではなく、作品の及ぼす、多様で、ばらばらな、変わりやすい個々の作用のほかに

(――《技術的》な実用的な作用や、また人間の「心」への作用のほかに……)

作品には、さらに、一定の固有な内実、持続的な《存在》が備わっているのである。

そして、瞬間から瞬間へと変化する物的あるいは心的な生起の渦のなかへ引き込まれずに、瞬間よりも《持続する》、まさにこの《存在》――


――まさしくこれが、《作品》の決定的な根本特性をなすのである――

我々は、このことを、言語作品（*Sprachwerk*）ならびに芸術作品（*Kunstwerk*）によって明らかにすることができる――

だがまた一般に、単に、もっぱら実践的であるものとの区別における《制作的なもの《ポイエーティッシュ》》の領域全体によってである。

(《制作《ポイーエシス》》の概念については、アリストテレスを参照
また、ビューラーの『言語理論』における指摘をも見よ。)


制作的なものと実践的なものとは、両者が、異なった《時の形態》を、自らのうちに実現している、というまさにその点で区別される――

実践的なものは、現在的なもの、一時的なものとしての――

物的自然、あるいは人間の意志への《影響》としての作用に向けられている――

制作的なもののすべては、その存在を、これらの作品のなかだけに持つのではない――

制作的なものは、(特定の、瞬間的な個々の作用を「目指すこと」としての) あらゆる「意図」の外においても、《生まれ》、そして《存続する》――

制作的なものは、《無関心》である——
それは、それ自身のうちに安らい、また、《それそのもののうちで浄福》である。〔七九〕
このような「無関心」
——これは、《第二の次元》との対照を明瞭に表現している——
このような「無関心」は、決して、芸術作品だけに帰属するものではなく、
同様に、言語作品、哲学的作品、学問の作品、および、純粋な認識一般の作品にも帰属する。

我々はここにおいて、直観の領域（第一の次元）および、行動の領域（第二の次元）から、純粋な観想（*Kontemplation*）の領域に歩み入る。

（この言葉の歴史については、ボルの〔八〇〕『観想〔的生活〕（*Contemplatio*）』を参照）


哲学の歴史においては、この領域を発見し、それを永久に、哲学的な考察と哲学的な《驚き》の中心的対象として打ち立てて、確定したのは、ソクラテスにほかならない——

我々は、ソクラテスの形姿を、一義的に理論的なものの世界、また、実践的なものの世界に組み入れることができないということ——このことが、ソクラテスの形姿の逆説性の一部をなしている。ソクラテスの形姿を、ギリシア人にとってかくも《現実離れした《ウトーピッシュ》》（*ἄτοπος*）ものにしたものの一部をなしている——

そして、それに続くすべての哲学的解釈にとっても、かくも《把握不可能な》、矛盾に満ちたものにしているものの一部をなしている——

このような組み入れの試みはどれも、ただちに、弁証法的にその逆のものに転化する——

我々が、ソクラテスとソクラテス的思考の《真の》相貌を把握したと思うやいなや、この《真理》は溶けてなくなってしまう——

彼についての我々の《知》は、《無-知》に変貌する——

彼は、あらゆる《確定》を嘲笑しているように思われる——彼についてのいかなる《相貌》も、ただちに、その反対のものに変化する——

これこそが、ソクラテスのアイロニーの核心であり、根本をなすものである——

この《アイロニー》は、ソクラテスの-形姿の歴史的な解釈において、繰り返し証明される。

まず——ソクラテスの形姿は、
《理論》と《実践》の根本的対立における、どこに位置を占めるのか。
ソクラテスは、理論家であるのか、それとも実践家であるのか——
彼の根本問題は、認識に関わるのか、それとも、もっぱら行動に関わるのか——
彼は、概念の分析、《分割》の技術の教師にして匠であるのか、
それとも、彼の狙いは、ひたすら、意欲と行為、徳（ἀρετή）のみに向けられているのか。
この問いに対しては、まったく異なった答えを与えることができる——

1) ソクラテスは、《ロゴス》、ラティオ、概念の最初の発見者であると特徴づけることができる——
最初の、偉大なる《理性の達人》と特徴づけることができる——

彼は、プラトンの青年期の対話篇において、このようにして姿を現す。そこにおいて、彼は、勇気（ἀνδρεία）の概念、敬虔（ὅσιον）の概念、等々を問うのである——
アリストテレスは、彼をこのように規定する——「概念の発見者」として。

2）これに鋭く対立するのは、クセノフォンのソクラテスの-形姿である——
純粋な実践家、《モラリスト》としてのソクラテス、《実践的哲学》としての彼の教説（ハインリヒ・マイアー[八二]）。

しかし、こうした、弁証法的に解消してしまう答えは、本来のソクラテスの問いがいまだ正しく立てられていないということの徴候にすぎない——
つまり、ソクラテスが我々に課している問題が、いまだその固有な特性において把握されていない、ということの徴候にすぎない——
この問題の本質は、まさしく、理論的なものと実践的なものとの対立が
——知と行為の対立が——
ソクラテスによって否定されている、克服されている、新たな《総合》のうちに「止揚されて」いる、ということにある……
この対立をソクラテスは、拒否するように思われる——彼にとっては、あらゆる行為は知であり、あらゆる知は、行為である——
徳（ἀρετή）は、知である——

しかし、このことは、背理、言語道断であるように思われる——

というのも、何らかの、特定の明確で明瞭な知が対応することなしに、

特定の成果において直接に証明され、裏づけることのできる、無数の活動の形式、そのような成果に至る無数の活動の形式が存在するのではないのか——

詩人、政治家、職人は、《無意識的に》——そして、それにもかかわらず、十分な《本能的な》確かさにおいて創造するのではないのか——

彼らに対してソクラテスの問いを向けるとするなら、そのことは、こうした確かさを破壊することを意味するのではないか——

すなわち、その者が創造しているのは、いったい何《である》のか、それはいかなる規則と規範に従っているのか、という問いをである。

このように問いかけて、とらわれのない人間の《実践》に執拗に迫るなら、それは、そのような《実践》を脅かすこと、それどころか、完全に破壊することを意味するのではないのか——

そして、「活動している者たち」が

——詩人、政治家、靴職人たちが——

こうした問いを、不機嫌に腹を立てて退けるとするのなら、彼らは、正しいのではないのか。

——しかし、ソクラテスの《独創性》は、まさに次の点にある——

彼はいたるところで、活動から

実践的なもの、技術的なもの、手仕事的なものから出発する。

しかしそこに、新たな「相貌」を際立たせる――

彼は、活動の新たな《観照《シャウ》》を遂行するのである――

　すべての真のテオーリアー（*θεωρία*）の核心を形作る光景《テアーマ》（*θέαμα*）である――

我々が、活動《ヴィルケン》を、単にその直接的な、《無意識的な》遂行において考察する場合には立ち現れず――

我々が、創り出されたもの、作品から、活動へと《反転し（zurückwenden）》、

――そしてこの《反転》において、この《反省（*Reflexion*）》において、活動を把握する場合に立ち現れてくる観照である。


　作品における、活動の反省――このことが、単なる《理論》、および、単なる《実践》から特徴的に区別される新たな領域を創り出すのである――

この意味においてソクラテスの考察は、一面的に理論的でも、実践的でもなく――

直観的《イントゥイティーフ》でも、能動的《アクティーフ》でもなく、
真に‐観想的（*kontemplativ*）である。

こうした観想において、形式の国《ライヒ》が
――エイドスとイデアの国が――

発見される。

ソクラテスは、デルポイの神託の要求、汝自身を知れ（*γνῶθι σεαυτόν*）から出発する――

しかし、彼はこの言葉を、ゲーテが正しく見ていたように、まったく異なった意味において理解する
――

彼は、純粋な（モナド的な）内観（*Innenschau*）

（コギトの純粋な活動における自我の直観、内－省（Intro-Spektion））の意味での《自己認識》を要求するのではなく、
そうではなく、彼にとって《自己認識》は、まったく別の、新たな、独特な何かを意味している――
それは、次のような要求を意味している――
汝の作品を認識せよ、そして、「汝自身」を汝の作品において認識せよ――
汝がなすことを知れ、
汝が知ることをなすことができるように。
汝の行為を形態化せよ、
汝の行為を、単なる本能、伝統、慣習、ルーティン、経験（ἐμπειρία）や熟練（τριβή）から、《自覚的な（selbstbewusst）》行為へと変形せよ
――汝がその創造者にして行為者として汝を認識するような、作品へと変形せよ。
（ゲーテの箴言六五七、六六二〔八二〕、等々を参照）

汝が、なし、果たすものにおいて、単なる《作用《ヴィルクング》》をではなく、《作品《ヴェルク》》を問え――
――汝を、作品の命法の下に置け――
こうした作品の命法の発見
――作品の固有で自律的な意味、作品の《まとまり》の発見（ジンメル、フライヤー）
――これがソクラテスの本来の行為である――これによって、彼は、理論と実践の総合（先の論述〔八三〕を見よ）を含む《理念への転換》（ジンメル）を遂行する――

《理念》は、単なる《概念》（抽象的－論理的）ではない。だが、単なる《行為》
（経験的、技術的－実践的、具体的な活動）――
でもない
理念は両者に根ざしている――
しかし、理念は両者を超えてゆく――理念は、独特な《超越》を持っている――
――理念は、抽象的な思考と把握の国《ライヒ》、および、直接的な行為と遂行の国を超えたその上に、《第三の
国》
――《純粋な諸形式の国》を打ち立てる、この国は、純粋な観照（Schau）
（どの魂でも、生まれながらにして、真実在を観てきている（πᾶσα ψυχὴ φύσει τεθέαται τὰ ὄντα）〔八四〕）
において、我々に与えられる――
我々が真理、善、美と呼ぶものは、形式のこの国に基づいており、そこに由来する。

α) 真理――
真理を、活動の領域に対して際立たせ、対置すること――
《真理》は、活動に拘束されているものではない――
また、活動の尺度によって測られるべきものでもない――
真理を、このような実用的な領域に求めたこと、また、そのなかに保持し、その尺度によって測ろうと
したことがソフィストの哲学の根本的誤謬であった――
万物の尺度は人間である（Πάντων χρημάτων μέτρον ἄνθρωπος）

――これは、プロタゴラスにとっては、真理の基準が実用的なものであることを意味する――

つまり、それが、真理の「利用価値」によって測られるべきであることを、意味する。

（先の論述――『テアイテトス』におけるプロタゴラスの話[八五]を参照）

しかし、真理は利用価値ではない。真理は形式価値である――

真理のエイドスが、まさにそれ自体で（*αὐτὸ καθ' αὑτό*）存在する。


真理のこのような純粋な形式価値「それ自体における、それ自体」の承認が――

《哲学者》を《ソフィスト》から区別する。

《弁証家《ディアレクティカー》》を《雄弁家》や《論争家》から区別する。

ソフィストと雄弁家にとっては、《真理》は、活動（*Aktion*）の領域に解消される。

――真であるものとは、聞き手に作用し、聞き手を演説者の具体的な目的に従って規定し、聞き手を特定の方向に誘導するものである――

弁証家にとっては、真であるものは、「それ自体に基づく」もの、固有の自律的な規則――「ロゴスそれ自体」の規則――に従って形成されているもの、そして、この純粋な形式規定性（*Formbestimmtheit*）において認識され、保持され、直観され得るものである。

こうした《諸形式》（諸々のロゴスとしての諸々のイデア）の国は、プラトンによって、ソクラテスの要求の成就として発見され、確保され、体系的に記述される――

そして、それによって、《観想（Contemplatio）》の新たな領域が、我々の前に現れる――

この領域は、自我の世界（表象、意見、ドクサの「主観的な」世界）、ならびに《活動《ヴィルケン》》の世界に対峙する――

自我そのものは、プラトンによれば、生成のヘラクレイトス的な流れに属する――
そこにおいては、いかなる《アルキメデスの点》も見出されない――
それは、拉し去られる――
上へでも下へでも引き回される（ἑλκόμενα ἄνω καὶ κάτω）〔八六〕
単なる像、「まぼろし」の流れのなかで
――そして、単なる活動としての活動もすべて、消滅する――
それは、自己を「確定」し得ないし、この確定において《客観的なもの》として自己を認識し得ない
――

純粋な形式だけが、存続し続ける――
活動を、純粋な形式、および純粋な形式の認識の支配と後見の下に置くこと
――これこそが、プラトンが自分自身に、政治家としてもまた、課す目標である――
政治は、純粋な権力の領域、活動の領域から救い出されるべきである――
政治は、認識の、《観想》の領域へと、引き上げられるべきである。

――《哲学者》が、
諸理念の－観照の、観想の匠たちが、
単なる「実践家」、活動家、行動者、権力を得ようと汲々とする者たちが、ではなく、

支配権を行使すべきである。

「純粋な形式の命法」が、個々人の行為、また、全体の行為、国政（πολιτεία）の行為に浸透し、それを規定すべきである

――この命法からのみ、《法》、ならびに《真理》が生成することが可能になる――

というのも、《法》もまた、プラトンが幾何学の形式規定性になぞらえている、内的な《客観的な》形式規定性にほかならないからである――

それは、「幾何学的な平等」である。

近代の哲学においては、《純粋な形式》のこのような認識理想は、最も純粋に、最も明瞭にカントによって実現されている――

カントの《観念論《イデアリスムス》》は、デカルトの意味における「主観的」観念論ではない――

あらゆる種類の主観的観念論から区別するために、カントがはっきりと強調しているように（『プロレゴーメナ』を参照）

――カントの《観念論》は、《形式的》観念論である――

この《形式的》観念論はどのように振る舞うのか、またそれは、単なる‐主観的観念論から方法的にど

のように区別されるのか。

これもまた《作品》から出発する――

そして、それは、この作品を用いて、そこから振り返りつつ、作品形態への純粋な《反省《レフレクシオーン》》において、作品に投入されている諸形式を突き止めるのである。

これは、とりわけ、学問において――

学問は、《事実《ファクトゥム》》として示される――しかし、学問は、このような、その事実的な存立において――

真理、認識の総体として――放置されはしない――

その体系的な《形式》が問われ、

それを《構成し》、その「可能性の条件」をなしている原理、原則、公理が問われるのである。

そして、同様に、人倫、芸術、等々の「可能性の条件」が問われるのである――

人倫の問いも、純粋な形式の問いへと引き戻される――

《定言命法》は、「形式的命法」以外のものではありえない――

これこそが、カントを――幾世紀を超えて、デカルトやライプニッツを超えて――ふたたび、プラトンに結び付けるものなのである。

カントの倫理学の逆説的な形態は、これによって理解可能となる――

というのも、繰り返し拒絶を引き起こし、繰り返し不快の念を引き起こす、この倫理学の真に逆説的なものとはいったい何であるのか——

その本質は、カントが《実質的な》倫理学に代わって、純粋に《形式的な》倫理学を打ち立てる、という点にある——

すなわち、彼が、行為を倫理的に正当と認め、正当化するために、一切の内容、一切の対象を行為から取り払わなければならない、という点にある。

しかし、内容のない行為とは、何であるのか。

特定の目的のためにではなく、その効果、その成果を目指し、顧慮してではなく——

純粋に「それ自身のために」なされるべき行為とは、何であるのか——

このような「純粋な」当為は——

当為のための当為は——

まったく空虚な当為ではないのか。

一切の運動力が欠けている何かではないのか——

意志がそれによってのみ動かされ得る力とは、唯一また必然的に、意志が目指す対象から、そして、具体的な動機として、動「因」として働く対象から来るのではないのか——

したがって、実質（*Materie*）から来るのではないのか——

意志の《形式》からではなく、意志されたものから来るのではないのか。

しかし、この矛盾は、カント倫理学の根本的傾向を注視するならば、解消される——

カント倫理学の本質はほかでもない、純粋な論理学と同様に、純粋な倫理学を、単に‐実質的な諸々の目的の専制から

——すなわち、単なる行動（*Aktion*）の専制から——

解放し、純粋な観想へと
——純粋な当為についての知へと、義務で《ある》ものについての知、〈まさにそれ自体〉としての善
（*ἀγαθόν* als *αὐτὸ καθ' αὐτό*）〔八七〕についての知へと——精錬することにほかならない。

これは、徹底してプラトン的-ソクラテス的に考えられている——

《外部から》、「他律的に」規定するあらゆる《功利主義的なもの》の拒否——

《純粋性》、すなわち、自律の要求、
意志を、その純粋な形式によって規定することの要求——

「象徴形式の哲学」は、こうした批判的-超越論的な問題設定から展開し、それに基づいている——

この哲学は、純粋な《観想》である。

個々の形式の観想ではなく、純粋な諸形式の宇宙、総体の観想である——

そして、この哲学は、この宇宙を「その可能性の諸条件」へと引き戻そうとする。——……

ところで、ここで思い起こされなくてはならないのは、《観想》への、純粋な《客観性》へのこの転換
——より広い意味における「理念への転換」——命令（事柄の命令、あるいは価値命令）として、主観的な恣意としての《意志》に対峙する、《対象性》への転換——
これは、ソクラテス-プラトン的な世界の発見、純粋な「理念の世界」、あるいは、「形式の世界」の発

見においてはじめて、
現れるのではない、ということである。
むしろ、このことは、――ただし、把握の別の《様態》において（先の論述〔八八〕を参照！）――
すでに、《自然の発見》において示されている
――この発見は、いたるところに《諸々の力》、意志の諸々の勢位、神々や魔神たちのみを見出す《神話的な》知覚の領域に代わって――
――ギリシア人において、そして本来、そこにおいてのみ――《客観的な》知覚が登場することによって以外には生じ得ないのである――
形式と規則の総体としての「自然」の《経験》が登場することによって以外には。
そして次に、客観的な《知覚》における自然のこの発見が、同時にまた、確認され、続行され、補足され
――ある意味で《超越される》のである――
《純粋な諸形式》の国としての理念の国の発見において。

象徴形式　第IV巻

［一八四a——一九二八年頃］

I 序論

1 全体の概念

全体の概念から出発すること——

全体が真理である——（ヘーゲル）

しかし、全体の真理は、常に、「契機」においてのみ把握され得るにすぎない——

これが、最も広い意味での「認識」である——

契機「において」全体を「見ること」

契機という媒体を通して——

これによって、再現〔表現〕の問題（*Repraesentationsproblem*）が、認識の核心的な問題となる——

認識は、あらゆる部分が全体によって制約され、ただ全体からのみ《理解可能》にされ得る限りにおいて、《有機的》である——

認識は、諸々の断片や要素から構成され得ない——

あらゆる部分が、すでに、全体の「形式」を身に帯びている場合以外には——

このような観点において「形式」、エイドス（*εἶδος*）、型式（*μορφή*）の概念が、ギリシア哲学においてすでに把握されている。それ以来、この概念は、西洋哲学の全体を貫いている。

展開（否定的に）

誤った要素概念に抗して——マッハ、等々、序論（一）を参照。

超越論哲学

「事実（Tatsache）」と「理論」

最高のことは、すべての事実的なもの（alles Faktische）が、すでに理論である、ということを認識することであろう（二）。

「概念」と「経験」——

個々の経験はいずれも、意味の-全体の（eines Sinn-Ganzen）契機である——

これが、カントにおいてアプリオリな綜合と表現される理論的な意味概念である——

個別的なもの、経験的-「所与」はすべて、すでに経験全体の形式によって規定されている——

これが、いかにしてアプリオリな綜合判断は可能であるか、という問いの解答である。

経験の形式は、先取（*anticipieren*）される。

（ライプニッツ、Klem. d. Th. を参照）

精神の予見（anticipatio mentis）。

「個別的なもの」は、常に同時に、「経験の脈絡」を再現〔表現〕する――


カントにおいては、質料と形式の相関‐関係の規定において、諸々の欠陥が存在する――

それらの欠陥は、純粋な意味の‐問いが、ふたたび、許容し難い意味での発生的な起源の‐問いへと、解釈し直されることに起因する――

意味に即するならば、本質に従うならば、質料と形式、普遍的なものにおける特殊的なもの、全体における個別的なものが存在するにすぎない――

しかし、カントはふたたび、質料はどこから由来するのか、形式はどこから由来するのかと問う。

そして、答えは――質料は物自体に由来する――

　形式は心《ゲミュート》に由来する――

しかし、単なる抽象的な諸契機については、別々の起源、「由来」を問うことはできない――

再現〔表現〕的な統一、意味の‐統一を、別々の諸断片から構成することはできない――

このことが可能であるというのなら、まさに、諸部分が全体に先立って存立することになるであろう
――

したがって、アプリオリな綜合はまったく存在しないであろう。アポステリオリな綜合だけが存在することになるであろう――

それゆえ、感覚（直観）と悟性概念との分離は、ヒュームにおいては意味深いものであるが、しかし、

カントにあっては、もはやそうではない。

単なる結合（*Verbindung, conjunctio*）の概念は、まさに、綜合の概念によって克服されている。

アプリオリな綜合は、仮に、経験が感覚の「所与」と悟性の諸形式からなる集積であるとするのなら、
断じて、また絶対に、可能ではないであろう——

アプリオリな綜合は、この所与を純粋な形式そのものによって、規定性において、とらえる（事実の論理）。

全体の－綜合としての綜合のこの概念については
現在は、ケーニッヒ〔三〕『直観の概念（*Begriff der Intuition*）』、さらには、ハイゼ〔四〕『全体の概念（*Begriff des Ganzen*）』をも参照——

……

2　形式問題としての認識問題

形式問題としての認識問題を展開すること。

認識の問題の全体は、すでに歴史的に見ても、二つの軸をめぐって運動している——

a）形式問題の軸をめぐって
b）象徴問題の軸をめぐって
（再現〔表現〕の‐問題）
哲学の歴史の過程で出現したあらゆる「認識論」は、まさに、これら二つの根本問題に対するその位置によって、一義的に、表し、定義することができるであろう——
その認識論が、
α）形式概念に対して
β）再現〔表現〕の概念に対して
与える意義と位置に応じて、その哲学的な基本姿勢が区別される。——
ギリシア人の哲学以来、根本問題は、存在の形式を認識の形式へと「写し取る（abbilden）」ことがいかにして可能であるのか、という点にある
——二つの形式が、固有に相異なった世界として現れながら、にもかかわらず、まさにこの相違のなかで、同一のことを意味している、すなわち、「理性」の、ロゴス（*λόγος*）の宇宙《コスモス》と存在の宇宙《コスモス》、ピュシス（*φύσις*）とが、相互に「合致する（entsprechen）」といった仕方で。
諸々の体系の争いは、このような「合致」に対して付与されるべき意義をめぐってなされている——この点において、あらゆる解決が、試みられるのである。
a）最初の、いわば「素朴な」解決は、ここには同一性（*Identität*）の関係があるという点に、その本質がある——

そもそも、二つの形式はまったく存在しない、一つの形式があるだけである——

認識の、思考の存在への関係は、分析的な関係である——

なぜならば、思考することと有ることとは、同じであるから（*αὐτὸ γὰρ ἐστι νοεῖν τε καὶ εἶναι*）〔五〕——

それゆえに、思考における存在の「再現〔表現〕」は生じない。——

再現〔表現〕的な関係が、純然たる一致（*Koinzidenz*）として説明されている。


b) 第二の解決——因果的な関係へと変化させること。

存在が、思考へと「作用する」、存在がその形式とともに、または、その形式の一部分とともに思考へと入りこむ——

再現〔表現〕は、相等性（*Gleichheit*）へと還元される。そして、同じものの同じものへの作用として説明される。

こうして、エンペドクレスは言う——

内なる水によって、我々は、外にある水を認識する〔六〕。

前成説の‐体系
小宇宙《ミクロコスモス》と大宇宙《マクロコスモス》の相等性としての同一性が、我々が認識のうちに所有している関係を可能にする。

あるいは、後成説の体系としては——

存在が認識のなかへと入り込む——

剝離像（*εἴδωλον*）‐理論——

「再現〔表現〕」は、相等性として（本源的に（originär））、あるいは、模写（Abbildung）として（間接的に）、《説明》される。

エピクロスの剝離像《エイドロン》‐理論から、模写‐理論のあらゆる亜種や変種に至るまで。

c) 第三の解決――分有（*μέθεξις*）としての再現〔表現〕

この新たな転換の本質は、この問題が、ある別の領域、次元に移されるという点にある。これまでのすべての理論――同一性の‐理論や模写‐理論、あるいは、因果的‐理論――においては、認識を存在の一部分と考えながらも、他方で、その部分が全体を何らかの仕方で「含み持っている」はずである、ということが常に問題となってきた。その場合、このように「部分のなかに全体が含まれていること」、「小宇宙《ミクロコスモス》に大宇宙《マクロコスモス》が含まれていること」が、絶えず新たな謎を課してきたのであった。というのも、いかにして、含まれるもの（das *Umfasste*）が、同時に含むもの（das *Umfassende*）であり、把‐握するもの（das Er-Fassende）であり得るのか。すなわち、抱《いだ》きつつ‐抱《いだ》かれて〔七〕――認識は、このように叙述されるべきことになる。この二律背反とアポリアから、「認識の形而上学」は、常に新たな養分を引き出している。このような形而上学は、ニコライ・ハルトマンにおけるその最も新たな姿がいまもなお示しているように、懐疑論の萌芽を自らのうちに含んでいる。存在の概念を始原に据え、「実体」から出発するすべての「独断的」な体系において、繰り返しこのアポリアが現れてくる。例えば、スピノザにおける属性の概念においてそれが現れている――

存在は無限に多くの属性を持つ――とりわけ、それらのなかの一つとして思惟（*cogitatio*）がある――

しかしその場合、いかにして思惟は、この無限性について知り、それを自らのうちで表現するに至るのか。この表現（Ausdruck）、思考における延長の「表出（expressio）」が、本来的な問題であり続けるのである。というのも、いまやただちに明らかとなるのは、諸属性に対する実体の関係、自己による存在者（ens a se）としての存在と思考の関係は、（延長的な（extensiv））全体の（延長的な）部分に対する関係ではあり得ない、ということだからである。というのも、この関係は、まさしく、原理的な非‐同質性（*Nicht-Homogeneität*）の契機を自らのうちに含んでいるからである。つまり、思惟は確かに延長（extensio）を表現するが、延長は思惟を表現しないのである――この点において、いかなる「並行論」も挫折するのである――物の秩序と連結は、観念の秩序と連結と同じである（ordo et connexio rerum *idem est* atque ordo et connexio idearum）という命題〔八〕、つまり、あからさまな同一性の‐関係は、表出（expressio）、再現〔表現〕（repraesentatio）の関係を表すには十分ではないのである――

これが、ライプニッツがスピノザから離れる決定的な点である――

ライプニッツは、彼にとって原‐存在を特徴づけるモナドの概念において、表出、再現〔表現〕を中心に据える――

というのも、モナドはその本質からして、再現〔表現〕であり――一のなかにおける多の表出（multorum in uno expressio）〔九〕であるからである――

別の仕方で表現すれば、我々は、再現〔表現〕の概念において、単なる現実の‐水準から意義の‐水準（Bedeutungs-Ebene）へと移り入ったのである。すなわち、意義とは、そこから「存在」、「現実」が、はじめて規定され得る根本カテゴリーなのである。

いまや、「存在」の「思考」への関係は、（実在的な）部分‐関係ではなく、（実在的な）因果‐関係（小宇宙、模写、等々）でもなく、むしろ、それは、純粋に表意的な（*signifikativ*）関係、意義の‐関係である、あるいは、象徴的な関係、と言うこともできよう。

このような転換は、歴史的には、まず、ギリシア哲学のなかで現れる――

ピュタゴラス学派においては、両者のモチーフは、いまだなお競合している。存在者は、数である――

そして、存在者は、「数を模倣する」、「数に関与している」――この二つの表現は、アリストテレスの
報告によれば、ピュタゴラス学派においては、まだ区別されていないように思われる――

完全に明瞭な分離は、プラトンの分有（μέθεξις）の概念がはじめて、もたらすことになる。


《理念》と《現象》――

両者は、その存在からすれば、取り違えようのないものである――

両者は決して「一致する（koinzidieren）」ことはあり得ない。――

さらに、例えば、「理念」の一部分が現象のなかに「入り込む」という意味において、現象が「理念」

を模写する（abbilden）こともない――

これらはすべて、この関係のまったく不十全な表現である
――諸々の「等しい」（石材や木材）は、決して「等しさ（das Gleiche）」（等しさの理念）ではない
――しかし、にもかかわらず、現象と理念の間には、等しいものと相等性（Gleichheit）との間には、
分有《メテクシス》の関係が存する――

この関係は、原理的な他性（ἑτερότης）を超え出ている――

諸々の等しいもの（*die* Gleichen）は、等しさを表現する――

諸々の美しい事物、プラグマタ（πράγματα）は、美の理念を表現する——

ここには、「部分《タイル》」と「全体」の新たな関係が、「関与《タイルハーベ》」の理念のうちにある——

《延長的な（extensiv）》関係に代わって、《内包的な（intensiv）》関係——

認識問題は、分有《メテクシス》の問題である。

——《認識》と《存在》は、区別される——

にもかかわらず、まさにこの区別において、必然的に、また相関的に、両者は互いに関係づけられている——

その際に、エイドス（εἶδος）概念そのものが、プラトンにおいて、そしてアリストテレスにおいて典型的な明瞭さでもって語られているような、二重の規定性を許すのである——

プラトンは純粋な意義としてのエイドスから出発する。すなわち、三角形そのもの、それの〈何であるか（τι ἐστι）〉は、あらゆる三角形のうちに「現前して（gegenwärtig）」いるのであり、それらとの「共同（Gemeinschaft）」のなかにあるのである。

現在（παρουσία）と共有（κοινωνία）としての分有《メテクシス》。〔一〇〕

三角形の意義、意味は、我々にとっては、常に「諸々の」三角形のなかにのみ、「ひらめき（aufleuchten）」、「現れ（erscheinen）」、与えられているのである——

普遍的なものは、個別的なものにおいて、つまり、個別的な現実化の－「事例（Fall）」において以外には、現存（da）しないし、そこ以外においては、現前しない

——しかし、まさにこの事例によって、我々は、普遍的なものを、普遍（καθόλου）として、それの純粋

な自-体（An-Sich）に従って、まさにそれ自体（αὐτὸ καθ' αὑτό）として把握することができるのである。

これが、プラトンにおける根本関係である――

普遍的なものは、個別的なものにおいて、意義「それ自体」は、個別的な現実化の事例において把握されるのである――

個別的な現実化の事例を通して、普遍的なもの、エイドスが、「見やられる（hingesehen）」のである。

この種の「見やること」が、理念と現象の関係を規定する――

ニコラウス・クザーヌスをも参照――特殊的なもの、量的に-制約されたものとしての三角形において、それ自身もはや量的な限定が不可能であるような、何ものか、「本質」が、現れる――

有限なもののなかに無限なものが現れる――

量（Quantum）のうちに《何が（Quid）》と《いかなる（Quale）》が現れる。

「現実存在（Existenz）」のなかに「本質的なもの（Essentielles）」が現れる――

量的に規定された三角形を描きながら（dum trigonum depingit quantum）、等々。

アリストテレスにおけるエイドスの概念は、これとは異なっている。というのも、ここでは、エイドスは、まずもって、数学的な本質ではなく、有機的な形式であるからである――

可能的なものの現実化としての形式――

形態化の全体性（Totalität）として――形態化のこの全体性において、あらゆる個々の「形態」は、その根拠を持つ――

全体（Ganzes）としての形式が、生成の系列のなかで顕現する。――

それは、ただ生成においてのみ「現れる」ことができる動的な形式である。
そして、すべての認識もまた、これに基づいている——
認識とは、生成と生成したものの個別者において、「形式」の全体を見とめる（erblicken）ことである
——
生成の意味（*Sinn*）は、生成がこのような仕方で、形式の相のもとで（sub specie der Form）見られる場合
に、はじめて出現する——
あらゆる個々の形態化が、全体の局面（*Phase*）と見なされるならば——
そして、あらゆる個々の局面が象徴的に全体を具現するならば——
これは、表現の‐意味（Ausdrucks-Sinn）である、プラトンにおける意義の‐意味（Bedeutungs-Sinn）とは
異なって。

すでにここにおいて、認識の二つの類型が、明瞭に、分かたれている——
しかし、両者は、形式‐関係を、分有《メテクシス》の関係として——同一性や相等性の関係としてではなく——把
握する点において、一致している。

ここに「認識」の一般的な体系的区分を結び合わせることができる
紙片〔二二〕Iを参照

さらに、カントにおける「再現〔表現〕」
アプリオリな綜合としての綜合の問題
プラトン――共有《コイノーニアー》、分有《メテクシス》
アリストテレス――エイドス、質料（ὕλη）、エネルゲイア（ἐνεργεια）、デュナミス（δύναμις）
カント――アプリオリな綜合
　認識の形式と質料
認識の歴史における、再現〔表現〕と象徴の-問題の、三つの大きな段階として。

学問の経験の全体（*Ganzheit*）は、全体の一段階にすぎない――
我々は次のように区別する――

解釈学（Hermeneutik）　a）表情〔表現〕（Ausdruck）＝「理解すること」――「生」
　b）描出〔表示〕＝「直観すること（Anschauen）」――「形態」
自然の解釈（interpretatio naturae）　c）意義＝「認識すること」――「法則」

客観化する学問の意味における「経験」は、全体の一つの形式にすぎない――
我々は、これから次のものを区別する――

α）表情（表現）の原現象において、自らを表示する（sich darstellen）生の－全体――
「感性的なもの（Sinnliches）」が、表情（表現）として現れる――
　すなわち、それが属している心的な全体の表示（Manifestation）として――
しかも、個体的に（*individuell*）――
一つの心の表現としてのそれぞれの身振り、等々、あるいは、歴史的－精神史的な表現――
すべての精神史は、解釈学に基づく――
観相学的《フュジオグノーミッシュ》な意味における解釈――
シュペングラーにおける「文化の形態学」――
しかし、これは常に一つの側面であるにすぎない――

β）《描出（表示）（*Darstellung*）》
経験的世界像の構成における再現《レプレゼンタツィオーン》（表現）
「濃淡をつけること（Abschattung）」としての描出（表示）
（ヘルムホルツ、参照）

γ）純粋な認識

「理念的な」「諸々の意義」の体系（数学）

α）について――あらゆる《解釈学》においても、「諸々の全体性」の把握が問題である。

詳細には（生の‐諸々の全体性、「諸々の伝記」）

――透けて見える「性格」。

この意味における性格は、また、超個体的な全体を持つ。

　諸文化、等々
ヴァッハ〔二二〕『了解の問題（Problem des *Verstehens*）』を参照？


β）について。遠近法的な（**perspektivisch**）「眺望」における「対象」の把握

γ）について。数学的な、あるいはまた、物理学的な種類の個々の「命題」は、いずれも、真理についての一つの体系の内部においてのみ「妥当する」――

我々は、契機としてのこの命題において、《体系》を把握する――

あらゆる経験は、一つの理論に基づいている。

デュエム〔二三〕――ここでは、物理学における象徴概念。

また、ゲーテの場合のように、完全に表情〔表現〕の‐全体の限界内で、直観的な全体の限界内で保持される「自然」の把握も存在する――

　君が全体によって自らをよみがえらせようとするのなら、

君は全体を最小のもののなかに見とめ（*erblicken*）なければならない〔一四〕！

全体へと向かう《まなざし（Blick）》のこの方向（原現象へと向かう現象のこの方向）は、まったく独特な〈まなざしの方向（Blickrichtung）〉を表している、

これは、体系への方向（「意義」、ニュートン）から、完全に厳密に区別されなければならない――

問題――ゲーテとニュートン

II 「精神」と「生」

1 「精神」と「生」――クラーゲス

クラーゲスの主張する「諸形象の現実（Wirklichkeit der Bilder）」の教説は、彼の形而上学の全体が表情〔表現〕体験（*Ausdruckserlebnis*）に根ざしており、表情〔表現〕の原現象を解釈する試みにほかならない、ということをきわめて明瞭に証明している。――彼の形而上学は、徹底して幻視的な（*visionär*）性格を持っている。――それは、表情〔表現〕体験を、おそらくはそれまでのいかなる説も及ばぬほどの、純粋さと深さでとらえている。

クラーゲスは、幻視者として・視る者（*Seher*）として語っている場合は、つねに豊かですぐれており、きわめて深い説明を行なっている。――

だが、彼がこの幻視的な力を思考(*Gedanke*)に変形せねばならない地点において、彼の悲劇が始まる。だが、彼の場合も含め、一切の形而上学は、まさに、思考という形式に結び付けられているのであり、そのような形式においてのみ可能なのである。クラーゲスが諸々の表情〔表現〕体験の純粋な報告者として語っている場合には、彼は、常に、《合理的な》形而上学には接近不可能にとどまらざるを得ない深さを開示している。

だが、この報告が教説、教条へと硬化すると、この説の弱点が直ちに現れてくる。そして、彼の根本教説である「諸形象の現実」の説もまた、教条的である。――この教説において、クラーゲスの哲学そのものが神話にほかならないことが、認識されることになる。というのも、「形象(**Bild**)」と「現実(**Wirklichkeit**)」との無差別こそが、まさしく、神話の根本特徴であるからである。

だが、哲学的な反省は、根源的な表情〔表現〕体験もまた、理念的に(*ideell*)条件づけられたものとして、明らかにする。――単なる「受動(**Leiden**)」としてではなく、(内在的な)行為(*Tun*)としてである。

クラーゲスは、彼自身があまりにも神話的な性格であり、そのため、彼には、神話が形式として明らかになり得ることがないのである。

したがって、「諸形象の現実」についての彼の教説は、素朴‐客観主義的であり続けるのである――

この点に、彼の教説の力と同時にその内在的な限界がある。

ここにおいて、クラーゲスは、純粋な表情〔表現〕体験の次元において、古代の剝離像（*εἴδωλα*）の理論を更新している。――

神話的直観において人間のなかに入り込んでくるのは、まさしく諸事物の剝離像《エイドーラ》にほかならない――

ただし、この剝離像《エイドーラ》は、「諸事物」の指標ではない――

〔一五〕《諸事物（Dinge）》の思考による媒介、理論的な媒介を明瞭に把握していたということが、クラーゲスの大きな長所である――

経験的な事物としての事物が、カテゴリー的に、知的な諸機能によって制約されたものとされているということ――

この点において彼は、彼自身の意識をはるかに超えて、やはりカントに依拠しているのである！

つまり、古代の知覚理論のように《諸事物》がそれらの偶像《イドーレン》とともに我々のなかに入り込むのではなく、現実の「諸々の魂《ゼーレ》」、現実の魔神《デモーネン》たちが我々のなかに入り込むのである――

〔クラーゲス〕『宇宙形成のエロス（*Vom kosmogonischen Eros*）』を参照。

九四頁――諸形象の、魔的《デモーニッシュ》に動いてやまない現実

また、「忘我《エクスターゼ》の本質について」の章全体、七四頁以下、線を引いた箇所――

ここにおいてもまた、忘我《エクスターゼ》の純粋な体験が、宇宙形成のエロスの体験一般と並んで、きわめて深く把握されている――

だが、このエロスはまさに、クラーゲスにとっては、本質的に脱‐自化（Ent-Selbstung）であり、脱‐精神化（Ent-Geistung）である（四八頁を見よ！）、純粋に「パーティッシュ（pathisch）」である。あらゆる自己性、自己活動性は、そこにおいては消え去っている——

だが、単なる状態としてのこのような忘我《エクスターゼ》は、まさに、神話の「形式」、詩《ディヒトゥング》の形式を説明するものではない。

確かに——この形式は、純粋に「パーティッシュ」な諸体験に基づいている——

だが、この形式は、断じて、純粋に「パーティッシュ」な体験であるのではない——

この点に、（表情〈表現〉の次元の内部においては）、剥離像《エイドーラ》の知覚理論におけるのと同様の限界がある

——

形象は、魔的《デモーニッシュ》な何かであり、そして、そのようなものとして、形象は、人間たちに侵入し、その魔的《デモーニッシュ》な威力をもって人間たちを襲うのである——

だが、我々にとっては、いかなる形象《ビルト》も形成《ビルデン》の機能なしにそれ自体として「ある」のではない、ということを洞察することが重要である——

　いかなる形態も、形態化の過程なしにはない——

そして、神話、芸術はその起源をこの過程に負っている——

神話と芸術は、活動（Aktivität）の特定の諸形式、すなわち、精神的な行為（Tun）の特定の諸形式に結び付けられており、これなしには不可能である——

生そのものが、また、すでにその胎内から、「諸々の形象」を解き放つのではない。それらが、純粋に受動的にタブラ・ラサとして振る舞う主観のなかに、「侵入する」のではない。

――そうではなく、精神が生の基底に触れることによって諸々の形象を形成する《フォルメン》のは、精神だけである――

もちろん、精神が生の奥底にふたたび沈潜し、遡行的に沈潜する（zurücktauchen）ことなしには、この種の形態化は不可能である――

精神は、空疎な諸々の図式を生み出すこととなるであろう。

そして、あらゆる詩《ディヒトゥング》、あらゆる真の神話は、単なる幻以上のものである――

告知（**Verkündung**）であり、また、啓示（**Offenbarung**）、顕現（**Manifestation**）である――

しかしながら、他方で、《印象（**Eindruck**）》は、表情〔表現〕（***Ausdruck***）とならなければならない。

そして、印象は、印象を表情〔表現〕へと形成する主観の内在的な力によって、はじめてそのようになる。

魔的《デモーニッシュ》に取り憑かれた状態だけが、視る者《ゼーアー》と詩人を作り出すのではない――

そうではなく、それを言葉、形態、形象のなかへとらえる力である――

単に見られたものとしての「相貌《ゲジヒト》」ではなく、「視力《ゼーエ》」である。

まったくの脱-自化、脱-精神化であれば、諸形象の現実を置き残すことはないであろう――

そうではなく、形象を欠いた生のみである――

何一つ見えるものはないだろう――

自分の歩む足音も聞こえない。（一六）

硬直のただなかで、人間は救いを見出すことができない（一七）――人間は形態化せねばならない。

そして、もとより、形態化することにおいて、人間は、「生の奥底」、母たちから（一八）離れる——だが、まさにここにおいて、人間は、同時に、自分自身を見出すのであり、そして、ここにおいてはじめて、直観の世界もまた、人間に、明らかとなるのである——

　宇宙形成のエロスは、純粋にパーティッシュ、受苦的（erleidend）ではあり得ない——というのも、行為がはじめて、混沌《カオス》の夜から《宇宙《コスモス》》を創造するからである——光あれ、という言葉、ロゴス（λόγος）を語らなければならないのは、人間の精神である——光の生成のこの形式が、はじめて、世界の像〔形象〕を創造する——精神の「光」がなければ、クラーゲスが非難し中傷する形態化するロゴスがなければ、——いかなる宇宙形成《コスモゴニー》もない。

ところが、クラーゲスは、「精神」を「精神の呪いの力（Fluchmacht des Geistes）」として知るのみであり、神秘的な忘我状態のなかで、この力から自らを救い出すことが肝要なのである。

『宇宙形成のエロス』、一五六頁、等々を参照。

《形象》は、まさしく、決して純粋に《ディオニュソス的》ではなく、それは、《アポロ的》である。すなわちそれは、——ソクラテス的ということである。

クラーゲス自身が、アポロ的とソクラテス的を同列に置いている——もちろん拒絶的な表現としてであるが——ように、一七九頁。

この点でクラーゲスは、バッハオーフェンとも対照的である。クラーゲスは、バッハオーフェンがキリスト教の影響によって「精神」を「より高次の」原理として理解していた、と非難するのである（一八二頁）！

クラーゲスの価値体系、プリンツホルン〔一九〕におけるコメント九八頁以下〔二〇〕を参照。

このような固定した価値体系は、諸次元を名指すことですでに現れている。両極的な対立の定式化や、歴史上の人物や時代潮流についての一般的な評価からは、いよいよもって、現れてくる。

形而上学的な根本構想――

二つの形而上学的に対照的な審級――

　生と精神、〔プリンツホルンにおけるコメント〕一〇一頁以下を参照。

さて、これに対しては、価値を定立するものはすべて、すでに精神である、という一点が想起されるべきである――

そもそも精神の領域においてはじめて「価値」といったものが存在する、という点である――

このことは、すでにクザーヌス、すなわちドイツ観念論の本来の創始者によって、深く、確実に認識されている――

クザーヌスにおいては、この問題は、彼の時代の形而上学的な状況に対応して、別の方向を取る――

ここにおいては、問題は、精神——生ではなく、精神——神となる——

だが、クザーヌスはこの二元論をきわめて鋭く把握し、同時に、それを克服する——

ここにおいてもまた、まずは、まったくの両極的‐緊張（Pol-*Spannung*）が達成される——（否定神学）——精神は、「名づけること」と「測ること」の原理である（名づけ（nominatio）と測定（mensuratio）としての理性（ratio））。

だが、いかなる名づけも測定も、神に達することはない——それによっては、絶対的な存在としての存在（《生の基底》）は、把握されない、触れられることすらない。

だが、次に、クザーヌスのより後の諸著作において激変が起こる——

しかも、精神は価値を与える原理である、という洞察によってである——

神が価値の「創造者」なのではない、精神においてはじめて、価値の問題が生じるのである。

神が存在を与える力であるように、精神は、唯一、光を与える力である——

このことをクラーゲスに、また、ロマン派の全体に応用してみよう——

すると、両者は特定の価値体系を前提しており、これによって、生を精神よりも上位に置いている、ということができる——

ところが、まさにこの上位に置くということ（*Überordnung*）は、（すべての「秩序（Ordnung）」と同様に）すでに、精神の作品（*Werk*）なのである——

それゆえ、このことが前提されなければならない——

ここにおいては、精神が否定するのは、決して生ではなく――そして、この点に本来の弁証法があるのだが――、

自分自身に逆らって、自分自身に対して〔抗して〕(gegen) 問うのは、精神なのである――

このこと、すなわち、自分自身に対して〔抗して〕問うことができるということが、まさしく、精神そのものの原機能 (Urfunktion)、それどころか、ひょっとすると最も深い機能である――

　生はある (*ist*)、だが、それは、問うことがない。

そして、問いにおいてのみ、価値の問題が生ずる――

生の楽園から追放された者のみが、知る――生の《価値》を。

(バイロンの『カイン』の問題――

精神の「悪魔的な」原理

(プリンツホルン一〇一頁を参照――精神の側面が、多かれ少なかれ悪魔的な役割を……)、

だが、この悪魔は、悪魔として創造的なのである(二二)――

というのも、この悪魔は、悪魔からはじめて価値の問題が生まれるからである。)

したがって、生――精神という二元論はまったく存在しない。

そうではなく、ここに示されている二元論は、精神そのものの本質のなかにある

精神の必然的な、内在的な表出形式 (Äusserungsformen) の一つである――

このように見るならば、我々は、クラーゲスの教説を受け入れることができる――

「疎外 (Entfremdung)」は存在するのである――

まさしく、精神は、自己自身を《持つ》ために、自己を自己自身から疎外しなければならない。精神はまさに、精神の自己疎外というこの過程による以外には、自己を持つことができないのである。ところで、プリンツホルンのクラーゲスについての叙述においては、精神それ自体が生に敵対的な原理なのではなく、特定の「形式」における精神のみである、ということが強調されている（一〇二頁以下を参照）。

精神であるのなら、最高の形式のである、

だが、精神と生の間のあらゆる二者択一においては、断固として、かけがえのないもの、創造的な奥底としての生である（一〇三頁）。

これが違いである――

生は、それ自体としては、盲目的に－形態化的である――したがって、それは、精神をも見ることができない。それは、精神に対して「まなざし」を持たない――

これに対して、精神は、見ることの原理そのものである――

この「見ること」は、生を、それの「向かい側に」、一定の《客観的な》距離をおいて持たざるを得ない限りにおいて、生から身を引き離す――

だが、このように離れることは、絶滅することではない。そうではなく、まさにこのことが、精神の優位と特権であり、義務、必然性、課題でもあるのである――

真の精神は、生を超えて歩みゆく場合においても、生を《護る（bewahren）》

　現象の救出（*τὰ φαινόμενα διασώζειν*）、

真の精神は、また、表情〔表現〕の領域をも、そのものとして承認する――

　だが真の精神は、意義の領域、意味の領域を表情〔表現〕の領域に引き留めようとはしない――

この意味において、象徴形式の哲学は、その関係をとらえたのである――

象徴形式の哲学は、神話そのもの（表情〔表現〕の領域）に、それ固有の権利を与える。神話をこの領域の内部に委ねる――

だが他方で、象徴形式の哲学は、この領域を、その向かい側に、それを超越する純粋な意義の－領域の特性を際立たせるために、対立する支え、対立像として用いる――

ヘーゲルの〈精神の現象学〉の原理――

精神は、意識に梯子を提供する義務を負っている（すでに〔『象徴形式の哲学』〕第一巻で引用）、この回－顧（*Rück-Blick*）が精神そのものを構成する、それどころか、精神とはまさしくこのような顧慮（*Rücksicht*）である。

精神は、見ること（Sicht）においてのみ――精神が、絶えず生を、創造的な奥底を「顧慮」する限りにおいて――自己自身を獲得する――

精神は、生から自己を疎外する、だが、この疎外においてもなお、精神は、生を敬い、大切にすることができる――

というのも、精神は、断じて、単に専制的にこの生に取って代わろうとするのではなく、精神は、ほかでもないこの生に対する「視力」を得ようとするだけだからである――

だが、見ることは、決して生の実体性（Substantialität）を破壊しない――

実体（Substanz）が主観〔主体〕（*Subjekt*）となることによって、実体が途絶えてしまうことはない――

というのも、主観〔主体〕は、「存在」の以前の諸段階を蛇の抜け殻のように単純に脱ぎ捨てるのではなく、主観〔主体〕がその生成において自己自身を知る、ということが、主観〔主体〕に－なること（Subjekt-Werden）の意味にほかならないからである――

主観〔主体〕は、例えば、表情〔表現〕の領域、（神話的領域）へのまなざしを保ち続ける。

双方の視点は、ともに一面的であり、混乱させるものである――
表情〔表現〕が意義に対する支配者を僭称するならば
また、意義が表情〔表現〕に対する支配者を僭称するならば（形而上学の諸々の類型）。

我々がクラーゲスから離れるのは、彼が、生との和解し難い対立において見る「精神」を、支配、意志、権力欲の技術的な原理としてしか見ていない、という点においてである
この精神が、生と大地を次々と征服し、魂を奪ってゆく（entseelen）とするのである。
このことは、〔クラーゲス〕『人と地（*Mensch und Erde*）』において、最も明瞭に、最も生き生きと述べられている――
すなわち、彼は、精神を常に活動（Wirken）の側面からのみとらえる――、だが、観ること（*Schauen*）

の側面からはとらえない――

単なる技術としての技術は、純粋な《生》を破壊すると同様に、純粋な「観ること」をも破壊する――

単なる権力‐意志は、生を殺すのと同様に、精神を殺す――

すなわち、ここに、我々にとっての境界線がある。

我々は、クラーゲスとともに、単に技術的な文明の形式を否認する――

だが、この形式は、我々にとっては、精神の純粋な《諸形式》と同義ではない。


まさしく、芸術、神話が、すでに、精神のこのような形式そのものである。

そもそも、すべての精神的なものが、諸事物に対する行為（Tun）、活動（*Wirken*）に解消されてしまうのか――

それとも、それらはむしろ、それ自身が行動（*Aktion*）の後退ではないのか――

活動の圏域、行動の圏域から「視圏（*Gesichtskreis*）」への移行――

ここにおいて、我々は、クラーゲスに反対して、純粋な「理論家《テオレティカー》」であり続ける――真の至福は、我々にとっては、創造的な生の基底と〈一‐体であること（Eins-Sein）〉にではなく、思惟の思惟（*νόησις νοήσεως*）にある。

そして、我々にとっては、神話、芸術、言語は、こうした純粋かつ最高の意味において《理論的》なのである——

クラーゲスが引き合いに出しているギリシア人、

『人と地』、四三頁などを参照——

ギリシア人は、また、思惟の思惟《ノエーシス・ノエーセオース》をも、現存在《ダーザイン》の最高の価値として創り出したのである！

クラーゲスにとって確かなのは、コギタティオ、意識が、生にとって端的に不相応であり続けるということである——

だが、この不相応さは、二重のことを意味し得るであろう——

それは、コギタティオが、「生の基底」を汲み尽くすことができない、ということを意味し得る——

もう一方は、コギタティオが、生に暴行を加える、変造するということである。——

だが、生の上に射し込むコギタティオの純粋なまなざしの光は、生の実体を攻撃しない——

むしろ、まなざしの光は、まさに、この実体そのものを「まなざしのなかへと」授かる（„in den Blick" bekommen）のである——

　生は《視力》となる（フィヒテ）

だが、それによって、生は、その本質に関して、攻撃されない。——

クラーゲスは、《意識》を
《思弁的な（spekulativ）》意識としてではなく、狭く、かつ一面的な意味で「技術的な」意識と解する
ことによってのみ、
自らのテーゼを貫徹することができる。
活動（actio）の単なる手段ではない象徴的な形態化（*Gestaltung*）は、彼の異議申し立てによっては、言い当てられていない。
したがって、例えば、神話は、自然および生の全体についての単にパーティッシュな感情移入や一体感
ではなく、
この一体的感情の核心からの、能動的な形態化である——
神話はすでに、《コギタティオ》の一形式である、たとえ、このコギタティオが、まだまったくパーティッシュに拘束されたままであるとしても。

2 「生」と「精神」——ジンメル

生の超越の思想——
すなわち、生が、それ固有の内的な動態のなかで、その動力学の根本法則のなかから「諸形式」を発生

させ、その意味と意義が生そのものを超えてゆくということ——
生が、生そのものにとって疎遠で、生に原理的に優越した次元に到達する能力を持つということ——
このような生成の仕方とはまったく独立に、固有の、客観的な内実と意味を持ち、生に対して「自律性」を持つ諸々の形成体を生が創造するということ——
これらすべては、象徴諸形式の性格において、最も明瞭に現れる——

象徴諸形式は、ジンメルが文化の根本的紛争、悲劇と見なしている、あの紛争を調停し、和解させる
——

また、象徴諸形式は、こうした生の絶えざる自己‐超越のなかにあるかに見える、論理的‐弁証論的な矛盾をも解決する。

——というのも、生は、象徴諸形式において、生にとって疎遠な「存在」に身を委ねるのではないからである——そうではなく、象徴諸形式のなかで、生は、自己自身にとって客観的となるのである
——象徴諸形式は、生の絶えざる客観化の過程である——
したがって、ここには、本来の断絶はまったく生じ得ない——
外から与えられ生に押し付けられた固定的な諸形式に、生を「委ねる」のではない
——そうではなく、生の、自己自身のなかへの絶えず新たな回帰のみが、そして、まさに、生自身のこの奥底からの、絶えず新たな形式の産出のみが生じ得るのである——
固有の領域としての形式が、生の領域を制限する、というのではない——

むしろ生は、無限の形式形成の可能性（Formungs*möglichkeit*）として、形式への勢位《ポテンツ》として、そのつど与えられた形式形成を超え出てゆくのである。


このことは、言語において最も明瞭に見ることができる――

言語は、一方において、生成したもの、与えられたもの、凝固したものとして現れる。

そのようなものとして、言語は、ひたすら表現（Ausdruck）であろうとする表現、まさに瞬間的なもの、束の間のものの表現であろうとする個体的な（*individuell*）表現の敵対者として現れる――

だが、この表現は、「言語」という形式のなかへ自らを解き放つのでなければ、ほかでもない「表現」となることがまったく不可能である。自己自身のなかに閉ざされたままであり続けるであろう――

だが、表現は、言語のなかへ自らを解き放つことによって、言語のなかで凝固してしまうのではなく、むしろ、それ固有の、個体的な富、その瞬間的な衝撃（*Impuls*）の一部を、言語そのものに分かち与えるのである

――こうして、ここにおいて、我々が目の当たりにするのは、作用と反作用である――

言語そのものは、こうした継続的な衝撃によって生きている――

言語は、発話のそのつどの「エネルギー」のなかでのみ、現実的である――

すべての「発話《シュプレッヒエン》」は、言語《シュプラーヘ》の諸形式のなかに入り込む――

だが同時に、すべての発話は、言語の存在、形式によって創造する――

真の言語、偉大な言語創造者の言語は、絶えず神の生ける衣を織る〔二二〕――

それは瞬間的な創造的行為から生まれる――

だが、この行為そのものは、単に瞬間的、一時的なものにとどまらない。

そうではなく、この行為は自らを言語の形式に引き渡すことによって、この形式そのものを作り変える――

この行為は、言語のなかに「沈殿」する。この行為は、言語によって「限界づけられる」ように見える――

また、阻止されるように見える――

だが、この阻止はむしろ、言語形式の新たな受胎なのである。

この阻止が、新たな表現の可能性を創造したのである。

偉大な言語創造者たちは、常に両方の極を強く意識していた――


こうして、不幸な詩人である私は、劣悪極まりない素材のなかで朽ちてしまう〔二三〕――


なぜならば、君の詩句がうまくゆくのは、君のために詩作し思考する陶冶された言語のなかでなのだから〔二四〕――

詩人とは、彼のために詩作し思考する言語形式が、彼の感情‐内容や表現‐内容を注ぎ込む単なる容器ではないような者のことである。

むしろ、詩人にとっては、彼が言語を道具として、客観化の手段として用いることによって、同時に言語が、彼の手のもとで自らを形成してゆくのである――

言語は明確に特徴づけられた〔打刻された〕(geprägt) 形式ではなく、自らを形成する形式である。

所産的形式（forma formata）ではなく、能産的形式（forma formans）である
能産的自然と所産的自然の対比に準拠してこのように言えるであろう——

例えば、芸術一般において——

また、宗教においても——

預言者的な人間——彼らは繰り返し、神話、祭式、伝承や啓示を糸口とせざるを得ない——

だが、彼らが自らの内容をこれらの形式のなかに流れ込ませることによって——

それによって彼らは、形式そのものを変化させたのであり、形式をして自らを超越せしめたのである
——

形式に新たな「客観的な」意味と内実を与えたのである——

歴史、文化は、こうした「生」の「精神」への絶えざる自己変容によってのみ可能となる。

「生」の超越について
ジンメルは、《文化》が必然的に生の自己自身からの疎外に至らざるを得ないという点に、《文化》の葛藤（Konflikt）を見ている——
生は自己自身のなかから諸形式を創り出したのではあるが、生はもはや諸形式を把握することがない。
生の行為は、生にとって、外的な運命に転化する——
ああ！　我々の行為そのものが、我々の苦悩と同じく、
我々の生の衝動を阻止する。〔二五〕
これが、生のファウスト的な根本態度そのものである——

「諸形式」ゆえに苦悩すること。だが他方で、生は「諸形式」のなかでしか存在しない――生が自己自身を持つのは、自己自身を形成することによってのみである。だが、生はいかなる形式においても完全には自己自身を持たない。自己自身を持つために、生はあらゆる形式を超え出て、超越しなければならない。あらゆる形式に先立って存立している自己自身に、繰り返し立ち戻らなければならない。

ジンメルによれば、この葛藤は、客観的文化として個々人を取り巻いているものに対する個々人の関係において反復する――

　個々人にここで対峙している「客観的」精神によっては、個々人は、内実を、決して完全には自己自身で満たすことができない――客観的な形式は、自我を阻止して自我にもはや何も「語ら」ない空虚な形式と化す（近代文化の葛藤）。自我は、純粋に個体的な、表情豊かな（*expressiv*）仕方で自己自身を表現しようと努める――だが、自我は、「自然」

　（芸術における、例えば絵画における、「対象的なもの」）

によっても、「文化」（例えば、「明確に特徴づけられた〔打刻された〕形式」としての芸術の「様式」）によっても、既存の「諸形式」に結び付けられている。

だが、この二元論は外見上のものにすぎない――ここに疑いようもなく存在している弁証法的な運動を、それ自身で存在し、互いに永遠に疎遠な二つの極の絶対的な二元性に解釈し直してはならない――

　むしろ、この両極性それ自体が本来的な原現象（*Urphänomen*）なのであり、それが、我々によって反省のなかで人工的に分割されるだけなのである――

すべての生とすべての創造は、この両極性に結び合わされている。

軽快な鳩は、真空のなかで、諸形式で満たされず諸形式によっていわば錘をつけられていない純粋な表現空間のなかで、よりよく前進できると思い込む（二六）

――だが、ここで生が生として――自我が自我として入り込む見かけ上の狭さは、生、自我のすべての自己展開、自己拡大の必然的な条件なのである――

きわめて個人的、個体的な「表現」もすべて、超‐個体的なものへのこのような結び付きに向かうように指示されている――

このことは、言語において最も含蓄に富んだ、真に典型的な仕方で、繰り返し現れる――

あらゆる言語は、個体的な「表現」であることを求める、あらゆる言語は、「創造」である――

だが他方で、このような創造はすべて、諸形式の客観的、超個体的な「媒体」においてのみ可能となる――

　個人〔個体〕の（偉大な言語創造者たちの）生産的な芸術が証明されるのは、彼らがこの媒体を捨て去るということによるのでは断じてない。そうではなく、彼らがこの媒体固有の創造的な原力（Urkraft）に入り込むことによってである――

彼らが、この原力をその慣習的な硬直化から解き放つことによってである――

彼らが、慣習的にすぎない決まり文句（Formel）の背後に、生産的な原力としての形式（*Form*）を発見することによってである――

だがその際に、彼らが本来の形式‐創造者（Form-Schöpfer）であるのは見かけ上にすぎない。彼らはむしろ、形式の発見者である――

彼らはふたたび、形式の基層へと突き進む――

彼らが「言語」を創造するのではない、むしろ、言語が彼らにおいて、彼らを通して創造するのである
――

なぜならば、君の詩句がうまくゆくのは陶冶された言語のなかでなのだから……[二七]

あらゆる形式世界においても、同様である――

宗教的天才ですら、「客観的な」宗教的な諸形式の世界に、それどころか、神話的な諸形式の世界にすら結び合わされている――

ジンメルの言う文化の「悲劇」、そこにおける和解は、この点にある――

「生」と同じく、個人〔個体〕も、自己自身を超えて諸形式の世界に「入り込み」、そこに身を委ねることによる以外には、自己自身を保有することができない。

超個人的な形式に対面してのこのような「断念（Entsagung）」においてはじめて、個人〔個体〕は自己自身を獲得することができる――

精神の領域を獲得するためには、個人〔個体〕は生を賭けなければならない――

スピノザの言う神への知的愛（amor Dei intellectualis）。

3　「精神」と「生」——ハイデガー

ハイデガーは、生物学ではなく宗教哲学から発している、——「実存」と「時間性」についての彼の見解は、ベルクソンの見解とは異なっている。ベルクソンの見解は、生の現象、自然的な「生成」と「消滅」の現象の考察によって規定される——

ハイデガーにとっては、すべての時間性は（宗教的に見られた）「瞬間」に根ざしている——

彼にとって時間性は、「気遣い」によって構成され、死——そして「不安」という（キルケゴールを参照）宗教的な原現象によって構成される。

ハイデガーにとっては、「生」と「精神」の問題も別様に立てられることになる——

彼は、精神の「領域」を「自然」から——

実存の存在論を「諸事物」の存在、実在性の存在から導き出そうとはしない——

むしろ彼は、こうした事物世界の全体、「実在性」の世界を二次的な現象として認識する。

　この点については、とりわけ〔『存在と時間』〕三五〇頁以下を参照せよ。

ハイデガーの「観念論」は、この点に根ざしている——

「世界は、事物的に存在している（vorhanden）のでもなければ、道具的に存在している（zuhanden）のでもなく、時間性のうちで時熟するのである。世界は、諸脱自態のおのれの外へと脱け出ている脱自とともに現にそこに《存在している》。いかなる現存在も実存していないなら、いかなる世界も現にそこに存在していないのである」(二八)（三六五頁）。

精神的な現存在としての現存在――というのも、気遣いもまた「精神的な」基本現象（Grund-phaenomen）にほかならず、したがって「より先立つ」ものであり、「事物性」という意味での「実在性」のあらゆる措定に対する、本性上先なるもの（πρότερον τῇ φύσει）だからである。


ところが、この出発点そのものが、ハイデガーによって、まったくキルケゴール的な意味で、「ここにあるそれ」としての《瞬間》に関係づけられ、持続的にそれに繋ぎ止められるのである――

あらゆる「普遍的なもの」、普遍的なものへの献身は、ハイデガーにとっては「頽落」である――

「本来的な」現存在から目をそらすこと――非本来性への、「世人」への献身。――

彼の道筋が我々の道筋から根本的に分かたれるのは、ここにおいてである――

ハイデガーが試みたような仕方で、存在論的なものを存在的なものから、個体的なものを「普遍的なもの」から分離することはできない――そうではなく、前者は後者によってはじめて見出されるのである
――

我々は普遍的なものを単なる「世人」としてではなく、「客観的精神」および客観的文化としてとらえる――

このような「客観性」は、ハイデガーにおいては、精神に拒まれたままである――

彼にとっては、言葉《ロゴス》、言語《シュプラーヘ》ですら単に社会的な現象となる――

それは、それ自身としては――ベルクソンの場合と同様に――もはやいかなる真の精神的内実も含むことがない。「語り《レーデ》」は、ロゴス（λόγος）、理性内実（Vernunftgehalt）とはとらえられない。むしろ「語り」は、単なる「それについて－話すこと」、表面的な「空談《ゲレーデ》」へと硬化する。一六〇頁以下、一六七頁以下――

ここにおいても、「普遍的なもの」の世界への献身は、自己自身から単に目をそらすこと、一種の「堕罪」と見なされるのである！

我々が彼から根本的に離れるのは、ここにおいてである――というのも、我々にとって客観的－精神は、日常性の構造のなかに解消され、没してしまうものではないからである――

「非個人的なもの（Das Unpersönliche）」の本質は、「世人」の平均性、日常性という色あせた社会的形式だけにあるのではなく――

むしろ、その本質は、超個人的（*über*persönlich）な意味の形式にある――

この超－個人的なものに対して、ハイデガーの哲学は、何の器官（Organ）も持たない――

確かに、ハイデガーの哲学は、歴史的な生に対する感覚を持っている。だが、ハイデガーの哲学にとって、すべての歴史的理解は、〈取り返し（Wiederholung）〉にすぎない。個人的な現存在、個人的な運命（Geschicke）、個人的な宿命（Schicksal）の〈取り戻し（Wieder-Herauf-Holung）〉にすぎない。

歴史のこの特徴は、きわめて深く、見事に把握されている――

歴史学および宿命について述べられていること、三八四頁以下を参照。

おのれのほうへと復帰し、熟慮する決意性は、受け継がれてきた何らかの実存可能性の取り返しとなる三八五頁。

ここにおいては、歴史性の一つの特徴が、深く明晰に見て取られている――だが、ここで我々に現れてくるのは、常に、歴史の宗教的-個人主義的な見方である――

それによっては、文化-史、意味-史、「客観的精神」の生としての歴史は開示されない。

一五二頁もまた、とりわけ明瞭である――

《意味の概念についての原則的に存在論的、実存論的な学的解釈をひとが堅持したとすれば（――これに従うならば、すべての意味は、プラグマティックに、「気遣い」に由来する――）、現存在とされるにふさわしくない存在様式を持つすべての存在者は、非意味的なものだと、つまり、総じて本質上意味を持たないものだと、解されなければならない。非意味的は、ここではいかなる評価をも意味しているのではなく、一つの存在論的規定を表現しているのである》。

だが、我々にとっては、意味は現存在に解消されてしまうものでは断じてない――

　そうではなく、「非個人的な」意味が「存在する（es giebt）」のである。もっとも、これはただ現存している（daseiend）主観にとってのみ体験可能なのであるが。

（「数学的な」意味を参照、
客観的な意義の-意味（*Bedeutungs-Sinn*）（＝《精神》）が、存在する――）

最後に、単に-存在論的なものから引き離れることが存在する。ただし、単に-存在論的なものとの紐帯が引き裂かれることなしにである。

ハイデガーは、生の領域を超えて、個人的な現存在の領域に突き進んでゆく。彼は、この領域を宗教的に汲み尽くして活用する
――だが他方で、彼は、そのなかにとらわれ続ける。

彼の宗教は、その力と深さを、ルターとキルケゴールから受け取った個人主義的な傾向のなかに持っている。

これに対して我々は、にもかかわらず宗教が持つ、より広汎な、より普遍的な観念論的な意味と、歴史の観念論的な意味を主張する——

そして我々は、このなかに、有限な現存在の印であり「根本情状性」である「不安」の解決、そこからの救済を見る——

キルケゴールの『不安の概念』、および〔『存在と時間』〕三四二頁以下、一八四頁以下を参照——

だが、この不安は、発端を意味するにすぎない——我々の有限な現存在の究極的な、退け得ない拘束性ではないのである——

これについては、「形式」の世界と「理想」の世界についてのシラーの言葉が当てはまる——

だが時のあらゆる暴力から解き放たれて……
その翼に乗って自由に漂おうと思うのなら
この世の不安を投げ捨てるがよい
狭く息苦しい生から逃れるがよい
理想の王国へと〔二九〕！

我々にとっては、これは、決して、血のかよわない空虚な「観念論」ではない。ハイデガーにとってはそのように見えざるを得ないであろうが——

むしろ、「理念における生」は、現存在の存在論的な狭さと息苦しさからの解放である——

そして、それゆえに、我々にとっては《世界史》も、非人格的な世人の単なる客観性——「非本来的な歴史性」——に入り込むことでは断じてない。

三八七頁以下、とりわけ、三九一頁を参照。

そうではなく、ヘーゲル的な意味での「理念の場」なのである。

だが、ハイデガーは、ここでもまた、存在論的なものを、存在的なものに対してのみならず、《理想的なもの》に対しても無条件に優位に置く——

三九三頁を参照——「現存在が、しかも現存在のみが根源的に歴史的に存在しているゆえに、歴史学的主題化が研究の可能的対象だと言い立てる当のものは、現にそこに既在していた現存在という存在様式を持っていなければならない」。

だが、我々にとっては、現存在のみならず、意味——理念——が根源的に歴史的なのである。


ハイデガーにとっては、常に、個体的な相-在(So-Sein)としての《現存在》が根源的なものである。

それ以外のすべては、現-存在からの「退化」、離反である。

「無限《ウンエントリッヒ》な時間」は、ハイデガーにとっては単なる虚構である——

彼はそれを「終わりのない《エントロース》時間」と解する。その主体は「世人」である——

すなわち、悪無限の意味において——したがって、単に非本来的な時間として。(三三〇頁以下)

——だが、この無限な時間は、それ以上のものではないのか——より積極的なものではないのか。

我々にとっては、それは、単に客観的な物理学的な時間ではなく、固有に人類《メンシュハイト》〔人間性〕の-時間である——

時間性の主体の交代——

《人間性《フマニタス》》のこの時間は、断じて、《世人》に解消されるものではない——

だが、ハイデガーの哲学は、結局のところ、歴史を次の意味で、すなわち、宗教的‐個人的な運命の総体として知るのみである。

運命の各々は、自己自身のなかに非合理的に投げ込まれており、自己自身のなかに中心を持っている
——

彼は、人間性《フマニタス》の理念を単なる《概念》として拒絶するであろう。

（カントの「アヴェロエス主義」を批判するヘルダー〔三〇〕を参照）

だが「理念の統一性」は、アヴェロエス主義的に理解することはできない——

この点において、我々は、キルケゴールに対立するヘーゲルの地盤に立つ。

4　ハイデガーと死の問題

ハイデガーの論究の総体は、死の問題へと向けられている——

実存の分析論は、この点にその中心を持っている——というのも、人間の実存の意味と本質のなかには、この実存が終わりを持つということ、人間が死ぬということがあるからである——

この「死ぬということ」は、外的な宿命《シックザール》ではなく、人間の本質（*Wesenheit*）から理解されなければならない——

ジンメルを参照——

被投的存在《ゲヴォルフェンザイン》、等々。(ハイデガーの叙述とブレイエ〔三一〕の研究報告を参照。)

そしてこの点については、決定的な命題がある――

時間のなかにあり、時間のなかで消え去る存在《ヴェーゼン》にとっては、いかなる「永遠の諸真理」も存在し得ない――

死の烙印が、人間であるものの一切、そして、死の烙印がとらえるものの一切に、押されている――「真理」が人間の意識の対象、内容であるということが、「真理」に有限な、束の間のものという刻印をすら――というのも、この意識は必然的に有限であるから――与える――

それゆえ、ハイデガーにとっては、「永遠の諸真理」という思想は、ほとんど一種の不遜《ヒュブリス》、人間の限界の侵害、死の原現象を無視することに等しいと思われるのである――

そして、実存についての彼の分析の全体は、まさに、この歩みをふたたび取り消すこと――死を「隠蔽」からふたたび解放し、それを真に見通せるようにすることを目指している。

ここからは、キルケゴールの場合とまったく同様に、真の宗教的な響きを聴き取ることができる。我々はこれを否認する者ではない。そして、キルケゴールと同じく、不安の概念がこの現象学の中心となる――不安は本質的に、有限性、移ろいやすさ、消滅への不安である。

しかも、ハイデガーは、問題提起の際にはまったく神学的に制約されているものの(この点については、リッケルトのコメントもある)、神学的な問題解決は退けられている。この限りで、ハイデガーにおいては、問題は一層痛切に見える――

彼は、人間の根本感情としての「不安」を、神学的な形而上学によっても、救済という宗教的な福音によっても和らげない――

しかしながら――生の全体を不安へと解体し、気遣いへと解消するこのような死に対する宗教的な態度は、唯一の態度ではない。――また、それが本来的に哲学的な態度なのでもない――

この点については、我々は、ハイデガーがきわめて激しく非難する古代的な解決をより高く評価する

――

ストア派の倫理――不安の対立物としてのアタラクシア（ἀταραξία）。

ストア派の賢者のこの理想がどこに由来するかを忘れないようにしよう――それは、本質的にプラトン的である――哲学とは、「死を学ぶこと」である。

だが、プラトンは永遠の諸真理に関しては、これと正反対の結論を引き出す――永遠の諸真理が存在し、存在せねばならないがゆえに――それゆえに、人間もまた、端的に死することはできない、それゆえに、人間は自らの不死性を確信している――

　このことが……彼に永遠に存在し続けることを保証する〔二一〕（ゲーテ）、

真理の理念から、真理の主体としてのヌース（νοῦς）へ、そしてそこから、不死性へと推論がなされる

――

スピノザはさらに異なっている――個体の明白な不死性はない――

だが、永遠の相のもとで（sub specie aeternitatis）考察するならば――

そして、諸事物を永遠の相のもとで考察することを学んだ者は、死への不安から解放されている――

自由な人間は何よりも死について考えることがない〔二二〕――

決定的な点は、人間に、そしてただ人間にのみ死についての知が与えられているということにある。こ

の知において、死の単なる事実性が克服される――単なる《運命《ファートゥム》》が必然性となる――人間はそれを知り承認する。人間にのみ、このような《運命愛（*amor fati*）》が可能である――人間は端的に死に屈服するのではない。人間は、他のあらゆる有機体と同様に死するだけではない、人間はここにおいても、距離を置く《ディスタンツィールング》という人間の根本能力を証明する――人間は自己を死に対面させる――

人間は、自然の概念、自然必然性の概念を展開し、思考する。そしてこの概念のなかで、死の現象にその位置を与える――

人間は、自己の消滅を思考し、それによって、それを止揚する。

パスカル――宇宙を思考するひと茎の葦――

シラーを参照――運命《ゲシック》との高き和合において〔三四〕――

これはきわめて古代的な思考である――これをきわめて異教的と思うかもしれない――だが、死そのものを必然性の王国のなかに受け入れ――

必然性についてのこの思考、運命愛によって、単なる死の不安から解放されて――

そして、それによって、生そのものを単なる「気遣い」（ハイデガー）の領域を超えて高めることこそが、真に哲学的な気分なのである。

5　ベルクソンとハイデガーにおける時間

ベルクソンの時間概念の批判のために

（未来）

さらに注意すべきなのは、ここにおいては、持続の形而上学的な「本質」と持続の直観の間に、独特の弁証論があるように思われるという点である――

というのも、形而上学的な本質に従えば、ベルクソンの時間は、徹底して未来に関係づけられ、未来に向けられて現れるからである――

ベルクソンの時間は、まさに、前方へと突き進み、完全に未来のなかに生きるエラン・ヴィタールである。

絶えず自分自身を超えてゆこうとし、超え出てゆく生の意志――

　これについては、ケーニッヒの叙述、『直観の概念』を参照。

だが、ベルクソンの直観の方法は――

持続が体験され、意志される仕方は、このことにまったく対応していない――

というのも、それは、過去への後退、追想（recollection）だからである。――

未来の-契機は、ここでは排除され、無効にされる――未来の-契機は、思弁の純粋な「まなざし」にではなく、純粋に行動の領域に帰属する――

未来の－契機はプラグマティズム的に狭められ、誤解される。

時間問題の全体のために――
存在論的時間からの存在的時間の区別――
「現存在の」－時間からの「自然」－時間の区別
目下のところ、ハイデガーにおける論述を参照。

ベルクソンの見解からハイデガーの見解が区別されるのは、とりわけ次の点によってである。すなわち、ハイデガーの見解が過去ではなく、「未来《ツークンフト》〔到来〕」を時間の本質的な契機として把握するという点によってである――

「既在存在《ゲヴェーゼンザイン》」そのものは、未来〔到来〕への方向によってはじめて把握される――

時間の「終わり」としての死へのまなざしが、現存在の本来的な「歴史性」をはじめて開示する――

これについてのきわめて繊細で深い考察
とりわけ、ハイデガー、〔『存在と時間』〕三二五頁以下を参照。

実存性の第一次的な意味は未来〔到来〕である。三二七、三二八、三二九頁――「根源的で本来的な時間性の第一次的現象は到来なのである」（三二九頁）。

これが、ベルクソンに対する長所である――

「ベルクソンは、時間を存在論的には完全に無規定的に不十分にしか学的に解釈していない」こと、に対するハイデガーの批判、三三三頁を参照。

とりわけ、三九三頁以下、歴史性に関する箇所を参照。

本来的歴史学の基礎の根拠は、気遣いの実存論的存在意味としての時間性なのである（三九七頁）。

到来〔未来〕へと向けられた「実存」のみが「歴史性」を持つことができる（四一一頁）

とりわけ、三七二頁以下を参照。

現存在は、現にそこに開示されて既在していた現存在という意味においてのみ（存在的に）既在していたものであるのみならず、

現存在は、現成化しつつある到来的な現存在として、言い換えれば、おのれの時間性の時熟において、既在しつつ存在している（三八一頁）

最も明瞭なのは三八五頁。

本質上おのれの存在において到来的である存在者のみが、「既在しつつ」存在することができ、また、「おのれの時代」に向かって「瞬視的に」存在することができる。

「歴史は、その本質的な重みを、過去となったもののうちに持つのでもなければ、今日および今日と過去となったものとの連関のうちに持つのでもなく、現存在の到来から発現する実存の本来的な生起のうちに持つ」（三八六頁）。

6　時間秩序の区分のために

時間－秩序の、「体験時間（Erlebniszeit）」、数学的時間、物理学的時間、生物学的－有機的時間、歴史的《ヒストーリッシュ》（「倫理的」）時間への区分のために。
現在では、ハイゼ、『全体の概念とカント哲学（*Der Begriff der Ganzheit und die Kantische Philosophie*）』をも参照。

ここにおいては、それぞれ別個の「領域」の内部で、時間の普遍的秩序が、いかにして、異なった意味で満たされるのかが正しく見て取られている。

各々の時間の内部には、一方の契機が他方の契機を自己自身のなかに「持つ」、他方の契機を《再現〔表現〕する（repraesentieren）》、というあの普遍的な性格が存在する。一方の契機がそれ自体として孤立してあるのではなく、時間の全体に《埋め込まれている》という性格である――

ところが、この《埋め込み》が生じる仕方、またこの《埋め込み》が構成されるカテゴリーは、それぞれの領域で徹底的に異なっている――

1）数学的－物理学的時間は、純粋な位置の秩序（*Stellenordnung*）である――
それは、数の形式によって条件づけられている――

諸々の契機は、互いに質的に、内容的に区別されない。そうではなく、純粋に「時間における位置」によって、すなわち、純粋に序数的な契機によって、諸契機の位置数（Stellziffer）によって区別される
――このように捉えられた時間は、純粋な等質的な媒体である――そこにおいては、特異的な位置はない――

またそれは、このような等質的な媒体として、空間と合致する傾向も持つ。――

なるほど、両者は、並列（Nebeneinander）と継起（Nacheinander）の「形式」として互いに区別される
可能的な共存の秩序（ordres des coexistences possibles）として、また、同時には存在しない事物の秩序
（ordres des choses, qui n'existent pas à la fois）として。〔三五〕

ところが、この区別は、より高次の統一のなかで解消される――

それらの「連合（Union）」においてのみ、それらは、出来事の‐秩序（Ereignis-Ordnung）としての数学的‐物理学的な「自然」の概念を最終的に規定する――

出来事の‐秩序の契機、位置‐数の契機以外の契機に対しては、まさに、純粋に物理学的な自然の‐時間においては、まったく注意が向けられない。

---

2) 体験の‐時間、（知覚の‐時間）

この時間が自然の‐時間から区別されるのは、とりわけ、ここにはもはや純粋な等質性が存在しない、ということによってである――

むしろ、一つの契機が強調され、端的に「際立たされる」。しかも、「現在」、「今」の契機がである。この契機が（遠近法的な）座標の‐中心点を形成し、そこから時間の全体が把握され、分節される——そしてこのことは、意識的時間である心理学的な「体験の時間」に当てはまるだけでなく、すでに、生物学的‐有機的な時間に当てはまっている——

有機体は「生成し」、「自己自身を」形態化する——だが、この形態化は、単なる今の‐諸時点（Jetzt-Punkte）を、実在的な現在の‐諸時点（Gegenwarts-Punkte）を通過してゆく——有機体は、これらの時点から発して、これらの時点において、自己の過去と自己の未来を持つ。

現在は過去を背負い、未来を孕んでいる（le présent est chargé du passé et gros de l'avenir）（三六）——だが、それぞれの今は、まさに、異なった内実で満たされるがゆえに、失われようもなく固有なものである。——

　ある有機体の「諸局面」が互いに区別されるのは、一方が「より前」であり、他方が「より後」であるということによるだけではなく——より後の局面は、より前の局面とは質的に《別のもの》なのである。なぜなら、より後の局面は、より前の局面を「止揚された契機」として自分のなかに含むからである。過去を背負って（*chargé* du passé）いるからである——

そして、あらゆる真の「伝記《ビオグラフィー》」においても同様である——

ある個人の歳月や日々は、単純に次々と「継起してゆく」ものではない——

そうではなく、それらの継起の法則がそれらの内実を規定している——

ここにおいてはすでに、（方向の‐意味（Richtungs-Sinn）としての）時間の数学的（数）「意味」に対して、新たな意味が築かれている

——発展の、展開の、「進化」の意味
（純粋な有機的な「形式」‐意味）。

数学的‐物理学的時間においては、一定の仕方で配列されている「諸々の位置」のみが存在する——有機的な発展の‐時間においては、諸々の局面（*Phasen*）が存在する。そして、それぞれの局面は、形式の成就、展開のための必然的な通過の‐契機（Durchgangs-Moment）である——形式の現実化の一契機

——前者においては、「再現〔表現〕」は、単純な数列（Zahlenreihe）におけるのと同じものを意味する——

それぞれの「位置」は、級数の秩序（Reihenordnung）の法則そのものを自己のうちに含んでおり、この法則によってのみ措定可能である——ほかでもない級数の法則（Reihengesetz）によって示される包括的な連関の一成分として——

——後者においては、位置の内実は、一方で、その過去の全体性によって規定されている——過去は現在のなかに「保持され」ている。また同時に、その「未来」によって（全体としての有機的形式によって）規定されている。

位置は、過去の諸契機と未来の諸契機を同時に含んでいる——

「位置」が「位置」であるのは、過去から自己のうちに保存しているものによってであり、

位置が「向かおうとする」ものによってである――

常に特異な傾向であるような傾向が、「位置」の本質に属する――

3) 次に、歴史的な（*geschichtlich*）‐時間は本質的に倫理的な時間である――「純粋な未来」の時間――
すべての「出来事《ゲシェーエン》」が、いわば未来の次元へと高められている――

過ぎ去ったものもまた、絶えず、未来へのまなざしから、新たに見られ、新たに形態化され、新たに生まれなければならない――

あらゆる未来の‐思考が、歴史的過去と同様に、歴史的現在を変化させる――

これのみが真の「再生《ルネサンス》」――未来の「精神」（視点）からの過ぎ去ったものの再生である。


したがって、時間契機における時間全体の再現（表現）が時間形式一般の条件である――

だが、この再現（表現）、すなわち、個別的なものにおいて全体がとらえられる仕方は、

数学的‐物理学的
生物学的‐有機的 ｝「時間」において
歴史的《ヒストーリッシュ》

そのつど異なって形態化される

これについては、ハイゼにおける論述を参照。

Ⅲ　最終章

1　事物、意義、形而上学

事物の領域と意義の領域。

物理学的な客観概念の性格——
素朴な《世界像》の変形——
物理学は別の種類の事物世界を創造する——このことは、通常、物理学が単に《現象している》現実の代わりに《真の》現実を措定するというように解釈される——

　物理学は、我々に事物の「客観的な」規定を知らせる——感性的な諸々の質は、この規定に比するなら、《仮象》にまで下落する。
　この争いは、裏返してとらえることもできる――物理学は真の現実から我々を引き離し、この現実を機械化してしまう。我々を真の持続（durée réelle）から分離してしまう。一切の客観化に先立って自我のうちに存している《真の存在》についての直観から分離してしまう――

我々にとっては、象徴形式の哲学の観点から見れば、この争い、抗争は存在しない――

というのも、この哲学は、現実が我々に開示される遠近法《ペルスペクティーヴィッシュ》的な諸々の見方（*Ansichten*）の全体を探究するからである――

この哲学は、それらの実在性の性格について、あらかじめ決定を下すのではなく、それぞれの「視界」（*Sicht*）をそれ固有の規範に従って理解しようとする――

どの形式の「視界」も、その実在性の尺度を自らのうちに持っている――

我々は、この尺度をまず見出して、理解することを学ばなければならない――

例えば、言語、神話、学問。

本来的な実在性は、我々にとっては、これらの《見方》のすべてをなし得る主観である。

事物概念の現象学――

素朴な見方――現実は、それ自体で「事物的に」－分節されている――

いまや問われるのは――いかにして、この事物世界が「模写（Abbildung）」に至るのかである――

いかにして、実在的にそれ自体で存在している「諸事物」から、諸事物の《諸表象》が生じるかである

——

だが、そこにはすでに、第一の虚偽（*πρῶτον ψεῦδος*）また、論点先取の虚偽（petitio principii）がある。
すなわち、実在的なものの客観的な「事物性」という想定である。

これに対して我々は、事物-カテゴリーは、徹底して媒介されている考察の一局面を表している、というテーゼを主張する——

事物「というもの」が、一切の認識を最終的に-条件づけるものではなく——

事物そのものが条件づけられている。すなわち、事物は、ただ一定の考察様式との相関においてのみ妥当するのである。——

それは世界了解の様態（*Modus*）であり、世界了解の前提、基礎（*Fundament*）ではない。——

しかも、事物は、特殊——人間的なカテゴリーである——

事物は動物の直観世界にも——原型的知性（intellectus archetypus）にも当てはまらない——

動物的な意識は、事物のカテゴリーより下にある——

神的な意識は、事物のカテゴリーを超え出ている——

我々は第一の論点から始める——

動物の環境世界（Umwelt）と内部世界（Innenwelt）——

フォルケルト——事物のカテゴリーの弛緩

旋律、等々……リズム――

動物は、生活の中心を形成する――

他の諸々の生活圏（Lebenskreis）と接触する一つの生活圏を形成する――

この生活圏は、これらの生活圏から作用を受け、また、それらに作用を及ぼす――

この関係を、意識に応じた仕方で描き出そうとすることは、危険である――

我々は、ただ行動からのみ出発することができる――

我々は、いかに生命体の諸々の行動圏（Aktionskreise）が互いに入り込んでいるかを見る――

それぞれの生命体は、それ固有の行動圏を持ち、この行動圏のために生命体は存在し、また、この行動圏は、生命体の「ために」存在している――

互いに対するこのような「生活圏の適応」が、生命ある自然の原現象である――

だが、我々が、我々の直観の、仕上がった事物カテゴリーに従って記述しようとするのであれば、この状態にそれ以上近づくことはできない――

そのためのプログラムは、ユクスキュルが提示した――

動物の振る舞いから出発すること――

動物の環境世界と内部世界の構成――

この構成は、生命ある主体の自然によって条件づけられている――

この構成は、常に諸々の活動〔作用〕（*Aktionen*）の全体を含んでいる。――

単なる反作用の全体を含むのではない。

どの生命体も一定の組織、構造を示している――

そして、この構造に従って、その《環境世界》と「内部世界」が形態化される。

知っていること（connaître）＝ともに（co）‐生まれること（naître）。

この生命の‐連関は、人間においてはじめて、認識‐連関となる。すなわち、諸々の生活圏の相互浸透的な存立が、諸々の生活圏の相互的な知となるのである――

人間は他の諸々の生活圏に対するまなざし（*Blick*）を獲得する――

しかし他方で、人間がこのまなざしを獲得することができるのは、人間がますます自己自身から「目を転ずる（absehen）」ことを学ぶことによってのみなのである――

そして、この〈目を転ずることを‐学ぶこと〉の本質は、人間が、自己の仕上がった事物カテゴリーを他の諸々の生命体の世界に置き入れない、という点にある。

フォルケルト――（クモ）

ウニ――律動性‐周期性

まだ事物的に拘束されていない世界――

「高等」動物の場合はどうか。

「再現〔表現〕」の最初の段階――

この段階は、言語にすでに先行しているように思われる――

言語そのものをはじめて可能にするように思われる――

「間接的な」振る舞い――《道具》

これによって、事物概念の《先行段階》が達成されている。

我々は、高等動物にすでに何らかの種類の「対象的な」直観があると思わざるを得ないであろう――

「対抗世界（Gegenwelt）」が始まる、
《客観的な（objektiv）》現実――「前に投げられた（objiziert）もの」としての。

A）言語の「対象性格」

だが、全体として見れば、この「前に投げられた」現実の形成は、言語に結び付けられている――高等動物の領域においては、諸々の端緒が存在している――しかし、ここでなされる歩み、《再現〔表現〕》の歩みは、この歩みが言語という器官を生み出すことによってはじめて、支えと安定を獲得する

――

言語においてはじめて、事物的な直観、前に投げること（*Objizierung*）としての客観化（Objektivierung）が完成するに至る――
事物の核心、事物の実体が、分離する――
この核心は、何か肯定的なものというよりもむしろ、否定的なものである――
プレスナーが正しく洞察したように――
まったく新たな「分離」が生ずる――
個体的な直観の－基礎からもまた分離すること――
動物は、一つの直観を、ある意味において、他の直観に対する再現〔表現〕として用いることができる

――

しかし、動物は、まだ事物というXを持っていない――純粋な事物－図式を持っていない。

この図式は、言語によってはじめて成立する――

しかも、思考がいまや、言葉《ヴォルト》によって、まったく新たな支えを獲得することによってである――

感性的なものがなければ、思考は何も果たすことができない――

しかし、思考はいまや、感性的な記号にしがみつく――

記号は、思考にとっての機能価値（*Funktionswert*）（意義（Bedeutung））を獲得する――

そして、この意義という機能価値によって、人間は直観の直接性を超えて成長してゆく――

　いまや、対象がその直観的な諸契機（《諸特性》）のいずれによっても再現〔表現〕されていない場合でも、人間にとっては、《対象》が現にそこに存在するのである――

　対象は、一つの《存在》を持つ。対象が一つの《名》を持つがゆえに、また、対象が一つの《名》を持ってよりこのかた――

これが、《唯名論》における正当な核心である――名は、事物の存在を与える（*nomen* dat esse *rei*）――

名は、事物‐カテゴリーの根源である。

話す存在としてのみ、人間は、一つの世界を自己の向かい側に持つ――（フンボルト――人間は、言語が人間に事物を引き合わせるがままに、事物と交わる。）

ユクスキュルの対抗世界――

「図式」。

この理論は適切である――ただしこの理論は、図式をいまだに、あまりに狭く《形象《ビルト》〔像〕》として、

空間的な図式としてとらえているという欠陥に苦しめられている――

図式は、具象的な《描写（rappresentazione）》の圏域から、描出〔表示〕（Darstellung）一般の圏域へと拡

大されなければならない——

そして、その際には、言葉《ヴォルト》が、「描出〔表示〕機能」の本来的な担い手である——

言葉によって、人間は、事物の「形象〔像〕」を作らなければならないということから解放される。

人間は、いまやはじめて、世界の、相対的に－形象〔像〕を欠いた「表象（Vorstellung）」に到達する

——

非直観的な「描出〔表示〕」としてのこのような「表象」を動物は持たない——

単なるXとしての、理念的な統一点としての「事物」は、いかなる直接的な直観も不可能である——

事物は、このような統一点として機能する。そして、この機能は、言語の活動に起因する——

ユクスキュルは、いかに《環境世界》と《共世界（Mitwelt）》の一切が、このような諸々の活動に依存していて、単なる《諸々の反作用》には依存していないかをきわめて巧みに説明した。

ここにおいて我々は、プラグマティックな《活動》ではなく、理念的な《活動》の中心に立っている

——

——純粋な描出〔表示〕の活動の中心に、である。

有用性の見地は、ここではあまりに狭すぎる——

理念的な機能は、はるかに以前からすでに始まっている。すなわち、純粋な表情〔表現〕行為（*Ausdruckshandlung*）もまた、決して、ダーウィンの言うような単なる目的行為（Zweckhandlung）には、還元され得ないのである。

表情〔表現〕として表示される共生（Mit*leben*）の形式は、事物への作用よりも以前にある——

こうして、ここにおいても、純粋な理念的な究極目的としての現前化（*Ver-Gegenwärtigung*）――

病理学的な事例は、これに対する否定的な審級を与える――

言語的な構造《ゲフューゲ》が弛緩する場合には、事物的な構造も弛緩する――

諸対象の確固とした「諸形式」とその意義が不明確になる場合には、あの認知不能症（Agnosie）が生じるに至る――

名とともに対象のXが消滅する――

そして、その場合、対象はもはや、それがそれ「である」ところのものとして認識され得ない――

「事物」はその《安定性》を失い、相対的に不安定な状態に移行する――

ナイフ――切るために

フォーク――食べるために――

直観的な「使用」が、表意的な（signifikativ）意義に代わって現れる――

これは再び、動物的な圏域と近い関係にある――

獲物、同性の個体、

《何か》——食うための／飲むための

失行（Apraxie）——
直近の使用目的以外には、その事物はもはや認識されない——
それは、ナイフというものではない、
フォークというものではない、
そうではなく、単に　切るためのもの、
食べるためのもの、
実践的な意味においても——
それは、具体的に認識され、かつ、具体的に使用され得るのみである——

B）神話との対比における言語の「対象性格」

a）総体的現象としての神話は、すでに表情〔表現〕、描出〔表示〕そして、意義の三つの次元を包括している——

最後の点について——「抽象的な」神話もまた存在するのである
——ローマの、抽象的な種類の「特別な神々」、「機会」の神々、等々。ウーゼナー〔三七〕の資料を参照——

しかし、ここでは、重点、力点は表情〔表現〕領域にある——

神話の世界は、諸々の対象的な構造としての諸事物の全体ではなく、それは、魔神たち（*Dämonen*）の世界である——

したがって、場所的‐時間的な限界づけ、「事物」の〈ここ〉と〈今〉に拘束されていない。

事物の領域においては（また、したがって、論理的‐言語的な領域一般においては）、存在は、本質的に指示可能な存在として特徴づけられている。すなわち、ここ‐今としてである——

したがって、存在は、「今」において、「ここ」において存在しているにすぎない——

存在は、その一定の位置を、空間「というもの」、時間「というもの」の確固とした図式のなかに持っている。

そして、言語において結び合わされるこの直観的な同一性から、はじめて、論理的な同一性が展開してくる（**名の**‐恒常性の表現としての「同一律」——一定の名前で表されたものは、その特性において不変なもの《である》）。

このことは、神話には決して当てはまらない——

ここに支配しているのは、指示（Demonstration）ではなく、
表情〔表現〕、顕現（Manifestation）である——

そして、「同一のこと」は、空間と時間の異なった諸々の位置において、自らを顕現することができるし、それどころか、自らを顕現しなければならない——

また、諸々のまったく異なった形態においても、同一のものであることをやめることなく、現れることができるし、それどころか、現れなければならない。

（〔『象徴形式の哲学』第二巻・第三部〕トーテミズムの章を参照――
〔カッシーラー〕『言語と神話』――
ならびに、レヴィ－ブリュルにおける資料）
だが、これは、「集団的思考」にはまったく関係がない。
ここではむしろ、神話的な客観の性格が表れる――
この性格は「顕現的」であって、《指示的》ではない。

ここに、神話的な思考様式の根がある――

形式としての神話というものは、もちろん、そこに立ち止まってはいない――

瞬間の－魔神《デモーネン》たちは、神々の－諸形態になる――

しかし、まさしく（表情〔表現〕からの）描出〔表示〕の領域へのこの移行は、言語の決定的な協力によってのみ可能となる。すなわち、神々の－名が、はじめて、「人格神」を創造するのである（ウーゼナー。『言語と神話』を参照）。

他方で、言語の進展――描出〔表示〕する客観化への進歩。

言語は、ここにおいても、いまだに諸領域の根源的な混和、癒着を示している――

言語はただちに「魔神的《デモーニッシュ》な」対象を「図式的な」、描出〔表示〕的な対象によって克服するのではない、
言葉そのものが魔神《デーモン》なのである――

ようやく、徐々に引き離れるに至る。

——

C) 学問の「対象性格」

最終段階、理論的認識の段階は、客観化の新たな形式を創造する。それは、ある意味において言語にも、
神話にも反して方向づけられている——
それは、言語の事物カテゴリーを超え、それとともに、これに固有な図式化をも超えて成長してゆく
——

神話の世界、また、動物の世界は、まだ事物的ではない——

　学問の世界は、もはや事物的ではない——

もちろん、ここにおいてもまた、一つのきわめて緩慢な持続的発展が遂行される——

というのも、学問は、言語的な形式化を用いなければ、始まることができないからである——

それどころか、学問は、「記述的な」学問として、本質的に描出〔表示〕的であり続ける——

学問は、言語が持っている、分類し、秩序づけ、分節する活動を継続する——

だが、学問はまた、分類するものとして、まったく新たな諸々の「視点」（鯨《ヴァルフィッシュ》——魚《フィッシュ》）を創造する——

学問は、現存するものそのものに向かうのではなく、存在の秩序に向かう。

そしてこの秩序は、形態学的なものにおいてすら、単なる諸形態を要求するのではなく、
諸原理（例えば、発生的な諸原理）を要求する――
したがって、ここにおいては、「徴表形成（Merkmalbildung）」の仕方は、まったく別の「視点」に従うのである。

第一の歩み――
いずれにせよ、さしあたっては、徴表形成一般にとどまり続ける――
直観的なもの、描出〔表示〕可能なものの領域において、「諸々の群」が形成される
そして、「諸概念」にまとめられる。構想力の組み合わせ文字《モノグラム》としての「犬」という概念〔三八〕――
第二の歩み――
　物理学の諸々の「モデル」
いわば直観的、図式化的
第三の段階――
　純粋な意義の段階
　モデルの代わりに原理
これが、学問的な説明の本来的な歩程である。

空間の三つの形式

空間問題による明瞭化

α）表情〔表現〕の－空間（神話）

β）描出〔表示〕の－空間（指示的な冠詞）

γ）意義の－空間

空間の直観的な本質からは、四次元的な秩序へは、もはや何ものも入り込まない。

前事物的――事物的――超事物的

宗教の歩程もまったく類似している！

それは、《形象〔像〕》と《名》を超えてゆく。

世界の純粋な意味内実（*Sinngehalt*）――それは、もはや描出〔表示〕の－内実ではない。

自我の三つの形式

同じことは、「自我」の諸形式にも当てはまる――

1 （自己の《身体》としての）身体的な個体性としての自我。ユクスキュルを参照。――

低次の動物世界においては、自己の身体についてのいかなる《知識》も存在しない――
身体の運動は、自己の環境世界にまだまったく所属していない――

2　具体的、プラグマティックな自我としての自我――
言語諸概念の根としての活動
行為から、言語諸概念が、神話的な諸形態と同様に、生まれ育ってゆく。――
《集団的なもの》の領域からの「個体的な」自我の分離
ここにおいて、神話と言語が、乗り物（*Vehikel*）として役割を果たす。
〔『象徴形式の哲学』〕第一巻と第二巻を見よ。

3　「精神」としての自我
超人格的な「意味の領域」
これについては、シュプランガーとプレスナーについての紙片を参照、抹消した箇所。

形而上学の三つの**類型**

α) 表情〔表現〕の－領域
クラーゲス
この形而上学は、生を精神の上位に置き、

あらゆる精神的なもののなかに、寸断することのみを見る、
生の疎外——
生の楽園へのロマン主義的な憧憬——
だが、楽園は閉ざされている〔三九〕……
プレスナー、最終章——人間とは、人間がそれへと自らを作り出すところのもの、であるにすぎない
——

β) ベルクソン——マウトナー〔四〇〕——（言語）
この方向へ、序-章から。

γ) 認識可能な《現実》とは何か。
ヘーバーリン〔四一〕——シュリックを対比させること！

我々の形而上学——生に気づくこと（Gewahrwerden des Lebens）、
生がその「基底（Grund）」へと還帰すること——
それによって、生は、もとより「没落（zu Grunde gehen）」せざるをえない、
だが生は、精神の領域のなかに揚棄〔保存〕されている。
生の実体が、主観〔主体〕となったのである、
純粋な意味-領域、超-事物的な、そして、超-人格的な領域。

2　生の哲学、事物の領域、意味の領域

1）ジンメル――

近代の形而上学の根本問題と類型――

生の哲学――

幅の広い流れ――

ニーチェ、ベルクソン、ディルタイ、ジンメル――

ある時は、自然主義的――生物学的、ダーウィン、スペンサー

ある時は、精神科学的――ディルタイ

形而上学的――ベルクソン、

　フッサール、シェーラー――後期ナトルプ。

ここにおいて、単なる「流行の潮流」について語ることは――

すなわち、この運動そのものを、単なる決まり文句によって片づけようとすることは――

愚かであり、また、短見である――

この運動を、リッケルトが試みているような仕方で、気位の高いだけの身振りで片づけようとすることはできない。

我々が選び取る、〔この運動の〕本来の代表者は、ジンメルである——
彼は、ますます意識的に、生という中心的な問題概念に向かってゆく——
だが、彼は同時に、あらゆる、単なる生の哲学の限界を意識している——
彼は、きわめて鋭く、生の概念の内在的な弁証法を展開する——
　超越——同時に、文化の悲劇
ここにおいて——象徴諸形式

II）生と精神
「表情〔表現〕領域」の優位
「表情〔表現〕」の形而上学——
表情〔表現〕は、絶対的に措定される——表情〔表現〕に対しては、他の一切は、絶滅される——「離反」として、「堕罪」として——

それは、典型的にロマン主義的な哲学である、
　智慧の樹は生命の樹ではない
（カルス[四二]への序文におけるクラーゲス[四三]）。

III）「人間学」の問題
《人間》という本質の定義としての象徴形式——

これについては、シェーラーとプレスナーを参照。
一般的に——現象学的、および発生的な方法——
どのような方向と観点において、両者が補完し合うことが可能なのか——立証し合うことが可能なのか。
（リットの発言、『個人と共同体（*Individuum und Gemeinschaft*）』第三版〔一九二六年〕を参照）
ユクスキュル——
「意識」の諸々の前段階
（カルスを参照——いかにして、感知すること（Erfühlen）から——感覚（Empfindung）が
内化（Innerung）から——記憶（Erinnerung）が
予感（Ahnung）から——予-見（Voraus-Sicht）が生ずるのか）
有機的なものの諸段階と人間——
一切の「生」は、さしあたり、徹底して無意識的に推移する——
呼吸、胚——
植物、衝動（シェーラー）
同様に、すでに「表情〔表現〕」の能力を持っている。
IV）表情〔表現〕、描出〔表示〕、意義
我々は、これらを、ここでは単に現象学的に区分したにすぎない——
我々は、これらを、自己意識の発展における内在的-必然的な諸段階としてとらえる——いずれの段階

も不可欠である――

だが、これらの段階が絶対的に措定される限りにおいて、これらの段階の各々に、それぞれ別の形而上学が対応する――

a)《自然》に対する《生》の優位

b)《生》に対する自然の優位

α) ヘーバーリンを参照

β) シュリック（カント研究〔四四〕！）を参照

ベルクソンにおける直観の概念。

だが、この過程の始点か、中間、あるいは終点のなかに身を置くならば――

そこから個々の諸局面が判定され、断罪されるならば――

ほかでもない全体としてのこの過程を見渡して、その内在的な必然性において、全体として理解する代わりに、《生》という理想から出発するか、あるいは認識という理想から出発するならば――

それは、常に、一面的な絶対‐化である――

嘆かず、笑わず、ただ理解する（Non lugere, non redere sed intelligere）〔四五〕は、ここにも当てはまる――

表情〔表現〕から出発する場合には、「論理的なもの」のなかに、離反、堕罪が見られるのみである

——

立脚点を論理的なもののなかに置く場合には、原始的なものはすべて、乗り越えられ、克服されなければならない単なる「前段階」と評価されるのが常である——

だが、このような段階の‐形而上学に代えて、我々は、文化の構成と意味を理解するために、過程の形而上学を措定しなければならない——

　確かに——この過程は、端的に‐合一不可能なものを、合一している——

　いかにして、神話と数学、《生》と（「物理学」の意味における）自然が、それぞれ、論理的な分母に通分され得るのであろうか——

だが、この、相反するものの混合と組み合わせ（κρᾶσις καὶ σύνθεσις ἐναντίων）〔四六〕こそが、自己を産出し、諸々の対立のなかで自己を展開する精神そのものの秘密なのである。

V)「事物」および事物領域の媒体

精神的な「客観化」の前進にとっての、事物‐カテゴリーの意義、

事物概念の豊穣性と限界。

事物と言語。

対象的直観としての美的直観

ここにおいて、事物‐カテゴリーは、それ本来の高み、成熟、完成に到達する——

すなわち、「対象的な」直観のカテゴリーとして

（対象性のゲーテ的なあり方）。
その決定的な長所は、それが表情〔表現〕領域から身を引き離す必要がなく、
この領域のなかに立ち、とどまりながら、これを超えて、超越する点にある――
この相関関係を、感情の契機（Gefühlsmoment）を一面的に排除するフィードラーの理論もまた、正しく
見ることがなかった。

「事物」もまた、形而上学において、まったく異なった価値評価をこうむってきた――

事物は、ある意味において、形而上学の原カテゴリーである（実体 - *οὐσία*）

それに続いて、批判が始まる――

（経験的に――「知覚」への解消――

科学的 - 批判的に――法則への、「関数〔機能〕」への解消）、
最後には、生の形而上学の側からの批判――

――《過程》の形而上学の側からの批判
（ベルクソン）。

ここにおいても――笑わず、嘆かず、ただ理解する（non redere, non lugere, sed intelligere）。

（同様に美的に――芸術の「対象性」に抗する闘争宣言――対象から離れよ！

「印象主義」＝ヒューム（認識論）

表現主義＝生の哲学、表情〔表現〕の哲学――）

我々は、「事物」が立っている地点を記述しようとするのである。

事物問題（描出〔表示〕の一領域）

あらゆる《知覚》そのものが「事物的に（dinghaft）」事物化的（verdinglichend）であるということは、クラーゲスの知覚の理論においても、正当にも、強調されている――

まさにそのゆえに、クラーゲスの知覚の理論は、生の知覚の可能性を否認するのである――

あらゆる知覚は事物化する、それゆえに、知覚は、クラーゲスによればまさに純粋な表情〔表現〕領域に属するとされる生をとらえることができない――

だが、すでにここにおいて言われなければならなのは、知覚が客観化的であり事物化的であるがゆえに、まさにそのゆえに、単に否定的にのみ評価することはできないということ、

そうではなく、知覚はきわめて重要な肯定的な機能を果たすということ――

客観化、事物化への歩みは、端的に必然的な働き（Leistung）であるということ、である――

もちろん、この働きをその価値において、だが同時に、その制約性において明らかにすること――

したがって、《描出〔表示〕可能性》の「限界」と事物機能の「限界」を（二つの側面から）、表情〔表現〕の機能と意義の機能の側面から、画定することは、哲学の課題であり続ける――

すべての限定は、否定である（omnis determinatio est negatio）――

したがって、《肯定的なもの》は、同時に、ある点では、否定的であらざるを得ない――

だが、この否定は、否認することではない――


事物‐図式は、まさに、限定的であり、同時に、実在化的（realisierend）でもある――

クラーゲスは、「限定的な」性格のみを際立たせる――言うまでもなく、この性格をまったく正当に際立たせる――


「生」に対しては、事物カテゴリーは不十分であり続ける――

しかしまた、このカテゴリーの課題は、生そのものの把握ではなく、考察の《方向転換（Wendung）》である――

変容《メタモルフォーゼ》である。

この変容、この形態変化《ゲシュタルトヴァンデル》は、我々が表情（表現）の領域から描出（表示）の領域（事物の領域）へ移行するや否や生じるのであるが、クラーゲスにおいては、単に、認識の下降、離反、堕罪として現れている。この下降、離反、堕罪によって、我々は、生の根源的な楽園から追放されるとするのである
――

だが、この形態変化は、向上、
　上昇でもある――
もちろん、根源的な統一は、いまやなくなっている――
事物領域は、本来的に「分断された」領域を意味している――
だが、この分断は必然的である――

ところが、《悪》、堕罪は、一切の人間的な自由と一切の人間的な《自己》の根源でもある。このことは、活動によってのみ、我々に付与されるのであり、直接的な生の感情の単なるパトス（πάθος）によってではない――

我々はいまや、顔に汗して、パンを食べなければならない〔四七〕――だが、この辛苦のなかで、はじめて精神の新たな領域が生じるのである。

VI) 人格の領域とその克服

意味－領域（超人格的な内実）

「前事物的な」領域が、「超事物的な」領域から区別されなくてはならないように――「前人格的な」領域も、「超人格的な」領域から区別されなくてはならない。基底の段階（神話的な段階）においては、本来的な個体性は、まだ達せられていない――個々人は、集団的な総体的意識に埋没している――我と汝、とりわけ、共同体《ゲマインシャフト》の汝は、まだ互いに分離していない。

（『象徴形式の哲学』第二巻を参照！）。

この分離が生じる――その最も重要な媒介者は、ここでもまた、対象の領域におけると同様に、言語と芸術である――

だが、純粋な《意義》の世界への踏み越えにおいては、ふたたび、逆の歩みが生じる。すなわち、《脱人格化》の歩みである。

例えば、物理学——「誰でもない立場から」見えるように、世界を描出すること。

しかし、同じことが倫理学にも当てはまる。

神を正しく愛する人は。

これがスピノザ的な倫理学《エーティク》の深さである——神への愛（amor Dei）——

原理的に非人格的な秩序への愛としての。

これが純粋な意味の領域に入る際の「自我の克服」である——

次のように言うことができる——

個体性の我意（*Eigensinn*）は、超人格的な諸秩序の固有の-意味（Eigen-*Sinn*）を前にして、滅却される。

VII) 有機体論

有機体論の欠陥は、——有機体論が「描出〔表示〕の領域」（生の領域）から意義の領域（意味-領域）への歩みを、純粋には遂行しないという点にある——

それゆえ、有機体論にとっては、諸文化が純粋な諸々の意味-統一体（Sinn-Einheiten）（精神的な諸秩序）となることがなく、せいぜい、諸々の事物-統一体、あるいは生の-統一体となるのみである——

有機体論は、純粋に《象徴的な》（「意味的な」）考察に高まる代わりに、図式的なものにとどまり続ける。

それによって、諸文化と同様に、諸国民《ナツィオーネン》は、非人格的（*un*persönlich）な諸々の意義の-統一体（Bedeutungs-Einheiten）となる代わりに、単に、諸々の超-人格的な（*über*-persönlich）統一体となるだけとなる――

ところが、これらの「超人格的な」統一体は、実際には、諸々の人格的な統一体のモデルと図式に従って、形態化されているのである――

それは、象徴的な思考ではなく、図式的な思考である。

物理学の一定の段階におけるのとまったく同様に――

我々は、擬似‐直観的な把握の領域に立ちどまり続けることになる。

そして、このことが、諸々の精神的な統一体が厳密な意味において超‐現存在的にとらえられずに、現存在に捕らわれ続ける、ということを引き起こす――

それらは、諸々の生の‐統一体、それどころか、生の‐事物であり続けるのである、

理念的な（ideal）（目的論的な）諸々の意味‐統一体となる代わりに。

諸々の意味概念の代わりに、諸々の生物学的な概念。

しかし、これによって、精神は、生へと、自由は必然性へと見失われる。

――この帰結が最も明瞭に示されるのは、シュペングラーの運命の概念においてである――

諸文化は諸事物として現れる。諸文化は、事物さながらに、生まれ、消え去り、生成し、成長する、だが、外的な運命的な強制に従ってなのである

――それは、諸々の生の形式、植物的な諸形式であって、諸々の意味の形式ではない――

諸々の意味の形式、意義の形式を、運命の法則のもとに置くことは、それ自身、意味に‐反して〔不‐条理〕（wider-sinnig）いる――

というのも、ここにおいては、我々は、自由の地盤に立っているからである――

もちろん、諸々の文化は、歴史的な諸形式として、生成の法則の下にある――

だが、そこにおいては、自由な形態化の複雑な過程が問題となる――

それは、客観的な意味を目指すことであり、この客観的な意味は、そのつど、一定の独特な一端において、実現され、現実化される――

しかし、この実現は、純粋な遂行（*Vollzug*）の意味における現実化である――

そして、この遂行は、それ自身、常に新たに獲得されなければならない。この遂行は決して仕上がることがない、仕上がった結果、この遂行の諸々の限界が一定の文化の「本質」から読み取られ得るかのように――

だが、シュペングラーの歴史哲学は、まさにこのことを試みているのである――

シュペングラーの歴史哲学は、「諸々の文化」（諸々の文化とは、結局のところ、諸々の課題概念であるのだが）を事物へと実体化する――

そして、これによって、諸々の文化の閉鎖性、予‐定性が与えられることになる――

それは、ただ事後的に活動の形式に移行する「事物」である――

事物は、（時間的に）活動し‐尽くし（aus-wirken）、それに次いで、死して、没落する可能性がある。だが、諸々の文化は、機能の‐統一体（Funktions-Einheiten）であり、《意味》の現実化へ向かう端緒である。そしてこのような端緒は、そのようなものとして、時間のうちで限界づけられていない、汲み尽くせない――

諸々の文化は、ただ時間において自己を繰り広げ、展‐開するような措定されたもの、予‐定されたものではない。

そうではなく、諸々の文化は、決して止むことのない純粋な措定の活動、繰り返し開始することそのものの活動である――

だが、このことは、我々が決然として諸々の純粋な意義の領域へと移行する場合にのみ、とらえることができるのである――

図式化可能な現存在の領域、また、生の領域を、決然として後にする場合にである。

（より詳細に言えば、「文化」（また同様に、国民《ナツィオーン》、等々）は、関係概念であり、この概念は、歴史的、時間的に与えられたものの、意味次元（*Sinndimension*）への関係、したがって、常に新たに《課せられているもの》への関係を自らのうちに含んでいる――

したがって、原理的に非直観的な要素を自らのうちに含んでいる――（純粋な意味要素を）。すべての「有機体論的な」理論の不吉な運命は、これら理論がこの要素を、なおも、直観的な領域のなかに引き入れて、この要素を純粋に直観的な諸々の次元のなかに呪縛しようとする点にある――

だが、これによって、「文化」独特の固有性は失われてしまう。）

諸々の課題に代わって、諸々の事物が生じる――

諸々の意義の統一体に代わって、単に「観相学的な」統一体が生じる

（明白にシュペングラーにおいて！）。

文化‐連関（決して事物概念とされ得ない文化の関係概念）の真の構造は、はるかに複雑な問題を提示している――

「文化」は、いわば、決して実的な（reell）量ではなく、複合的な量（a + bi）である。というのも、文化は「想像的な〔虚の〕（imaginär）」（意味の－）統一体〔単位〕を含んでいるからである。

一切の意味は、理念的であって、実在的ではない——

文化の「構造連関」に関するすぐれた叙述。「閉じられた圏域」についての論述におけるリット〔『個人と共同体』〕の場合を参照、同箇所を見よ。

有機体論的な見方は、諸々の文化を諸々の実体と考える——これらの実体的な形式として固有に活動する固定的な事物と考える——

我々は諸々の文化を諸々の機能と考えなければならない——

次のように言うことができる——歴史哲学、有機体論は、いまもなお、物理学が漸進的に克服してきた実体的な諸形式のあの形而上学に呪縛されている——

諸々の文化は、「エンテレヒー」としても、理解され得ない！

3　神話、意味の領域、同一性

理論的世界像の構成における言語、神話、学問——

振り返ってみよう——

a）認識の諸契機としての神話、言語、学問の統一、——

これらは「諸対象」からなる世界を構成する——

これらは「現実」に向かう——

芸術はこの線には属さない——

芸術は孤立している。


神話的な領域——

神話は、諸々の事物も諸々の特性も知らない——

神話は、さまざまな仕方で覆われている諸々の力を知っている——

　だが、この覆いは緩やかなものでしかない——

我々が確固とした事物の核（Ding*kern*）を見るところにおいて、神話は、魔神的《デモーニッシュ》な諸力が透けて見える仮面を見るにすぎない。例えば、〔『象徴形式の哲学』〕第二巻、四六頁を参照。

（表情〔表現〕にかなった仕方で）

ここにおいても、ふたたび、弁証法（意義の最高の次元において、「事物」はふたたび——力となる。

（ヘーゲルを参照！）

　だが、ここでは、まったく別の意味においてである！

生の圏域（Lebenskreis）を視圏（Gesichtskreis）に変容させること。
この過程は、きわめてゆっくりと、不断に進展する。
神話それ自体、言語は、行為そのものから自らの力を引き出している——
それらのなかには、生の諸々の圏域が映し出されている、
〔『象徴形式の哲学』〕第一巻と第二巻を見よ
だが、それらは、まさに、自己自身を映し出す——
行為は、徐々に自己自身に向かって後退する。すなわち、行為は、自己自身を見ることを始める——
生の潮は、徐々に引いてゆく。〔四八〕
すでに神話において——行動圏から視圏を獲得することが生じている——だが、まさにそこにおいて、
行動圏の後退も〔生じている〕——増大する間接性——
最初の段階——魔術
いまだ単純な「手に入れること」、
次に、魔術的な作用の世界のより一層の後退。それとともに、魔術的な作用の世界の神話的な形式世界、
表象世界による置き換え。

形而上学と象徴
意味——カントの人倫の形而上学のように
最も一般的な諸々の根本契機
だが、反対方向——存在、存在としての存在（ὂν ᾗ ὄν）にではない。

最高の人間性——
智慧の樹
すべての「ロマン主義」の原則

ロマン主義の矛盾

ロマン主義の矛盾——生の列福（Seligsprechung）——

だが、「浄福（selig）」であり得るのは精神だけである、
精神だけが——観る——

観ることのない、自己自身を意識しない生は、いかなる浄福も持つことができない。というのも、浄福とは、至福直観（*vision* béatifique）だからである。

思惟の思惟（*νόησις νοήσεως*）。

生の統一体と超人格的な統一体

諸々の超人格的な統一体――

もはや生の統一体としてではなく、
　純粋に精神的な統一体としての――

この点に、一切の有機体論の誤謬がある――

諸々の超人格的な統一体は、生物学的な統一体としては把握され得ない――

ここにおいてもまた、直観から意義への歩みが遂行されなければならない――

だが、ここでもまた理論は、繰り返し、超人格的な意義を、擬似‐直観的なもの、擬似‐事物的なものにしようとする誘惑に駆られている。

だが、一切の有機体論は神話学である。

リットにおける有機体論の批判。同箇所を参照。

「自然」等々は、ただ精神的な作品においてのみ構成される――

あらゆる超人格的な統一体は、生の統一体ではなく、精神的‐倫理的な遂行の統一体であり、これは、精神的な主観によって構成されなければならない。

国家の実体的な把握における誤謬――オトマール・シュパン〔四九〕。

宗教もまた、最終的には、純粋な遂行の統一体である――

一切の「有神論」の欠陥。

能産的秩序（ordo ordinans）であって、所産的秩序（ordo ordinatus）ではない
（シェーラー――フィヒテをも参照）

パールシー教＝

すべての一神教に、この特徴が備わっている。

だが、ここにおいてもまた、直観的――個別的なものの克服が要求されている――実体的な個別性に代えて、意味＝統一体――

物理学《フュジーク》においてと同様に、形而上学《メタフュジーク》において。

宗教における生の基底と意味領域

意味領域――宗教においても、最終的には、純粋な生の基底からの分離に至らなければならない――

まさしく「主観的な」宗教的感情にとっては、この歩みが、きわめて困難となるのが常であるとはいえ。

宗教は、純粋な「意味」‐秩序となる。

スピノザ主義的な言葉の深さ――

神を正しく愛する者は、〔五〇〕等々。

宗教と「文化」の間に必然的に存在する衝突については、プレスナーにおける見解、三四二頁を参照せよ。〔五一〕

リット——『個人と共同体』——「閉じられた圏域」

物自体と、意義の－超越《トランスツェンデンツ》

物自体－問題——

ここにおいてもまた、「超越」は、意義の－超越（客観的なものの意味領域、客観への「志向」）として、正しく際立たせられる——

だが、「実在論」は、事物－カテゴリーにはまり込んだままである——

「諸事物」の新たな領域を、「諸事物」の古い領域の上に打ち立てる（ニコライ・ハルトマン！）。

我々は、超越を認める——決して、意識の－内在の思想には固執しない——

だが、意識の「彼岸」の領域は、我々にとっては、意味－領域であって、決して、事物－領域ではない——

その領域を、なおも、事物的に解することは素朴である——

このことは、すでにゲーリンクスが認識していた。

行動圏と視圏

行動圏の原理的な有限性に対する視圏の原理的な無限性――

行動圏そのものは、無限なものを指し示すのではなく、閉じられた生活圏である――

狭き環が我らの生を限界づける。〔五一〕

例えば、動物において――また、我々が本能と名づける一切においても――

本能は、動物をその限界のなかに引き止め、動物をこの限界のなかで保護する――

動物が運動する場合、動物は、常に、閉じられた生活圏のなかで運動し、動物が動物として、この特定の類として存立している地点へと、再三再四、帰還する――

行為（Tun）それ自体には、無限なものへのいかなるファウスト的な衝動も備わっていない――

それは、単なる行為として、律動的‐循環的であり、ついには、倒れ、死する。

行為は、「狭い円環の舞踏」となって回転する〔五三〕――

知ること（「理念化すること（Ideiren）」）が、はじめて、この制限を突破する――

真の無限性は、理念のなかにのみ存在する――

視圏のなかに存在するのであって、行動圏のなかにではない――

《理念》は、単なる生の形式のなかに非十全性（Inadaequatheit）を持ち込む――

《理念》は、もはや瞬間に向かって、「とどまれ……」と言うことができない。〔五四〕

したがって、生の基底の無限性について語ることは、誤りである――

この生の基底が「無限」であることは、この基底が、その正反対のもの、「理念」、「精神」に転換することによって、はじめて明らかとなる――

生の基底が、生の基底そのものとしては「没落する（zu Grunde gehen）」＝それ固有の精神的な基底に立ち戻る、ことによってである――

真の無限性は、行為そのものにではなく、観ること（Schauen）に備わっている――

行為そのものは、目標に到達し、いわば、この目標のなかで消滅する――

だが、観ることにとっては、あらゆる有限な「地平」の背後に、新たなさらなる「視圏」が出現する。

――

低次の有機体は、一定の「視圏」を《持つ》ために、意志からの絶えざる刺激、動因や衝撃を必要とする――

低次の有機体にとって、「世界」は、意志の動力が遮断されるや否や、沈み込む――

動物にとっては、食物の摂取とともに、「刺激閾」が沈下してゆく（ユクスキュル）。

だが、精神の世界へと超えゆくならば、この関係は変化する――

純粋に観ることの領域、「関心なき」考察の領域が始まる

（あらゆる芸術の始原）。

そして、単なる欲求の世界から、欲求の狭さからこのように強引に身を引き離すことにおいて、はじめて無限性が開示される――

与えられた地平はどれも、それとは別のさらなる地平を覆い隠している――

動物の行動は、動物に対して、その環境世界を作り出す――

だが、動物を養い、保護するこの環境世界は、また、「壁のように」動物を取り囲んでもいる、

ユクスキュルを参照――

人間は、この養い、保護する壁を、敢えて突破してゆく――

これによって人間は、故郷を失い、保護を失うかのようである――

だが、この保護の喪失がはじめて、人間に、特有の無限性を保証する――

人間は、常に新たな中心を自らに与えなければならない。このことは、例えば、宇宙論的な諸々の理論
の歴史において、明瞭に現れる――

結晶した殻を破砕すること――

　故郷喪失についてのゲーテの表現――

コペルニクス的な体系において――

だが同時に、新たな中心の獲得――

（ジョルダーノ・ブルーノ――中心としての理性
理性――無限性に対する相関者
　英雄的狂気（eroici furori）！・）

前《プレ》‐事物的な思考、事物的な思考、および超《ユーバー》‐事物的な思考
レヴィ‐ブリュルが、前‐論理的な思考と名づけているもの、あるいは、「神秘的な」思考とも名づけ

ているもの、それは、実際には、前‐事物的な思考である――

それは、本質的に、いまだ、出来事の‐思考である――

対照すること（Synopsis）は、「徴表（Merkmale）」や「事物」にまで広がらない――

そうではなく、（神話的‐魔術的な）行動の複合体のなかで「同じ」あるいは類似の箇所にある諸要素が、一つにされる。同じ魔術的‐神話的な機能を果たす諸要素が、一つにされるのである――

事物的に‐同様のものではなく、機能的に‐等価のもの、神話的に意味の‐対応するものである。

〔『象徴形式の哲学』〕第二巻の神話的思考に関する叙述を参照――

こうして、ウィチョール・インディアンにおける鹿と穀物の「同一化」が説明される――

これら両者は、儀式の行動圏において、同一の機能を持っている――

例えば、「聖餐」「舞踏」。

『言語と神話』を参照
言語諸概念の目的論的な性格――

したがって、ここにおいてはまだ、すべては、より多く不安定な段階、流動性の‐段階にある――

連続性（出来事の「流れ」）が、不連続（固定した事物の‐諸統一への分割）よりもはるかに支配的である――

言語が、それ自身において進展すればするほど――言うまでもなく、言語においては、それだけ一層、このような事物の‐諸統一の措定への傾向が優ってゆく――

言語の「描出〔表示〕機能」が、まさに、事物の‐統一を作り出す。

しかし、例えば、子供の言語は、目的論的な、「機能的な」諸統一の優位によって、まだ明瞭に、流動性の-段階を示している。――
子供の言語が知っているのは、事物の-諸統一ではなく出来事の-諸統一である。
またしてもここにおいて、独特の弁証法が示される
――学問的な概念形成は、ふたたび、実体的ではなく機能的である――
事物の段階は、中間に（μεταξύ）ある――
神話的思考、および言語的思考の基本諸形式、根本諸形式は、前事物的である――
学問的、哲学的、宗教的思考は、超事物的である――
意義の-領域が、ふたたび、表情〔表現〕の-領域へと戻る――
　意味-性格が、事物-性格に対して優勢である――
だが、この対置は、それぞれの場合において、まったく別の性格を持っている。

同一律

いわゆる「同一律」は、まさにそれ自体が、「表情〔表現〕」、「描出〔表示〕」および「意義」の次元において、まったく異なった形式をとる――

a) 表情〔表現〕領域における同一律

同一性は、必ずしも事物‐同一性、実体的な同一性ではない――

神話においては、決して、事物‐同一性は支配していない。そうではなく、ここにおいては、まさにあの独特な複数存在性（multiprésence）が成り立っている――

空間と時間は、ここでは個体化の原理（principia individuationis）ではない――

空間的に、また時間的にまったく引き離されたものが、神話的には（‐表情〔表現〕によって）一つであることができる――穀物の一つ一つの茎や耕地の全体、等々、トウモロコシ、等々に潜んでいるのは同一の魔神である（『言語と神話』を参照）

あるいは、その他の一切の「同一化」――

鹿＝穀物、等々――

それらは、それらの神話的な意味に従えば同一のものである、そして、神話的な思考は、まさしく、ほかでもないこの意味を問う――

神話的な思考は、経験的に‐事物的なもの、今、ここ、における事物「というもの」にはまったく向かわない。

---

b）描出〔表示〕の領域における同一律
言語への顧慮――
《名称》の一義性

同じ「事物」は、常に同じ「名前」で呼ばれるべきである。

c) 意義の領域における同一律

事物の同一性を超えて、原理、法則の同一性へ——

「実体（Substanz）」は恒常性（Konstanz）、不変性（*Invarianz*）となる。例えば、もはやエネルギーではなく、エネルギー——運動量——テンソル——

神話的な思考は

　空間‐時間‐以前的であった、

このような《区別》をまだ知らなかった——

物理学的に‐精密な思考は、空間‐時間‐以後的である——

この区別をふたたび、より高次の統一（統合）において揚棄する。

神話、同一性、行動

神話的な総合と分析の形式は、この形式においては独自の客観‐距離がまさにまだ獲得されていない、ということを念頭に置くや否や、理解可能となる——

対象的な、引き離された思考としての思考が、まだ存立していないということ——

視圏ではなく、行動圏が決定を下すということ——

それゆえに、「同一性」もまた、行動圏における位置に従って規定される——

「同一」であるのは、行動圏の内部において、同じ、あるいは同等の意義を持つものである。

同一性と祭祀

神話的に-等値（*aequipollent*）のものはすべて同一である——

なお、それらは、任意の空間と時間の地点に存在することもあるであろう。

この同一性（＝神話的な等値）と複数-存在性（multi-présence）とは、徹底して両立可能である——

したがって、ここにおいては、矛盾律そのものの侵犯は何ら支配していない——そうではなく、《同一性》が、まさに、ただ別様に構成されるのである——同一性は、等値であって、事物-同一性（Ding-Identität）ではない。

諸々の神話的な「概念」がいかに行動概念であるかは、次のことによって示される——
a）手の-概念（*Hand-Begriffe*〔五五〕）としてのそれらの性格によって、
手の観念《マニュアル・コンセプト》（カッシング）、

b）祭祀－概念としてのそれらの性格によって。

祭祀における位置が、経験的な空間－時間－世界における位置よりもはるかに本質的である――

「祭祀」の行動から、固有に神話的な諸対象が導き出される――

コラ〔・インディアン〕とウイトト〔・インディアン〕におけるよき資料（プロイス）[五六]

空間と表情〔表現〕

空間、最初の段階――表情〔表現〕空間
場所的な関係、例えば、レヴィ－ブリュル、九七頁[五七]、またそれ以前を参照――
対象は均質な空間のなかにあるのではない――
そうではなく、対象の特定の場所性は質的な特徴なのであり、対象の《性格》を変化させるのである

――


それは、純粋に観相学的な空間である。――

それゆえ、風景の観相学においては、個々の特徴のあらゆる変更が、全体の性格、秩序、タオを乱すことになる。

中国の風水――デ・フロート[五八]『宇宙一体観（Universismus）』〔一九一二年〕。また、レヴィ－ブリュルによるデ・フロートからの引用、二七頁を参照。

芸術、および描出〔表示〕の‐領域

描出〔表示〕の‐領域

この領域への歩みは、言語のみによってではなく、同じ意味において、芸術によって、とりわけ造形芸術によって遂行される――

直観的な《自然》は、この領域において、はじめて本来的に発見される――

芸術によってはじめて、自然の確固たる《輪郭》が生じる――

ここにおいては、《名》と《形態》が、協働する――

一切の形式の根源としての名と形（Nama rupa）――

芸術は、出来事の同様の《限界づけ》、限定を遂行する――

芸術において、世界の「可塑性（Plastizität）」が獲得される――

神話的な感情の不安定性に対して。

言語と芸術は、「人格神」を形成する当のものでもある――

名と彫塑的な神像が、神にその個体性を付与する――

そして同様に、本来的に宗教的なもの、《意味》の宗教的なものは、ふたたび、名と像を断念することを学ばなければならない――

芸術は、独自の直観的な言語である――この観点は、とりわけコンラート・フィードラーにおいて遂行されている――『芸術論集（*Schriften zur Kunst*）』〔五九〕。

現在は、ヒルデブラント〔六〇〕とのフィードラーの往復書簡をも参照。

客観化、対象的なものへの上昇、対象‐化というこの契機は、あらゆる芸術に固有である——

芸術は、表現的な（expressiv）ものに根ざしているが、常に、表現（Expression）以上のものである——

このことが、芸術独自の《合理的な》性格を形作る。——

この性格は、フィードラーによって展開され、強調されている——

だが、また、それ以外にも——

ゲーテ——過ぎ去ったものを形象に変化させる、
芸術は第二の自然である、——だが、より理解可能（verständlicher）である、というのも、芸術は悟性（*Verstand*）に由来するからである！

カントは——『判断力批判』において——

芸術を、悟性の諸力の自由な遊びにおける、「悟性」と構想力の調和から生じさせる——

だが、これは、《形態》への転換であり、
幾何学的な悟性と相似的である——存立している諸形態（円、四角形）は、カントによれば、悟性に由来する（『プロレゴーメナ』）——

悟性は、限界づけ一般、「限定」の機能を持っている。

芸術、言語、描出〔表示〕

芸術――言語――

「対象化」（描出〔表示〕）の機能に留意して両者を比較することによって、とりわけ明らかになるのは、悟性化（Verständlichung）が、両者の事例において、いかなる条件に基づいているのか、また、それをはじめて可能にするのはいかなる精神的な機能なのかである――

連続性は、ここにおいては、《生》から《観ること》への、行動圏から視圏そのものへの必然的な進行が、行動の新たな形式に結び付けられているという点において、示される――

行動のみが客観化に至る――自由な形態形成（Gestalten）、造形（*Bilden*）においてのみ、人間にとって、事物の「形象（Bild）」が生成する。

このことの根拠は、「造形」においては、端的に《作用》に解消されるのではなく、その効果に埋没するのでもなく、おのれを直観し、おのれにとって《客観的》となる活動が獲得されている、という点にある。――

人間のみが、このような、自己のなかに帰還する諸々の活動を行なうことができる――これが、人間の《反省（reflexio）》の性格である。

だが、その際に、我々にとって本質的なことは、人間が、この反-省において、自己自身を単に映し出すというのではなく、反省が《投射（Projektion）》となるということ、反省が人間に《対象》の《形象》を開示するということである。

《描出〔表示〕》は、反省された客観性である、行為という媒体、前に投げること（*Objizieren*）そのものという媒体を通過した客観性である――

フンボルトは、この過程を言語によって示した。

声が唇を通って進みゆくことによって、声は新たな形式で戻ってくる——
あらゆる芸術的な造形においても同様である——
人間は、事物の形《フォルム》〔形式〕を生み出さなければならない、この形〔形式〕を理解する（verstehen）ためには。
そしてこのことは、理論的な領域においても当てはまる——ここにおいてもまた、我々は、本来の意味においては、我々が《構成する》ことができるもののみを《把握する》。

技術、現実存在、芸術

技術の哲学——器官 - 投影

講演、形式問題を参照——

我々は、自己の身体を技術的に構成することによってはじめて、認識する——

あらゆる生理-学《フュジオ-ロギー》もまた、造形、技術的に認識することに結び付けられている——

だが、他方で、技術的なもののロゴスの擁護（*Logodizee*）そのものがこの点に含まれている——

技術（*τέχνη*）もまた、決して、事物への暴行としての「活動」の形式ではない——

そうではなく、技術は、理解の一つの契機であり通過点である——

真の技術は、決して、事物に単に《手を伸ばす（Greifen）》ことではない、あたかも、事物がすでに仕上がって我々の前にあるかのように、そしてそれが、単に我々の勢力圏に引き渡され、我々の手（Griff）、我々の権力へと持ち来たらされることを欲しているかのように――

そうではなく、技術は、《把握すること（Begreifen）》である、
事物の固有の《本性《ナトゥーア》》を際立たせること（Herausstellen）である。

単に引き入れること（Hineinziehen）ではない――

形成〔造形〕において、事物は、はじめてそれ固有の《現実性》を獲得する――

ここにおいて、事物は《現実存在（*Existenz*）》に到達する。

対象の客観的な「現実存在」（《対象》としての、自立的な「事物」としての）は、際-立たせること、出で-立つこと（ex-sistere）のこのような過程に基づいている。

出で-立つことにおいて、はじめて対象の形象が形成される――

動物にとっては、本来的な（客観的な）《現実存在》は何ら存在しない。なぜなら、動物には、出で立つことというこの機能が働かないからである――

生命的な領域が、動物にとっては、それ自体、客観的にならない。

人間の文化においては、この出で-立つことの三つの根本的次元が、存在する――

a) 言語
b) 道具
c) 造形芸術。

ここにおいてもまた、漸次的に引き離れることが生じる――

言語的なもの、技術的なもの、造形的に－描出〔表示〕的なものは、元来は魔術的である――

把握することの手段となる以前においては、「手を伸ばすこと」の手段である。

原始人の壁画を参照――

人間は世界に向かって働きかける――

だが人間は、自らの身体の活動が決して意識的にならない動物とは異なって、この活動について知っている。このことによって、人間には、自己についての形象のみならず、世界の形象が生じることになる
――

対－象（Gegen-Stand）は、知られた抵－抗（Wider-Stand）であって、単に感じられた（gefühlt）抵－抗ではない――

単純に排除されるのではなく、それ固有の意義、権利において承認される抵－抗である――

その場所にそのままにして置かれる抵－抗である――

この《そのままにして置くこと》が、客観を我々から引き離し、客観を客観の圏域において確認する
――

そして、確認のこの仕方が、はじめて、それ自身において持続的で、恒常的な世界へと通ずるのである。

例えば、芸術においても。――

単なる手法ではなく**様式**である。〔六一〕

様式は、認識の最高の基盤に基づいている、――事物の客観的な本性――それを永続的な諸形態において表すことが我々に許されている限りにおいて――に基づいている――

こうして、形式形成（Formen）の過程から、客観的な形式、――事物の本質、形相（*εἶδος*）、イデア（*ἰδέα*）が我々に生じてくる。

芸術による展開――

ヒルデブラント、フィードラーを参照。

芸術は、客観のこのような自律がはじめて本来的に基礎づけられる領域である――というのも、芸術は、その最高の働きにおいては、形成〔造形〕すること（Bilden）それ自体であるからである――形成〔造形〕するために形成〔造形〕すること――働きかけることからまったく身を引き離し――したがって、まったく「無関心」となった形成作用〔造形〕（Bilden）であるからである――形態は、ここでは、純粋に「客観的」となる――対象は我々にとって何であるのか――対象は我々に対して何をなし遂げるのか、はもはや問われない。そうではなく、対象が「それ自身において」何であるのか、が問われるのである――

これこそが、〈それ自身‐において‐あること（*In-Sich-Sein*）〉の最初の形式であり、この形式が、理論的認識の即‐自（*An-Sich*）に先行する――だが同時に、それを準備するのである――

理念的な距離――

形成《ビルデン》する〔造形する〕ために形成〔造形〕することが、《形成体《ゲビルデ》》の内的な法則性をあらわにする。

生と精神

クラーゲスの理論――

そこにおける弁証法——

生の擁護者達は、実際には、精神の擁護者である——

というのも、悲劇は、精神にとってのみ存在するのであり、生にとってではないからである——

生は自己自身によって苦悩することがない——というのも、生は「自己自身」を、向かい側にあるものとして持たないからである。

精神のみが、自己自身によって苦悩する——

したがって、精神の否定は、生の活動ではない——

精神の否定は、精神それ自身の活動としてのみ、意味を持つ——したがって、この否定は、まさに、生への帰還ではない——

そうではなく、この否定は、精神の最も強力な自己肯定である——

これが、一切のロマン主義にある破れ目である——

この否定は、「直接的なもの」の見かけ上の回復における、最高の間接性である。


生は、上昇と衰退、全盛と没落を知っている。

生は、衝動と抵抗、ひょっとすると、快と不快のようなものを知っている——

瞬間的な状態性として——

だが、生は自己によって苦悩しない——

一切の真の苦悩は、必然的な運命であり、同時に、ある意味においては、精神の叙爵書、特権である——

付録

象徴概念——象徴的なものの形而上学

［東一〇七——一九二二〜一九二七年頃］

象徴概念——象徴的なものの形而上学

1　存在の形而上学と生の形而上学

我々が立ち向かっている形而上学は、二様のものであり、内容的に、一見、まったく互いに対立する前提から出発している。《象徴的観念論》の世界観は、独断的実在論の形而上学に対してと同様、いわゆる実証主義の形而上学に対しても反論する。これら両者において、《象徴的観念論》の世界観が立ち向かうのは、それらにおいて、見かけ上のあらゆる相違にもかかわらず、共通の根本的特徴をなしているものに対してである。すなわち、両者が精神的な生と精神的な諸機能の核心を、これらから独立に与えられている《現実的なもの》の「複写（Wiedergabe）」と「模写（Abbildung）」のなかに、何らかの仕方で、見ているという点に対してである。古い形而上学においては、この現実的なものは、諸事物の絶対的な存在である。実証主義の内部では、それは、「単純な」諸感覚の、同様に絶対的な所与性である。これに対して、我々の考察様式の基礎となる出発点は、何らかの実証的に‐与えられている存在とこの素材を事後的に引き継ぐ精神的な諸機能との間の分離は、遂行不可能であるということにある。我々は、精神の活動に先立って、また精神の活動から独立には、いかなる《存在》も――形而上学的な種類のものであれ、心理学的な種類のものであれ――所有することがないのであって、常にただ、この活動のなかで、この活動とともに《存在》を所有するのである。両者を互いに分離し、純粋に受動的な《所与性》を精神の《活動性》に先行させ、対置するという考えだけでも、すでに、誤りに導くものである。〔精神の〕活動とそのさまざまな方向（言語、神話、宗教、芸術、学問における）の外部には、我々にとっては、いかなる形式の《存在》も存在しない。なぜならば、いかなる形式の規定性も存在しないからである。この点についての誤謬が、抽象的‐哲学的な諸々の学説において発生し得るのは、ひとえに、そこでの議論に際して何らかの特定の精神的エネルギーの成果が常に、すでに自明のものとして、その諸々の制約が意識されずに、基礎に置かれるということによってである。例えば、「実証主義」が感覚を単純な「所与」と見なす場合には、我々が「単純な感覚」と呼ぶものは、常にすでに、少なくとも言語的な固定化、したがって、言語的な概念形成を（要するに言語の「エネルギー」そのものを）自らのうちに含んでいるということを見過ごしている。実証主義的な論理学者は、このいわば前論理的な言語的‐知的な仕事を見過ごす、あるいは、それを、その特殊な価値の全体に従って評価しないという、ただそのことのゆえに、精神の一切の活動に先行する所与という誤った推論に至るのである。我々の直観にとっては、普遍的なものと特殊的なもの、感性的なものと精神的なもの、受動的なものと能動的なもの、「印象」と「表現」は、そもそも分離され得ない。すなわち、我々は、両契機を常にただ《同時に》、ともに所有している。それゆえに、何らかの種類の《存在》は、常にただ特定のエネルギーによってのみ存在する（例えば、《自然》はただ芸術的な、宗教的な、学問的なエネルギーによってのみ存在する）。そして、これらのエネルギーへの関係を欠くならば、このような《存在》の概念は我々にとってまったく空虚となるのである！　存在は、我々にとっては、象徴《諸形式》の段階的系列のなかで精神的に構成される。だが、これら諸形式は、象徴的活動である。我々が一切の精神的活動を度外視する場合に、——我々がいわば、精神的なものの氷点を前提とする場合に、《世界》がどのように見えるかということについては、我々にはいかなる概念も欠けている。すなわち、我々はただ、精神的な活動のそのつどの段階に対するそのつどの存在概念を描出し、分析的に、その特性において規定することができるだけである。まさにこれこそが、言語的、芸術的、宗教的、論理的エネルギーについてのこれまでの諸々の分析が果たそうと試みたことなのである！

これによって実際、原理的に新たな考察が与えられている。一義的な「存在」（「世界」の存在や単純な「感覚」の存在）から出発した旧来の形而上学や心理学的な実証主義は、この一なる存在と称するものの解釈において、繰り返し救い難い矛盾や二律背反に巻き込まれたのであった。さまざまな世界観（例えば、「知」の、信仰の、宗教の、そして、学問の、経験の、形而上学の世界観、等々）は、矛盾し合い、両立し得なかったのであった。だが、にもかかわらず、それらの世界観のいずれもが、一なる真の存在を与え、描出すると主張したのであった！

これらの矛盾は、存在を一義的に確実な出発点として固定する限り、解決され得ない。その場合に繰り返し明らかとなるのは、この一なる存在と称されるものについて我々が獲得する諸々の解釈が、実際には、まったく異なっているということである。

だが、ここにおいて、「客観的に代えて、主観的」という転換が登場しなくてはならない。要求されるべきことは、事物「なるもの」の、絶対的な対象の統一性ではなく、——精神の統一性、「象徴諸形式」のあらゆる差異性のなかでの精神的なエネルギーそれ自体の統一性である。

これこそが、象徴的なものの哲学が与え、なし遂げようと試みていることである！——（その際に、我々は、言うまでもなく、カントのように《認識》という一つのエネルギーに制限してはならない！）

経験論的な実証主義の形而上学と同様、実在論的な形而上学は、実体的に思考しているという点で一致している。すなわち、それは、事物の「単純性」、手元に存在している「世界」の「単純性」から出発するのである。だが、この「単純性」と称するものを把握するための手段が我々には存在しないということが、ますます明瞭となってくる。すなわち、この「単純性」は、我々にとっては、対立する多数の「見解」に繰り返し分裂してしまうのである。

事物（実体）の単純性から出発するのではなく、機能の統一性から出発する象徴的観念論は、これとは異なる。

このように把握された活動の統一性に対して、象徴についてのあり得べき見解の数多性は、対立的、敵対的な関係にはない。そうではなく、数多性はむしろ、そのような統一性に対して、必然的な相関概念（*Korrelat*）を形成するのである。象徴的な方向の多様性のなかではじめて、精神の統一性が——実体的な単純性としてではなく、機能的な多様性として——描出される。精神は、活動の多様な方向の数多性のなかで自らの同一性（活動一般としての）を意識することによって、一つのものである。これらの方向の各々において、特殊な世界（学問の世界、宗教の世界、芸術の世界）が、我々にとって生成する。しかし、これら諸「世界」の統一性は、共通の根源に、つまり、活動の同一的な原理に根ざしているのであり、象徴的なものの哲学は、この原理を明らかにするのである。

これが、真の、我々にとってのみ現実に到達可能である（活動の）批判的‐理念的な統一性であり、この統一性が、「存在」（絶対的なもの、《物自体》）の統一性、独断的‐実体的で、実際には到達不可能である統一性に立ち向かうのである。

ここにおいて我々は、まさしく、いわゆる《存在》という原事実からではなく、《生》という原事実から出発する——だが、この事実にとっては、多様で異なった方向に分化するということが決定的に本質的である——このことが、まさに、生の原現象そのものなのである。すなわち、生はこのような分岐において、深く揺るがし難い自らの統一性において、自己を主張するのである。——この原現象をその存立において、また、その完全な展開のなかで、描出することを象徴的なものの哲学は、試みる——この哲学は、もちろん、この原現象の「何ゆえ」へと遡行することがない、また、「何ゆえ」を問うこと

もない。そうではなく、この哲学は、ここにおいて、「把握することの」必然的で不可避の「限界」を承認する。

2 象徴的機能の観念論のために

象徴的機能の観念論のために。

我々が観念論のこの観点を遂行する場合には、もとより、ここでもまた、最終的な同一性の点(Identitätspunkt) が前提されなければならない。対象、《絶対的なもの》と象徴的機能との間にこのように想定された同一性の本質はどこにあるのか。

《絶対的なもの》、《存在》は、それがそもそも我々にとって把握可能である限りにおいては、生という原現象に帰せられる。我々が把握する最高のものは、生である——自己自身の回りを回転するモナドの運動である。この運動は、常に新たな形態の創造とこれらの形態の破壊とに要約される。ここにおいて我々は、かろうじて言い表し得るのみで、もはやそれ以上《説明》され得ない原現象の前に、実際に、立つことになる。ところで、形態の産出と形態の変化というこの原現象に対応するのが、象徴的な機能という基本現象である。ここにおいては、《一致 (Adaequation)》は、対象にではなく、運動の過程それ自体に関わる。それぞれの機能が、この過程を、その機能に特有な運動の内部で、その機能の特有な形態化と形態変化の内部でとらえる。そして、この特殊的な機能の全体性こそが、我々が《原過程》の総体をありありと描き出すことに至り得る唯一の道なのである。

《精神》の固有の運動は、この原運動を《精神》の固有の運動の言語において表現する。だが、《精神》の固有の運動そのものが、ふたたび、個々の独特な特殊運動に分解する、等々。

3 哲学的認識

これが、「理性の自己認識」としての哲学的認識に固有のものである。すなわち、哲学的認識は、原理的に新たな象徴形式を創造するのではなく、この意味において、いかなる新たな創造的な様相（*Modalität*）も基礎づけることがない——だが、哲学的認識は、より以前の諸々の様相を、それらがそれらであるがままに、すなわち、固有の象徴諸形式として把握する。——哲学が、なおもこれらの形式と競っている限りは、——なおも諸々の世界をこれらの形式の傍らに、また、これらの形式の上に構成している限りは、哲学は、まだ自己自身を真に把握していない。

哲学は、象徴諸形式の批判であり、同時に、それらの成就である。批判と言うのは、哲学が超越的な《対象》を反駁するからである。哲学は、それらの形式を現実の活動的、精神的な構成として把握するのであり、外部の《絶対的なもの》を目指すものとしては把握しないからである。また、哲学が「記号」の象徴性（Sinnbildlichkeit）を超え出ようとし、記号の「消去」、また、記号を欠いた《十全な（adaequat）》認識の獲得を目指すからである——

この傾向は、個々の象徴形式そのものにおいて始められている。象徴形式はすべて、歩みを進めるなかで、それ固有の「記号体系」そのものに反対する——

例えば、宗教は神話に、認識は言語に、科学的な原因概念は感性的‐擬人的‐神話的な原因概念に反対する、等々。

——ところが、哲学は、古い諸形式に代えて別のより高次の形式を定立しようとするものではない、一つの象徴を別の象徴で置き換えようとはしない——

そうではなく、哲学の課題は、認識それ自体の象徴的な根本性格を見通すことにある。

我々は、これらの形式から身を引き離すことはできない。身を引き離そうとする衝動が我々には生得的であり、天性であるとはいえ（「軽快な鳩は……」(一)！）。だが、我々は、この衝動をその相対的な必然性において把握し、洞察することができるし、また、そうしなければならない。これが、象徴的表現（Symbolik）の強制からの、唯一可能な理念的な解放である。このような強制は、現存の形式、現存の「言語」のあらゆる使用と結び付いている。

（芸術と概念的認識の関係については、コンラート・フィードラーにおけるすぐれた論述を参照、紙片八六を参照）

我々は、象徴諸形式の覆いを脱ぎ捨てて、「絶対的なもの」を面と向かって観ることによるのでは、このような強制を克服することはできない。そうではなく、我々がそれぞれの象徴をその場所において把握し、それを他の諸々の象徴によって限界づけられ、条件づけられたものとして認識することによってのみ、克服できるのである。

「絶対的なもの」とは常に、完全な、展開されて体系的に見渡された相対的なものにすぎない――とりわけ、精神の絶対性は、それ以外のいかなるものでもあろうとしないし、また、あり得ない。

4　現代哲学の根本対立

ここで、場合によっては、現代哲学の根本対立とも結び付けて論ずること――

次のような標語で表現される対立――

合理的――非合理的、生と思考
直観――概念、現実存在――価値、等々。

リッケルト『生の哲学』には、現代の生の哲学の諸形式についての概観がある。

『カント研究』掲載の、リッケルトの著書についてのフリッシュアイゼン-ケーラー〔二〕の書評〔三〕を参照

――

我々の考察は、このような対立のまったく外側で動いている――この対立によっては把握することができない。というのも、我々がとらえている《象徴的なもの》は、むしろ、このような見かけ上の対立の本来的な調停であるからである――《象徴的なもの》は、真の中間（μεταξύ）であり、これが、分有（μέθεξις）を――「現象」の「理念」への、「生」の「思考」への、永遠に流れることの、明確に特徴づけられた〔打ち出された〕（geprägt）形式への関与（Teilhabe）を説明するのである――

《生》についての現代の諸々の理論は、まったく不十分である。なぜならば、それらは、生によって、むしろ否定的な、単に自然的なもの、生物学的な要素を取り出すだけだからである

（ベルクソンにおいても、このような生物学的な要素以外の何ものでもない……）

しかし、これによっては、まだ、《生》の固有の問題にはまったく到達しないのである。単に自然的な《現存在》、あるいは、自己を繰り広げるものとしての《生》ではなく、精神的な過程としての《生》の固有の問題である――

精神的なもの、「対自存在（Für sich Sein）」に至るのは、単なる生においてではなく、生が自己自身に与える形式においてである――

そして、この《形式》が開示されるのは、まさに、単に植物的‐生物学的な現存在においてではなく、生物学的な進化においてでもなく――

自由な活動においてである――

すなわち、象徴諸形式の創造においてである

（言語、神話、芸術……）。

それゆえ、《生》は、まさにこれらにおいて、はじめて《形式》に（「エイドス」に）到達するのである――

象徴諸形式の創造において、生は、「形式」と和解する……

したがって、「具体的な精神」という概念は、これらの象徴形式においてはじめて、実現されるのである――

弁証論は調停されている。だがもちろん、個々の象徴形式のなかに継続される（形象による《形象》

の克服、等々）。

《生》のこの意味は、《現代の哲学者たち》よりも深く、フィヒテ、シェリング、ヘーゲルが認識していた。彼らは、生‐思考（フィヒテ）

　生‐理性（シェリング）

という対立を、精神の新たな観念論的な概念によって克服する——

　精神は、単なる「生」（現存在としての）を否定し、その結果、はじめて、十分に展開された具体的な生を「措定」する——

　対自存在に到達し、単なる実体から《主観〔主体〕》となる——

歴史的なこと——ヤコービにおける、生の、

　直接的なものの、信仰の自然主義的な概念。

フィヒテ、シェリング、ヘーゲルにおけるヤコービへの批判。

フィヒテ——生は、まさに本来的に、哲学し‐ないこと（*Nicht*-Philosophieren）である、等々。

シェリング、ヘーゲル（ヤコービにおける、悪無限、悪しき直接性）

精神は、自らの単なる直接性から身を引き離すことによって、生という形式を獲得する——

このことが最も明瞭なのは、《象徴諸形式》において

言語、芸術、認識においてである——

これらは、もちろん、それ自身が《間接的なもの》であり、事物のいわゆる《それ自体（An sich）》ではない。だが、この間接性において、これらの形式の創造と破壊において

（ここにおける弁証法的な過程……上述——諸々の形象世界の解消を見よ〔四〕）

精神は、はじめて自己自身を所有し、知るのである——

そして、このように精神が自己‐自身を‐知ること以外には、実在性の《より高次の》形式は存在しない！

ここにおいて、精神は、自己を一にして多なるもの、直接的にして媒介されたもの、生と形式の統一、綜合として知る——

生と形式のこの統一（綜合）こそが、精神の本来の概念、精神の《本質》をなすのである。

5　象徴的なものと直観的なもの

展開すべきこと——象徴的なものと直観的なもの（*das Intuitive*）の根本的区別——

純粋に直観的なものへの方向に対しては、象徴的なものへの精神的な方向が、直接、対立するように思われる——

——認識に関しては（論理的には）、すでにライプニッツが明確に、直観的な認識と単に《象徴的な》認識を区別している——前者は、対象をその純粋な本質において把握する——後者は、対象の《記号（**Zeichen**）》で満足する——

その際に、前者の直接的な《直観的》認識は、比較を絶して、より価値の大きな認識であるように思われる——神的な悟性、絶対的な悟性は、そのような純粋に直観的な悟性であろう——これに対して、我々の《論証的な》、「形象」を必要とする悟性は、十全でない——単に象徴的な（表意的な（signifika-tiv））悟性である……

ところが——ライプニッツの形而上学が、スピノザのそれと同様に、この純粋に直観的な悟性の理想を、原型的知性として、いかに高く掲げようとも——論理学者としてのライプニッツは、まったく表意的なものの領域のなかで動いている……

彼にとってあらゆる知の模範となる、普遍的記号法（Characteristica generalis）のなかで動いている……というのも、我々人間には、《知》は、まさに、この形式において以外には、《記号》の力と機能によ
る以外には、与えられていないからである……

だが、もちろん、「直観的なもの」への方向と「象徴的なもの」への方向、両者の間には、これらが我々にとっていかに互いに相関的に制約し合っているとしても、必然的な弁証論的な対立が存在する。

象徴的なものへの方向に、直観的なものへの方向が立ち向かう——そして、後者は、まずは、象徴諸形式の内実の廃棄によって自己を貫徹しようとする。

（典型的な例——

例えば、根本体験、知覚の「純粋な」（概念なき、また言語なき）描出の要求による、言語への批判……

バークリ——F・マウトナー——

我々が「言葉のカーテン」を取り払うことさえできるのであれば、〔五〕等々……

宗教——神秘主義——何らかの《形象》が介在することのない純粋な神認識

《純粋な無》としての神に——あらゆる形象的な規定性（あらゆる象徴的な概念機能と形象機能）の

廃棄によるだけで、到達すること。

この対立は、《文化》と《生》の対立として、別の仕方で表現される。というのも、すべての「文化」、《精神》のすべての生成は、実際に、単なる《生》を立ち去って――象徴的な、したがって、単に表意的な、直接的に《生き生きとしている》のではない諸形式の領域に至るからである……

例えば、学問、言語。芸術ですらも――

しかし、純粋な《直観主義》の要求（ベルクソン）は、実現不可能である――楽園は門をかけて閉ざされている。我々は、世界を巡る旅をしなければならない（クライスト『操り人形劇について』……）。すべての文化は、象徴諸形式の創造のなかで、象徴諸形式の活動性のなかで、運動し、確証される――そして、これらの形式を通してはじめて、生は、目覚めた生、自己自身を意識した生となる、生は精神となる――

したがって、単なる生への帰還のための、象徴諸形式の否定、殺害は、同時に、精神そのものの廃棄、殺害であろう――というのも精神は、生とは異なって、ほかでもないこれら象徴諸形式の全体性のなかにのみ存在しているからである。――

しかし、（精神を目指すこととしての象徴諸形式を目指すことに抗して）単なる生へ帰還しようとするこの傾向は、もちろん、それ自身が、発展する文化の一つの一般的な現象である――いわば、発展する文化の否定的な徴候である――

だが、最後まで首尾一貫して思考するならば、象徴的形式の活動性のこのような廃棄は、文化そのものに対するまったくの静寂主義に行きつくことになるであろう。

こうした静寂主義的な理想は、あらゆる神秘主義の根本的特徴である。

十七世紀においては、この理想に対して最も精力的に闘ったのは、ライプニッツである——彼は、象徴諸形式の積極的な意義の主唱者である！（ライプニッツの文化概念は
このことによって本質的に条件づけられている！）

同様の思想のロマン主義的な諸形態について。

6　形而上学と論理学

この形而上学が——我々の見解によれば——いかに、すべての先行する象徴段階（言語、神話、芸術、学問）を把握すると同時に根拠づけ、だが他方でふたたび、相対化するか、——このことが最も明瞭に際立つのは、ひょっとしたら、論理的なものに対するこの形而上学の態度においてであるかもしれない。《純粋論理学》の発展の全体は、心理学的なものに対して、論理的なものの切り離された存立（*Bestand*）、すなわち、論理的な《諸対象》の純粋な存在を、それら諸対象が個々人の意識に現れる過程から独立に、確定することに至る。
体験——および妥当
妥当の概念の展開
（資料は、ひょっとしたらリーベルト〔六〕に？）

歴史的展開

ライプニッツ――法学（Doctrina juris）……

第一段階……

十八世紀における心理主義と反心理主義をめぐる争い（テーテンス、ロッシウス）[七]『認識問題』を参照。

プラトンのイデアを《妥当》として解釈すること――

ロッツェ、コーヘン、ナトルプ（関係の存立として）、フッサールの「第三の国」。

これらすべては、疑いようもなく、論理的な領域の内部では、異論の余地がない。しかし、《存立》というこの概念もまた、まさに最高の論理的な象徴以外の何ものでもないということを洞察することが重要である。

論理学は、真理の無制約的な妥当以上には、到達しない。なぜならば、まさに妥当と関係こそが、論理学が唯一自由に使うことのできるカテゴリーだからである。

最終的には、論理学にとっては、常に、繰り返し、これらのカテゴリー（これらの《象徴》）そのものが、客観的形態において現れる。

神話が、その機能に従って、一切を生に変貌させるように、論理的な根本機能は、その本性に従って、一切を《存立》と《妥当》に変貌させる――

それゆえに、神話にとっては、一切の《自然》が、人格的な力となる。論理的な根本機能にとっては、一切の《自然》が、法則となる（ボイル[八]における移行の事例）。

しかし、両者の立場は、絶対的ではない。両者のいずれも、端的な本質「なるもの」を与えるのではなく、我々によって本質が考察される一つの特殊な視点（*Blickpunkt*）を与えるだけである——

これによって、二律背反は解決されている——

（最終の最高の洞察においては、我々は、もちろん、妥当の概念にまで高まらなければならない。しかし、だからといって我々は、生の概念を放棄することはできない！　むしろ逆である。すなわち、生の概念が最終の概念である——我々が移ろいやすい諸々の象徴のなかで《関与している（teilhaben）》、生それ自身である！

《存立》の概念もまた——比喩にすぎない[九]！

このような仕方で、我々にとっては、論理主義と心理主義の間の争いもまた、解決されるのである。

注

象徴形式の形而上学

第I章 「精神」と「生」

原注

(1) Rickert, *Die Philosophie des Lebens. Darstellung und Kritik der philosophischen Modeströmungen unserer Zeit.* Tübingen 1920.

(2) Simmel, *Die Transzendenz des Lebens* (*Lebensanschauung. Vier metaphysische Kapitel,* München u. Lpz. 1918), S.1ff.

(3) Simmel, a.a.O., S.22f.

(4) Simmel, *Lebensanschauung,* Cap.II: Die Wendung zur Idee とりわけ S.38f. を参照。

(5) Simmel, *Die Transzendenz des Lebens,* S.24 (vgl. ob. S.9).

(6) これについては、とりわけ、[*PsF,*] Bd.II, S.216ff. を参照。

(7) 詳細は、例えば、Weyl, *Raum Zeit Materie,* 4. Aufl., §12, §27. また上記、[*PsF,* Bd.III,] S. [411] を参照。

(8) Klages, *Vom kosmogonischen Eros,* München 1922, S.45.

(9) Klages, *Vom kosmogonischen Eros,* S.94. ――「諸形象の現実」については、とりわけ S.74ff. を参照。

(10) Klages, *Mensch und Erde, Fünf Abhandlungen,* München 1920, S.40ff. とりわけ、論文 *Bewußtsein und Leben,* ibid., S.49ff. を参照。

(11) この点については、とりわけ、[*PsF,*] Bd. II, S.246 ff. を参照。

(12) Klages, *Vom kosmogonischen Eros,* S.46f.

(13) 詳しくは拙著 „*Individuum und Kosmos in der Philosophie der Renaissance*", *Studien der Bibliothek Warburg,* X, Leipzig

1927, S46ff. を見よ。

訳注

〔一〕 カッシーラー『象徴（シンボル）形式の哲学』（全三巻）の内容の展開を指す。なお、本遺稿の成立事情については、「訳者あとがき」を見られたい。

〔二〕 カッシーラー『象徴形式の哲学』第三巻を参照。

〔三〕 本書では、**Ausdruck** を「表情〔表現〕」ないし「表現〔表情〕」とし、文脈によっては、「表情」あるいは「表現」と訳出した。

〔四〕 **Darstellung** は、「描出〔表示〕」とし、文脈によって「描出」あるいは「表示」と訳出した。

〔五〕 ゲーテ『ファウスト』、一九〇八行以下を参照。

〔六〕 ゲーテ『ファウスト』、一九二二〜一九二六行を踏まえたもの。

〔七〕 **DK 59A45** を参照。ただし、同箇所において「全種子総合体」は、アナクサゴラスの主張としては登場しない。

〔八〕 **DK 59B8** を参照。

〔九〕 **DK 22B51** ないし、プラトン『饗宴』一八七ａにおけるヘラクレイトスの言葉を踏まえたもの。

〔一〇〕 ゲーテ『ファウスト』一二一〇八行以下を踏まえたもの。

〔一一〕 スピノザ『エティカ』第一部、定義三を参照。

〔一二〕 プラトン『ピレボス』二六ｄ。

〔一三〕 ゲーテ「エピグラム　ヴェネツィア　一七九〇年（*Epigramme. Venedig 1790*）」第二九を参照。

〔一四〕 ゲーテの詩「言語（*Sprache*）」。

〔一五〕 ゲーテの詩「一者と万象と（*Eins und Alles*）」を参照。

〔一六〕 プラトン『パイドン』八〇ｂなどを踏まえたもの。

〔一七〕 バイロン『マンフレッド』第一幕、第一場。

〔一八〕 **Ludwig Klages**（一八七二〜一九五六年）、哲学者、心理学者。著書に『宇宙形成のエロス』（一九二二年）など。

〔一九〕 **Johann Jakob Bachofen**（一八一五〜一八八七年）、法制史家、法律家。著書に『母権論』（一八六一年）など。

〔二〇〕 ゲーテ『色彩論』「まえがき」を参照。
〔二一〕 カント『判断力批判』§15などを参照。
〔二二〕 Repräsentation は、「再現〔表現〕」ないし「再現」と訳出した。
〔二三〕 ゲーテの詩「パラバーゼ（*Parabase*）」に基づくもの。
〔二四〕 ゲーテの詩「神性（*Das Göttliche*）」に基づく表現。
〔二五〕 メーリケの詩「ランプに寄す（*Auf eine Lampe*）」を踏まえたもの。

第II章　哲学的人間学の根本問題としての象徴の問題

原注

1　哲学的人間学の問題

(1) Kant, *Nachricht von der Einrichtung seiner Vorlesungen im Winterhalbjahr 1765/66*, *Werke* (ed. Cassirer), Bd. II, S.326.
(2) Kant, *Nachricht von der Einrichtung seiner Vorlesungen 1765/66*, *Werke*, Bd. II, S.326.
(3) Helmuth Plessner, *Die Stufen des Organischen und der Mensch. Einleitung in die philosophische Anthropologie*, Berlin, 1928, S.32. 以前から予告されていたシェーラーの哲学的人間学は、本章執筆の時点においては、ヘルマン・カイザーリング編の論集 „*Mensch und Erde*“ (Darmstadt 1927), S.161 ff. において „*Sonderstellung des Menschen*“ という表題で公表された短いスケッチのみが存在している。
(4) Scheler, a.a.O., S.169.
(5) 詳細は、とりわけ以下を見よ。[*PsF*,] Bd.I, S.208ff.; Bd.II, S.228ff.; S.246ff., u.ö.
(6) これについての詳細は、とりわけ以下を見よ。[*PsF*,] Bd.II, S.262ff.
(7) v. Uexküll, *Umwelt und Innenwelt der Tiere*, Berlin 1921, S.5.
(8) v. Uexküll, a.a.O., S.45f.
(9) Uexküll, a.a.O., S.46. を参照。
(10) Plessner, a.a.O., S.246.
(11) Uexküll, a.a.O., S.41.

(12) この点については、以下を参照。[*PsF*, Bd. III,] Die Einleitung, bes. S. [43] ff.

(13) Bergson, *L'évolution créatrice*, Chap. 2, 2e édit. Paris 1907, S.146f.

(14) Bergson, *L'évolution créatrice*, Introduction, p. III を参照。

(15) Bergson, *L'évolution créatrice*, S.211.

(16) Uexküll, a.a.O., S.5.

(17) この点の全体については、とりわけ上記 [*PsF*, Bd. III, Teil 1,] Cap. [2], S. [73] ff. を参照。「行動主義」の方法的批判については、現在ではとりわけ、ビューラーの説明を参照。*Die Krise der Psychologie*, Jena 1927, S.18ff.

(18) 認識の「プラスの意味とマイナスの意味」のこのような定義については、とりわけ、ナトルプの „*Allgemeine Psychologie*" における基本的な諸規定、ならびに以前に（[*PsF*, Bd. III, Teil 1,] Cap. [1]）なされた、それに対する批判的な討究を参照。

(19) 上記〔本書四七〕頁〔以下〕を参照。

訳注

〔一〕カント『純粋理性批判』A XVI以下を参照。

〔二〕ダーウィン『人および動物の表情について』（一八七二年）。

〔三〕Wilhelm Wundt（一八三二～一九二〇年）、心理学者。

〔四〕シラーの詩「幸運（*Das Glück*）」を参照。

〔五〕ゲーテの詩「もちろん　物理学者に（*Allerdings. Dem Physiker*）」を踏まえたもの。

〔六〕Jakob von Uexküll（一八六四～一九四四年）、生物学者、動物行動学者。著書に『理論生物学』（一九二〇年）など。

〔七〕Umwelt は、ユクスキュルとの関連では、「環世界」とも訳されるが（ユクスキュル／クリサート『生物から見た世界』日高敏隆／羽田節子訳、岩波書店（岩波文庫）、二〇〇五年、ユクスキュル『生命の劇場』入江重吉／寺井俊正訳、博品社、一九九五年）、本書では環境世界で統一した。

〔八〕Funktionskreis は、ユクスキュルとの関連では「機能環」とも訳される。カッシーラーでは Funktionskreis あるいは Kreis を含む概念や Kreis という語は、動物のみならず人間についても用いられている。人間については「視圏

(Gesichtskreis)」という用例も見られる。これらの点から、Kreisは、概念のなかにこの語が含まれる場合は、「圏」に統一し、この語が単独で用いられる場合には、おおむね「圏域」とした。

〔九〕 シラー『人間の美的教育についての書簡』書簡第二五。

〔一〇〕 ゲーテ「繰り返される反映（*Wiederholte Spiegelungen*）」を参照。

〔一一〕 カント『判断力批判』§77を参照。

〔一二〕 カント『判断力批判』§80を参照。

2 生と象徴形式

原注

(1) とりわけ Natorp, *Allgem. Psychologie*, Cap. 5. §17, S.125ff. を参照。

(2) Natorp, *Allgemeine Psychologie*, Cap. 4, §4 ff. ; u.ö.

(3) 例えば Natorp, *Philosophische Propaedeutik*, 3. Aufl., Marburg 1909, §43 を参照。

(4) これに関しては、先の説明、[*PsF*, Bd. III], [Teil 1], Cap. [1], S. [67] を参照。

(5) Bergson, *L'évolution créatrice*, S.151.

(6) このような連関は、現在、とりわけプレスナーの「哲学的人間学」の叙述に現れている。その成果は、まったく別の道によって得られたものではあるが、我々の成果にきわめて接近している。とりわけ、この点については、プレスナーの著作の二つの最終章（a.a.O., S.239ff.）を参照されたい。シェーラーの人間学のこれまでに提示された短いスケッチから私が明らかにし得た限りでは、我々は、この点においてシェーラーの基本見解とも、原則的に一致していると思うのである。

(7) Uexküll, a.a.O., S.182, 219.

(8) 全体についてはUexküll, a.a.O., S.144ff. を参照。

(9) *Krit. d. r. Vernunft*, 2te Aufl., S.274ff. を参照。

(10) 上記 [*PsF*, Bd. III,] S. [178, Anm.] を参照。

(11) Hans Volkelt, *Über die Vorstellungen der Tiere*, Lpz. u. Berlin 1914, S.79ff.

(12) Volkelt, a.a.O., S.125f.
(13) 全体については、とりわけ、[*PsF,*] Bd.II, S.221ff. u.ö. を参照。
(14) 詳細は、Heinz Werner, *Einführung in die Entwicklungspsychologie*, とりわけ §13, §22, §34ff.
(15) 上記 [*PsF*, Bd. I,] S. [136, u. Bd. III, S.77] 参照。
(16) 証拠はふたたび Werner, *Einführung in die Entwicklungspsychologie*, §13, u.ö. に見出される。
(17) ヴィニョリの理論については、[*PsF,*] Bd. II, S.28, Anm. を参照。
(18) Herder, *Über den Ursprung der Sprache, Werke* (Suphan), Bd. V, S.53.
(19) 詳細な論証については、ここでは »*Sprache und Mythos*« (*Studien der Bibliothek Warburg*, VI), S.51ff. における、より立ち入った叙述が参照されなければならない。また、[*PsF,*] Bd. II, S.246ff. も見よ。
(20) 証拠は、とりわけ、„*Sprache und Mythos*", S.37ff.
(21) 冠詞のこのような機能と冠詞の指示代名詞との連関については、[*PsF,*] Bd. I, S.151ff. を参照。
(22) 詳細な論証は、先の論述――[*PsF,*] [Bd. I, S.250 u. Bd. III,] S. [126] ff. を参照。
(23) この点についての詳細は [*PsF,*] [Bd. III, Teil 2,] Cap. [2], とりわけ S. [139] ff. を見よ。
(24) 例えば、ウィチョール・インディアンの神話的な思考世界における、穀物、鹿、サボテンの一種であるペヨーテの間にある同一性を参照。Lumholtz, *Symbolism of the Huichol Indians*, S.17 ff. を参照。――詳細は、[*PsF,*] Bd. II, S.223 ff. ならびに、Lévy-Bruhl, *Das Denken der Naturvölker*, S.98 ff. を見よ。
(25) これについての証拠は、例えば、„*Sprache und Mythos*", S.33 ff. を見よ。
(26) Volkelt, *Über die Vorstellungen der Tiere*, S.29; 前述 [*PsF*, Bd. III,] S. [321f.] を参照。
(27) この点については、例えば、„*Sprache und Mythos*", S.37ff., 79f. を参照。
(28) Konrad Fiedler, *Moderner Naturalismus und künstlerische Wahrheit*, in: *Schriften über Kunst*, hg. von H. Konnerth, 2 Bände, München 1913; Bd. I, S.180.
(29) Fiedler, *Aphorismen aus dem Nachlass* (Ausg. Konnerth, No. 88), Bd. II, S.65f.
(30) Fiedler, *Über den Ursprung der künstlerischen Tätigkeit* (*Schriften über Kunst*, Bd. I, S.276).
(31) 「論証的な」言語的形式と「直観的な」芸術的形式のこのような相違については、とりわけ、»*Wirklichkeit und*

Kunst«, 2tes Bruchstück, in: *Schriften*, Bd. II, S.238ff. におけるフィードラーの論述を参照。

(32) Fiedler, *Ursprung der künstlerischen Tätigkeit*, *Schriften*, Bd. I, S.319.

(33) [*PsF*,] Bd. I, S.208ff.; Bd. II, S.191ff.; S.216ff. を参照。

(34) この区別については、Russell, *The Analysis of Mind*, London 1921, Lecture IX を参照（上記 [*PsF*, Bd. III,] S. [202f.] を参照）。

(35) 現在、この点についてはとりわけ Alfred Bäumler, *Bachofen der Mythologe der Romantik* (Einleitung zu der Bachofen-Ausgabe von Bäumler und Schroeter, München 1926, bes. S. CLXXXIXff.) を参照。

(36) Bachofen, *Die Sage von Tanaquil* (1869), Einleitung; Ausg. von Bäumler und Schroeter, S.539ff.

(37) これに関しては、[*PsF*,] Bd. II, S.6 ff. を参照。

(38) Bachofen, *Vorrede zum Mutterrecht* (Ausg. Bäumler-Schroeter, S.11).

(39) これに関しては、[*PsF*,] Bd. II, S.135 ff. を参照。

(40) この点の全体に関しては、[*PsF*,] Bd. II, S.159 ff., 240 ff. u.ö. を参照。

(41) この問題に関しては、例えば、Rudolf Brun, *Die Raumorientierung der Ameisen und das Orientierungsproblem im allgemeinen*, Jena 1914 における豊富な資料を参照。

(42) Bethe, *Dürfen wir den Ameisen und Bienen psychische Qualitäten zuschreiben?*, *Pflügers Archiv*, Bd. 70, 1898; また、H. Volkelt, a.a.O., S.23 ff. を参照。

(43) Rádl, *Untersuchungen über den Phototropismus der Tiere*, Lpz. 1903. (v. Uexküll, *Umwelt und Innenwelt der Tiere*, S.208 より引用)

(44) 詳細は、[*PsF*,] Bd. II, S.108 ff., 122 ff. を見よ。

(45) 全体は、[*PsF*,] Bd. I, S.146 ff.; Bd. III, S. [176] ff. u.ö. を参照。

(46) 全体は、以前の論述、とりわけ、[*PsF*, Bd. III, Teil 3], Cap. [3], S. [381] ff. を参照。

(47) 詳細は、[*PsF*,] Bd. I, S.286 ff. を見よ。

(48) より詳しい証明は、[*PsF*,] Bd. II, Abschn. 2, Cap. II, bes. S.141 ff. を見よ。

(49) 例えば、無神論であるとの告発に対しての、公衆に向けてのフィヒテの訴えを参照。――「私は、特殊な実体としての神の概念が不可能で矛盾した概念である、と言っているのである……私は、感覚世界の存在による神の存在の証明が不可能で矛盾している、と言っているのである。したがって私は、もちろん、実体的な、感覚世界から導き出され得る神を否認する。ところで、私がこれを否認することによって、私は彼らにとって……無神論者一般となるわけである。したがって、私が肯定するものは、彼らにとっては無である、絶対的に無なのである。すなわち、彼らにとってはそもそも、実体的で感覚的なもの以外の何ものも存在しないのであり、したがってまた、実体的な、感覚世界から導き出し得る神しか存在しないのである」(*Sämtliche Werke*, Bd. V, S.216 f.)。

(50) Spengler, *Untergang des Abendlandes*, Einleitung.

(51) 〔本書三二頁以下〕を参照。

(52) とりわけ、Spengler, „*Untergang des Abendlandes*", Einleitung No. 13, 14 を参照。

(53) 「有機体論的な」見方に対するこのような批判において、私は、とりわけテオドール・リットと一致している。「社会的現実の体験連関へ歩み入ることが、自我にとって、その内面生活を象徴諸形式のなかで客観化するきっかけとなる。これによって」――リットは、我々がここにおいて一貫して主張し、保持した方法的な根本見解とまったく同じ意味において、このように書いている――「同時に自我は、これとは異なった、別種の、別様に構造化された『世界』の広がりのなかに置き入れられるのである。すなわち、『時間』と『現実』に対する一切の関係から解き放たれた、『意味』の世界のなかにである――この世界もまた、あの別の世界と同じく、自我をあらがい難く、自己自身を超えて連れ出してゆくのであり、このことは、この世界が自我を、個々の限定された意味内実から、これに接触させられていた意味の織物のなかへと次々に引き入れてゆくことによってなのである。……無時間的－理念的な関係は……心的な生が象徴的な形式形成によって連結する場合には、いたるところで、さまざまな主観の言明を超えて広がらざるを得ないのである」(*Individuum und Gemeinschaft*, zweite Aufl., Lpz. 1924, S.180, 183)。

訳注

〔一〕DK 22B51 を参照。

〔二〕Hans Volkelt(一八八六～一九六四年)、心理学者。

〔三〕Tito Vignoli(一八二九～一九一四年)、哲学者。

〔四〕 Wolfgang Köhler（一八八七～一九六七年）、心理学者。

〔五〕 Johann Wilhelm Mannhardt（一八三一～一八八〇年）、神話学者。

〔六〕 ゲーテ『ファウスト』一四六行による。

〔七〕 ゲーテ「自然の単純な模倣、手法、様式（*Einfache Nachahmung der Natur, Manier, Stil*）」。

〔八〕 ゲーテ『箴言と省察』一八三。

〔九〕 この（　は、閉じられていないが原文通りである。

〔一〇〕 Max Liebermann（一八四七～一九三五年）、画家。

〔一一〕 Konrad Fiedler（一八四一～一八九五年）、芸術理論家。

〔一二〕 ヘルダー（一七四四～一八〇三年）『人類最古の文書（*Älteste Urkunde des Menschengeschlechts*）』（一七七四～一七七六年）を参照。

〔一三〕 ハーマン（一七三〇～一七八八年）『美学提要（*Aesthetica in nuce*）』（一七六二年）を参照。

〔一四〕 ゲーテ『ファウスト』六二二二行以下を踏まえたもの。

〔一五〕 この（　は、閉じられていないが原文通りである。

〔一六〕 Albrecht Bethe（一八七二～一九五五年）、生理学者。

〔一七〕 Emanuel Rádl（一八七三～一九四二年）、生物学者、哲学者。

〔一八〕 ゲーテ『ファウスト』一一一五行に基づく。

〔一九〕 スピノザ、書簡第五〇を参照。

〔二〇〕 プラトン『国家』五〇九bを踏まえたもの。

〔二一〕 原稿の右下隅に「二八年四月十六日終了」の記載がある。

基礎現象について

訳注

〔一〕 前一世紀の懐疑主義者。

〔二〕プラトン『パイドン』六五bを参照。

〔三〕カルデロン・デ・ラ・バルカ（一六〇〇～一六八一年）の同名の戯曲を参照。

〔四〕Richard Hönigswald（一八七五～一九四七年）、哲学者。

〔五〕Leonard Nelson（一八八二～一九二七年）、哲学者、教育学者。

〔六〕Jakob Friedrich Fries（一七七三～一八四三年）、哲学者、物理学者。

〔七〕本書一六七頁以下、「Ⅰβ　表情〔表現〕機能の客観性の性格」を指す。

〔八〕ルドルフ・カルナップ（一八九一～一九七〇年）『世界の論理的構築（*Der logische Aufbau der Welt*）』（一九二八年）第Ⅲ部C「基礎（Die Basis）」を参照。この点については、「訳者あとがき」四五四頁も参照。

〔九〕ゲーテ『ファウスト』四四三行以下、参照。

〔一〇〕Carnap, *Scheinprobleme in der Philosophie. Das Fremdpsychische und der Realismusstreit*, Berlin-Schlachtensee 1928, §11, S.40を参照。

〔一一〕ショーペンハウアー『意志と表象としての世界』正編・第二巻・第一九節を参照。

〔一二〕本書一五八頁以下、「Ⅰα　知覚の客観性の性格」を指す。

〔一三〕ライプニッツ『モナドロジー』§17などを参照。

〔一四〕ライプニッツ『形而上学叙説』§34を参照。

〔一五〕Jonas Cohn（一八六九～一九四七年）、哲学者、教育学者。

〔一六〕Cohn, *Kritische Bemerkungen zur neupositivistischen Erkenntnislehre, namentlich zu der Carnaps*, in: *Philosophische Hefte*, 5. Jg. Heft 1/2, 1936.

〔一七〕この）に対応する（は記されていないが、原文通りである。

〔一八〕アルキメデスが語ったと伝えられている言葉。

〔一九〕Erwin Schrödinger（一八八七～一九六一年）、物理学者。

〔二〇〕Schrödinger, *Quelques remarques au sujet des bases de la connaissance scientifique*, in: *Scientia. Rivista internazionale di sintesi scientifica* 57, 1935を参照。

〔二一〕ゲーテ『箴言と省察』三九一～三九三。

〔二二〕ゲーテ『箴言と省察』三九一。
〔二三〕ゲーテの詩「原詞　オルフォイス風に（*Urworte. Orphisch*）」を参照。
〔二四〕ワイマル版ゲーテ全集、第三巻、五八頁。
〔二五〕ゲーテの詩「旅の歌（*Wanderlied*）」を参照。
〔二六〕ゲーテ『箴言と省察』四四二。
〔二七〕ゲーテ『トルクワート・タッソー』第二幕・第三場を参照。
〔二八〕Karl Bühler（一八七九〜一九六三年）、心理学者。
〔二九〕シラーのエピグラム「言語（*Sprache*）」を参照。
〔三〇〕ゲーテ『ファウスト』六三二行以下に基づく。
〔三一〕ハイネの詩「イェフーダ・ベン・ハレヴィー（*Jehuda ben Halevy*）」第二（詩集『ロマンツェーロ（*Romanzero*）』第三巻）を参照。
〔三二〕ディドロの『絵画論』についてのゲーテの論評（*Diderot's Versuch über die Mahlerei*）を参照。
〔三三〕ゲーテ『ファウスト』四七二七行に基づく。
〔三四〕カッシーラーの論文。『ゲーテと歴史的世界』（一九三二年）所収。
〔三五〕ゲーテ『箴言と省察』二六一。
〔三六〕ゲーテ『箴言と省察』七一三を参照。
〔三七〕ゲーテ『箴言と省察』四一二を参照。
〔三八〕プラトン『ソクラテスの弁明』三八ａ。
〔三九〕プラトン『パイドン』八二ａ—ｂを参照。
〔四〇〕プラトン『パイドン』九七ｄ以下を参照。
〔四一〕プラトン『ティマイオス』五二ｂを参照。
〔四二〕プラトン『パイドン』七八ｄを参照。
〔四三〕ヴォルフラム・フォン・エッシェンバハ『パルチヴァール』第一巻。
〔四四〕一九三一年の誤りであろう。

〔四五〕ライプニッツ「デ・フォルダー宛書簡」（一七〇四年一月二十一日）を参照。
〔四六〕ライプニッツ『人間知性新論』「序文」を参照。
〔四七〕R. Klibansky and H. J. Paton (ed.), *Philosophy and History. Essays Presented to Ernst Cassirer*, Oxford 1936.
〔四八〕Max Adler（一八七三〜一九三七年）、社会学者、哲学者。
〔四九〕本書一九二頁。
〔五〇〕カント『純粋理性批判』A五九八／B六二六を参照。
〔五一〕Ludwig Noiré（一八二九〜一八八九年）、哲学者。
〔五二〕デカルト『省察』「第二反論」、「第二反論に対する答弁」を参照。
〔五三〕Hugo Münsterberg（一八六三〜一九一六年）、心理学者、哲学者。
〔五四〕Cohn, *Münsterbergs Versuch einer erkenntnistheoretischen Begründung der Psychologie*, in: *Vierteljahrsschrift für wissenschaftliche Philosophie* 24, 1900. Ders.: *Der psychische Zusammenhang bei Münsterberg*, in: *Vierteljahrsschrift für wissenschaftliche Philosophie und Soziologie* 26. N.F. 1, 1902.
〔五五〕Oswald Külpe（一八六二〜一九一五年）、心理学者。
〔五六〕August Messer（一八六七〜一九三七年）、哲学者、心理学者。
〔五七〕Theodor Lipps（一八五一〜一九一四年）、心理学者、哲学者。
〔五八〕Johann Nicolaus Tetens（一七三六〜一八〇七年）、心理学者。
〔五九〕紙片β 1)は本書一七四頁以下、紙片β 2)は一九〇頁以下。
〔六〇〕Cassirer, *Paul Natorp. 24. Januar 1854-17. August 1924* (1925), in: *Ernst Cassirer Gesammelte Werke Hamburger Ausgabe*, Bd. 16, S.197ff.
〔六一〕Cassirer, *Die Sprache und der Aufbau der Gegenstandswelt* (1932), in: *Ernst Cassirer Gesammelte Werke*, Bd.18, S.111ff.
〔六二〕Cassirer, *Le langage et la construction du monde des objets* (1933), in: *Ernst Cassirer Gesammelte Werke*, Bd.18, S.265ff.
〔六三〕カント『プロレゴーメナ』「付録　学問としての形而上学を現実的にするために行なわれ得ることについて」を参照。
〔六四〕ルドルフ・オットー『聖なるもの』（一九一七年）第四章を参照。

〔六五〕Kurt Leese（一八八七〜一九六五年）、神学者、牧師。
〔六六〕シェリング『超越論的観念論の体系』第六章・§3を参照。
〔六七〕ヒューム『人間知性の探究』第一二章を参照。
〔六八〕プラトン『国家』五一〇bを参照。
〔六九〕本書二六〇頁。
〔七〇〕プラトン『国家』五一一bを参照。
〔七一〕本書二四六頁以下。
〔七二〕Folke Leander（一九一〇〜一九八一年）、哲学者。
〔七三〕いずれも、ユウェナーリス『風刺詩』第六歌二二三行に基づく。
〔七四〕プラトン『ソクラテスの弁明』一九bを参照。
〔七五〕プラトン『テアイテトス』一六五e—一六八cを参照。
〔七六〕本書二六九頁以下。
〔七七〕本書二七四頁。
〔七八〕この（は閉じられていないが、原文通りである。
〔七九〕メーリケの詩「ランプに寄す（*Auf eine Lampe*）」を踏まえたもの。
〔八〇〕Franz Boll（一八六七〜一九二四年）、古典文献学者。言及されているのは、『観想的生活（*Vita contemplativa*）』（一九二〇年）。
〔八一〕Heinrich Maier（一八六七〜一九三三年）、哲学者。
〔八二〕ゲーテ『箴言と省察』六五七、六六三。
〔八三〕本書二八四頁。
〔八四〕プラトン『パイドロス』二四九eを参照。
〔八五〕本書二七五頁。
〔八六〕プラトン『クラテュロス』三八六eを参照。
〔八七〕プラトン『パイドン』一〇〇bを参照。

〔八八〕　本書二四六頁以下。

象徴形式　第Ⅳ巻

訳注

〔一〕　『象徴形式の哲学』第三巻「序論」第三節を参照。

〔二〕　ゲーテ『箴言と省察』五七五。

〔三〕　Josef König（一八九三～一九七四年）、哲学者。言及されているのは、*Der Begriff der Intuition*, Halle / Saale 1926.

〔四〕　Hans Heyse（一八九一～一九七六年）、哲学者。言及されているのは、*Der Begriff der Ganzheit und die Kantische Philosophie*, München 1927.

〔五〕　パルメニデスの言葉。DK 28B3 を参照。

〔六〕　DK 31B109 を参照。

〔七〕　ゲーテの詩「ガニュメート（*Ganymed*）」を参照。

〔八〕　スピノザ『エティカ』第二部・定理七を参照。

〔九〕　カッシーラーの原文は、multinum in sino expressio となっている。

〔一〇〕　プラトン『パイドン』一〇〇dを参照。

〔一一〕　本書二九九頁以下。

〔一二〕　Joachim Wach（一八九八～一九五五年）、哲学者。言及されているのは、*Das Verstehen. Grundzüge einer Geschichte der hermeneutischen Theorie im 19. Jahrhundert.* 3 Bde, Tübingen 1926–1933.

〔一三〕　Pierre Duhem（一八六一～一九一六年）、物理学者、哲学者、科学史家。

〔一四〕　ゲーテの詩「神と心情と世界（*Gott, Gemüth und Welt*）」。

〔一五〕　この（は閉じられていないが、原文通りである。

〔一六〕　ゲーテ『ファウスト』六二四六行以下を参照。

〔一七〕　ゲーテ『ファウスト』六二七一行による。

〔一八〕 ゲーテ『ファウスト』六二一六行以下を参照。
〔一九〕 Hans Prinzhorn（一八八六〜一九三三年）、精神療法医。
〔二〇〕 Prinzhorn, *Die Begründung einer reinen Charakterologie durch Ludwig Klages*, in: ders., *Um die Persönlichkeit. Gesammelte Abhandlungen und Vorträge zur Charakterologie und Psychopathologie*. 1. Bd., Heidelberg 1927.
〔二一〕 『ファウスト』三四三三行を踏まえたもの。
〔二二〕 ゲーテ『ファウスト』五〇八行以下を踏まえたもの。
〔二三〕 ゲーテの詩「エピグラム　ヴェネツィア　一七九〇年（*Epigramme. Venedig 1790*）」第二九を参照。
〔二四〕 シラーのエピグラム「ディレッタント（*Dilettant*）」を参照。
〔二五〕 ゲーテ『ファウスト』六三二行以下に基づく。
〔二六〕 カント『純粋理性批判』A五／B八以下を踏まえた表現。
〔二七〕 シラーのエピグラム「ディレッタント」を参照。
〔二八〕 ハイデガー『存在と時間』の訳文と訳語は、原佑責任編集『世界の名著六二　ハイデガー』（中央公論社、一九七一年）に従った。
〔二九〕 シラーの詩「理想と生（*Das Ideal und das Leben*）」を参照。
〔三〇〕 ヘルダー『人類歴史哲学考』第二部・第九巻・第一章を参照。
〔三一〕 Emile Bréhier（一八七六〜一九五二年）、哲学史家。
〔三二〕 ゲーテの詩「合間の歌（*Zwischengesang*）」に基づく。
〔三三〕 スピノザ『エティカ』第四部・定理六七を参照。
〔三四〕 シラーの詩「芸術家（*Die Künstler*）」を参照。
〔三五〕 ライプニッツ「ライプニッツの第三の手紙」（『ライプニッツとクラークの往復書簡』）参照。
〔三六〕 ライプニッツ『人間知性新論』「序文」を参照。
〔三七〕 Hermann Usener（一八三四〜一九〇五年）、古典文献学者。
〔三八〕 カント『純粋理性批判』A一四一／B一八〇以下を参照。
〔三九〕 クライスト『操り人形劇について（*Über das Marionettentheater*）』を参照。

〔四〇〕 Fritz Mauthner（一八四九～一九二三年）、作家、哲学者。

〔四一〕 Carl Haeberlin（一八七八～一九四七年）、医師。あるいは、Paul Haeberlin（一八七八～一九六〇年）、哲学者、教育学者。

〔四二〕 Carl Gustav Carus（一七八九～一八六九年）、医師、生物学者、哲学者。

〔四三〕 Carus, *Psyche. Ausgewählt und eingeleitet von Ludwig Klages*, Jena 1926 を参照。

〔四四〕 M. Schlick, *Erleben, Erkennen, Metaphysik*, in: *Kant-Studien* 31, 1926.

〔四五〕 スピノザ『国家論』第一章・第四節を参照。

〔四六〕 アリストテレス『霊魂論』四〇七ｂ三〇以下を参照。

〔四七〕 『創世記』、第三章一九を参照。

〔四八〕 ゲーテ『ファウスト』六九八行を踏まえたもの。

〔四九〕 Othmar Spann（一八七八～一九五〇年）、社会学者、経済学者、哲学者。

〔五〇〕 スピノザ『エティカ』第五部・定理一九を参照。

〔五一〕 Plessner, *Die Stufen des Organischen und der Mensch. Einleitung in die philosophische Anthropologie*, Berlin/Leipzig 1928.

〔五二〕 ゲーテの詩「人間の限界（*Grenzen der Menschheit*）」を踏まえたもの。

〔五三〕 ゲーテ『ファウスト』二一六三行に基づく。

〔五四〕 ゲーテ『ファウスト』一六九九行以下に基づく。

〔五五〕 Frank Hamilton Cushing（一八五七～一九〇〇年）、民族学者。

〔五六〕 Konrad Theodor Preuß（一八六九～一九三八年）、民族学者。

〔五七〕 Lévy-Bruhl, *Das Denken der Naturvölker*. Aus dem Französichen übersetzt von Paul Friedländer, 2. Aufl., Wien/Leipzig 1926.

〔五八〕 Jan Jakob Maria de Groot（一八五四～一九二一年）、中国学者。

〔五九〕 Fiedler, *Schriften über Kunst*, hrsg. von Hermann Konnerth, 2 Bde, München 1913-14.

〔六〇〕 Adolf von Hildebrand（一八四七～一九二一年）、彫刻家。言及されているのは、*Adolf von Hildebrands Briefwechsel mit Conrad Fiedler*, hrsg. von Günther Jachmann, Dresden 1927.

〔六一〕ゲーテ「自然の単純な模倣、手法、様式（*Einfache Nachahmung der Natur, Manier, Stil*）」を参照。

付録　象徴概念――象徴的なものの形而上学

訳注

〔一〕カント『純粋理性批判』A五／B八を参照。

〔二〕Max Frischeisen-Köhler（一八七八～一九二三年）、哲学者、教育学者。

〔三〕Frischeisen-Köhler, *Philosophie und Leben. Bemerkungen zu Heinrich Rickerts Buch: ‚Die Philosophie des Lebens'*, in: *Kant-Studien* 26, 1921.

〔四〕本書四二二頁末尾の文を指すものと思われる。

〔五〕バークリ『人知原理論』「序論」§24を参照。

〔六〕Arthur Liebert（一八七八～一九四六年）、哲学者。

〔七〕Johann Christian Lossius（一七四三～一八一三年）、哲学者。

〔八〕Robert Boyle（一六二七～一六九一年）、化学者。

〔九〕ゲーテ『ファウスト』一二一〇四行以下を参照。

訳者あとがき

本書は、Ernst Cassirer, *Nachgelassene Manuskripte und Texte*, hrsg. von John Michael Krois und Oswald Schwemmer, Bd. 1: *Zur Metaphysik der symbolischen Formen*, hrsg. von John Michael Krois unter Mitwirkung von Anne Appelbaum, Rainer A. Bast, Klaus Christian Köhnke und Oswald Schwemmer (Hamburg 1995) に収められたエルンスト・カッシーラーの遺稿の全訳である。

哲学者カッシーラー（一八七四〜一九四五年）の残した膨大な遺稿は、現在、アメリカ・コネティカット州のイェール大学、バイネッケ稀覯本・草稿ライブラリーにまとまった形で所蔵されている。この遺稿には、すでに公刊されている著作の草稿のほかに、未公刊の草稿、とりわけ、一九三三年からのイギリス、スウェーデン、アメリカでの亡命生活の時期に執筆された未公刊の草稿類が数多く含まれている。カッシーラーの遺稿は、数次にわたる整理・調査を経て一九八〇年代の末に本格的な保管とカタログ作成の作業が始められ、これに続いて一九九〇年代半ばから、未公刊の遺稿が、イェール大学所蔵以外のものも収める形で、エルンスト・カッシーラー遺稿集（Ernst Cassirer, *Nachgelassene Manuskripte und Texte*）として、ハンブルクのフェリックス・マイナー社から刊行されるに至った。エルンスト・カッシーラー遺稿集は、カッシーラーが展開した〈象徴形式の哲学〉に関係する草稿群、とりわけ彼の哲学の基礎を問う〈基礎現象〉の考察が記された草稿群、歴史理論、法哲学、精神史、哲学史に関係する草稿群などを収めるものであり、書簡選集と合わせて全二〇巻となる予定で、現在刊行が進められている。

本書は、このエルンスト・カッシーラー遺稿集の第一巻『象徴形式の形而上学（*Zur Metaphysik der symbolischen Formen*）』に収められた遺稿を全訳したものである。この巻に収められているのは、Ⅰ「象徴形式の形而上学（*Zur Metaphysik der symbolischen Formen*）」（東一八四b）、Ⅱ「基礎現象について（*Über Basisphänomene*）」（東一八四c）、Ⅲ「象徴形式　第Ⅳ巻（*Symbolische Formen. Zu Band IV*）」（東一八四a）、Ⅳ「象徴概念――象徴的なものの形而上学（*Symbolbegriff: Metaphysik des Symbolischen*）」（東一〇七）の四つの遺稿である。これらは、一九二〇年代から四〇年代までの異なった時点に執筆されたものであるが、内容的に関連し合い、主著『象徴形式の哲学』（一九二三〜一九二九年）で展開されなかった主題やそれ以後になされたカッシーラーの思考の進展を記すものであり、それぞれが、書かれずに終わった『象徴形式の哲学』第四巻の内容を指し示している。カッシーラーの〈象徴形式の哲学〉は、これらの遺稿によってはじめて、その全体を捉えることが可能になるといえよう。

これらの遺稿に関しては、『象徴形式の形而上学』に収められた編者ジョン・クロイスの「解説（Editorische Hinweise）」に、文献学的な事項を中心とした詳細な記述がある。以下、クロイスの「解説」に基づきながら、収録の順に沿って、それぞれの遺稿について最小限のことを述べておきたい。

Ⅰ「象徴形式の形而上学」（東一八四b）は、元来、『象徴形式の哲学』の第三巻『認識の現象学』の最終章となるはずのものとして執筆された原稿である。『認識の現象学』の「はしがき（Vorrede）」で、カッシーラーは次のように述べている。

「この巻の当初の計画では特別の最終章が予定されており、そこでは現代哲学の営為全体に対する『シンボル形式の哲学』の基本思想の関係が立ち入って述べられ、批判的に基礎づけられ弁護されるはずであった。この最終章を結局私が断念したのは、推敲の過程ですでに増えてしまったこの巻の分量をこれ以上増やさないためでしかなく、そしてなんといってもこの巻に、その事象的問題によって指定されたそれに固有の道筋からはずれたさまざまな議論を持ちこまないためでしかない。〔略〕こうして、当初本巻を締めくくるはずであった批判的な最終章は、将来別に出版するためにとどめ置かれた。私は、まもなくこれを『〈生〉と〈精神〉――現代哲学批判』という表題のもとに発表したいと思っている。この巻を書くために参照した哲学的・科学的文献について一言しておくなら、この巻の原稿が一九二七年末にはすでに脱稿していたということを念頭に置いていただきたい。刊行が延びたのはひとえに、当時まだ〈批判的〉な最終章を付けくわえるつもりでいたという理由による」(『シンボル形式の哲学』第三巻上、木田元/村岡晋一訳、岩波書店、一九九四年、一三頁)。

「象徴形式の形而上学」は、ここに言及されている「〈批判的〉な最終章」に相当する原稿であり、末尾に一九二八年四月十六日執筆終了の記載がなされている。『認識の現象学』は、「はしがき」に言うように一九二七年末には完成していたのであるが、出版されたのは、一九二九年であった。「象徴形式の形而上学」は、その間、「最終章」の付加を模索するなかで執筆された原稿である。

「はしがき」では、この「最終章」を発展させたものとして、『〈生〉と〈精神〉――現代哲学批判』の刊行が予告されている。カッシーラーは、『認識の現象学』出版の直後、一九三〇年に「現代哲学における〈精神〉と〈生〉」という題名の論文を発表しているが、すでにさまざまに指摘されているように、マックス・シェーラーを中心に据えたこの論文を「現代哲学の営為全体」を視野に入れた『〈生〉と〈精神〉――現代哲学批判』と同一視することは、妥当ではないであろう。クロイスが指摘するように、「象徴形式の形而上学」を含め、束一八四の原稿群の全体が、この著書の計画に関係する準備稿と見なされるべきであろう。

「象徴形式の形而上学」は、「第I章『精神』と『生』」、「第II章 哲学的人間学の根本問題としての象徴の問題」と題された二つの部分からなっている。第II章はさらに1と2の二つの節に分かれている。1に対する「哲学的人間学の問題」、2に対する「生と象徴形式」という表題は、遺稿集第一巻の編者クロイスが付加したものである。原稿の本文は、印刷直前の段階にまで整えられたものであり、本書に収められた遺稿のなかでは、もっとも完成度が高いものである。

「第I章『精神』と『生』」は、『象徴形式の哲学』を振り返りながら問題を設定することから始められている。――「ところがいまや、このようにして個々の道筋の区分がなし遂げられたあとでは、つまり現象学的分析が言語的思考、神話的思考、科学的思考の原形式（Urform）を際立たせることを試みたあとでは、いっそう緊急にかつあらがい難く、総合がふたたびその権利を要求しているように思われるのである」（本書六頁）。「第I章『精神』と『生』」ではこのような意味での「総合」が問題とされるのであり、この観点から、『象徴形式の哲学』第三巻『認識の現象学』の「はしがき」に言う、「現代哲学の営為全体」に対する批判的検討に相当する考察が開始されてゆくことになる。出発点に置かれるのはジンメルであり、クラーゲスへの批判的検討がそれに続く。〈精神〉の〈生きた〉統一を、その固有性を抹消せずにいかに捉えるかが焦点といえよう。「第II章 哲学的人間学の根本問題としての象徴の問題」では、この問題が、哲学的人間学の構想と関係づけられて展開され、ダーウィン、ユクスキュル、ベルクソン、ナトルプ、ヴィニョリ、フィードラー、バッハオーフェン、シュペングラーらの思考が、古代ギリシアからドイツ観念論に至る哲学的思考と編み合わされつつ検討されてゆく。考察が、カントの人間学の構想を論ずることから出発している点、考察の展開が狭義の哲学的人間学の思想潮流に限定されていない点が注意されるべきであろう。

II「基礎現象について」(東一八四c)は、一九四〇年頃に執筆されたと推定される草稿である。カッシーラーは、一九三三年のナチス政権成立に伴い、ハンブルク大学を辞職してドイツを去る。オックスフォードで教鞭を取った後、一九三五年よりスウェーデンのイェーテボリ大学で教鞭を取り、一九四〇年まで勤めて停年を迎えている。切迫する情勢のなか、翌一九四一年五月、アメリカのイェール大学の招聘に応じて、危険を冒して貨物船で渡米、一九四四年にはニューヨークのコロンビア大学に移り、一九四五年四月に同地で世を去った。「基礎現象について」は、カッシーラーのこのような亡命生活の時期、イェーテボリ時代に執筆されたと推定される草稿である。草稿は、「第I章の構想――問題設定」と「基礎現象について」の二つの章からなっている。全体は、表記の省略が多用された比較的短い文章の連なりからなっているが、思考の筋道は明確に整理された形で示されている。各章の表題、また、各節の表題には、一部、編者クロイスによる整理、付加ないし補填の手が加えられているが、これは草稿における書き込み、記載を考慮した上でなされたものである。

ゲーテの〈原現象(Urphänomen)〉は、この草稿以前にも『象徴形式の哲学』などにおいて、カッシーラーによってたびたび用いられていた概念であるが、立ち入った考察はされないままであった。草稿

「基礎現象について」では、〈原現象〉が〈基礎現象（Basisphänomen）〉として捉え返され、カッシーラーの思考の中心に据えられて論じられてゆく。クロイスは、カッシーラーが〈基礎〉という概念を問題とするにあたっては、カルナップの『世界の論理的構築（*Der logische Aufbau der Welt*）』（一九二八年）がきっかけとなったことを指摘しているが、カルナップの脈絡における〈基礎〉の概念は、〈知覚〉と〈表情／表現（Ausdruck）〉を論じた草稿の前半「第I章の構想――問題設定」の章に登場している（本書一六六頁）。草稿の後半、「基礎現象について」の章においては、ゲーテの『箴言と省察』の三つの箴言に基づいて〈基礎現象〉／〈原現象〉の哲学的含意が解きほぐされ、さらにそれが心理学、形而上学、認識論との関係において検討されてゆく。それらの考察には、「いかにして、ゲーテが原現象に認める確実性の、《直接性》のあの形式が維持され得るのか――そして、にもかかわらず、すべてを《思考》の法官席の前に引き出して、吟味し、認証しようとする《思考》の不可侵の権利が保持され得るのか」（本書一八八頁）という問い、ゲーテ的立場と哲学的批判／批判的思考との和解への問いが編み合わされている点が、注意されるべきであろう。

「象徴形式の形而上学」と草稿「基礎現象について」の間には、約一二年の時が流れているが、主題の連続性は保たれている。「象徴形式の形而上学」において軸をなす概念であった〈生〉は、草稿「基礎現象について」では、後半部「基礎現象について」の章の冒頭で〈基礎現象〉／〈原現象〉の三つの層が考察される際にふたたび登場している。「象徴形式の形而上学」に示された形而上学への関心は、後半部「基礎現象について」の章における形而上学の類型論に継承されている。草稿「基礎現象について」は、『象徴形式の哲学』以降の思考の進展がゲーテの〈原現象〉の思想を核にして結晶したものであり、カッシーラーが晩年に到達した地点を示すものである。本遺稿集のなかで最も注目すべき草稿といえよう。

Ⅲ「象徴形式　第Ⅳ巻」（東一八四a）は、「象徴形式の形而上学」と同時期、一九二八年頃に書かれたと推定される草稿群である。この草稿群は、カッシーラー自身によって、「象徴形式　第Ⅳ巻」と題されて束ねられていたものである。草稿にはカッシーラーによる一貫した頁付けはなされておらず、編者クロイスは、全体の構成を推測して、「Ⅰ　序論」、「Ⅱ　『精神』と『生』」、「Ⅲ　最終－章」の順に草稿を配列し直している。各章、節の表題は、「序論」、「最終－章」という表題以外は、各草稿に見られる記載を考慮した上で、編者クロイスが付加ないし整理したものである。草稿「基礎現象について」と比べて素描的な性格が濃い。

「象徴形式　第Ⅳ巻」の内容は、「象徴形式の形而上学」と密接に関連するものである。例えば、「Ⅱ『精神』と『生』」の章におけるクラーゲスやジンメルについての考察、「Ⅲ　最終－章」におけるユクスキュルやシュペングラーへの言及などがそれである。他方で、クロイスの指摘するように、「Ⅰ　序論」におけるゲーテの〈全体〉概念、また解釈学への着目に込められた問題関心は草稿「基礎現象について」に継承されてゆくものであり、「Ⅲ　最終－章」には草稿「基礎現象について」で展開される形而上学の類型論の萌芽も見られる。「象徴形式　第Ⅳ巻」は、後の「基礎現象について」を先取りする性格もあわせ持つ草稿である。「Ⅰ　序論」では〈再現／表現（Repräsentation）〉の問題について、「Ⅱ『精神』と『生』」ではハイデガーの『存在と時間』について、それぞれまとまった考察がなされている点が注目される。

なお、この草稿「象徴形式　第Ⅳ巻」とも関係する『象徴形式の哲学』の第四巻の構想についてであるが、カッシーラーの妻トーニは、回想録『エルンスト・カッシーラーとともに』のなかで次のように書いている。

「オランダとベルギーが蹂躙され、フランスが征服され、スウェーデンだけが免れていました。〔略〕西欧諸国の隷属というぞっとするような想念に加えて、ドイツ人の亡命者、政治的にあるいは宗教的に迫害された者たちが皆、新たにヒトラーの暴力の手に帰したのだ、という思いが私たちに湧いてきました。この状況のなかでエルンストは突然、新たな仕事に取りかかることを決意したのです。彼は午前中、私と散歩しながら仕事の話をし、この新たな仕事は結局のところ『象徴形式』の第四巻を意味していると語りました」(Toni Cassirer, *Mein Leben mit Ernst Cassirer*, Hamburg 2003, S. 273)。

一九四〇年六月、イェーテボリからの一時的な疎開先であったアリングソースでのことである。カッシーラーは、この会話の時点に先立つ一九三九年の冬学期から一九四〇年の夏学期にかけて「文化哲学の諸問題（Probleme der Kulturphilosophie）」と「文化哲学のための哲学的演習（Philosophische Übungen zur Kulturphilosophie）」というテーマで授業を行なっているが、カッシーラーの遺稿にはそれらの準備草稿を収めた束一一九がある。これらの準備草稿は、カッシーラーによって「表情機能　文化哲学　講義、等の準備稿」と名づけられて束ねられたものであるが、クロイスは、そのなかに『象徴形式の哲学』第四巻への参照を指示する四つの注記を見出している。これらの注記には草稿「象徴形式　第

Ⅳ巻」の箇所を指すもののほか、草稿「象徴形式の形而上学」の箇所、さらには草稿「基礎現象について」の箇所を指すものが含まれている。「象徴形式　第Ⅳ巻」のみならず、それとあわせて「象徴形式の形而上学」や執筆過程にあった草稿「基礎現象について」が、『象徴形式の哲学』第四巻の構想に含まれるものとして考えられていたことになる。これらの注記と先のトーニの証言から、クロイスは、カッシーラーが一九三九年から一九四〇年にかけて『象徴形式の哲学』第四巻に取りかかっていたと推測している。

この企ては実現されず、本書に収められた三つの草稿が残されたわけであるが、『象徴形式の哲学』第四巻はどのようになるはずのものであったのか。残された草稿によって全体を再構成することは困難である。三つの草稿は、内容を互いに交差させながら、完成されるはずであった『象徴形式の哲学』第四巻をそれぞれの仕方で指し示しているというべきであろう。三つの草稿は一つに束ねられていたものであるが、それらを包んでいたと考えられる紙には、トーニの筆跡で「象徴形式Ⅳ　準備稿（Symbolische Formen IV Vorarbeiten）」と記されている。

Ⅳ「象徴概念——象徴的なものの形而上学」（束一〇七）は、一九二一年から一九二七年にかけて断続的に書き継がれたと推測される草稿である。束一〇七には、『象徴形式の哲学』第三巻のための準備草稿も収められており、このことから、「象徴概念——象徴的なものの形而上学」は、先に引用した『象徴形式の哲学』第三巻の「はしがき」で言及されていた「最終章」との関連で書かれたものと考えられる。内容的に束一八四の草稿群と密接に関連するために、遺稿集第一巻に付録として収められたものである。「象徴概念——象徴的なものの形而上学」は、六つの部分からなるが、各部分の表題は、草稿における記載を考慮して、編者クロイスが整理ないし付加したものである。短いながらも、他の三つの草稿には登場しない論点を含む草稿である。〈原現象〉の概念が散見される点も注目される。

カッシーラーは、一九四一年に渡米する際、万一の事態を考えて、それまでに書いた草稿の多くをスウェーデンに残していった。これらの草稿は、カッシーラーの死後一九四六年に、トーニがイェーテボリを訪れた際にアメリカに持ち帰った。それらを含めカッシーラーの遺稿一式は、一九六一年にトーニが亡くなった後、数年してイェール大学に移されることとなった。一八四a、一八四b、一〇七など、各遺稿の束の番号は、一九六五年に遺稿の調査が行なわれた際に付けられたものである。

*

カッシーラーは、一九三三年以後は言うに及ばず、戦後においても、彼の母国であるドイツにおいて長らく忘却ないし閑却され続けてきたが、近年、再評価の動きが高まっている。カッシーラー没後五〇年の前年に当たる一九九四年には、ワイマールで大規模なシンポジウム「エルンスト・カッシーラー——二十世紀における文化批判」が行なわれ、翌一九九五年にはエルンスト・カッシーラー遺稿集の刊行が、一九九八年からは全二六巻のハンブルク版カッシーラー全集の刊行が開始された。エルンスト・カッシーラー遺稿集は、一九七〇年代からのアメリカでのカッシーラー遺稿研究がドイツとの共同作業に発展したものであり、カッシーラーについての新たな角度からのまとまった研究書も、このような動きと相前後して、英語圏、ドイツ語圏を中心に刊行されつつある。また、一九九五年からは、エルンスト・カッシーラー遺稿集と並行する形でカッシーラー研究叢書（Cassirer-Forschungen）の刊行が始まり、二〇〇九年時点で一三巻を数えるに至っている。研究叢書の第一巻『エルンスト・カッシーラーによる文化批判（*Kulturkritik nach Ernst Cassirer*）』は、一九九四年のワイマルでのシンポジウムの成果をまとめたものであり、彼の文化理論と歴史哲学、政治哲学、科学論、ルネサンス論やゲーテ論の意義を問うものとなっている。他方、我国においては、『認識問題』、『実体概念と関数概念』、『自由と形式――ドイツ精神史研究』、『カントの生涯と学説』、『象徴形式の哲学』、『個と宇宙――ルネサンス精神史』、『啓蒙主義の哲学』、『人間』、『国家の神話』などの主要作品、ゲーテ論を含むさまざまな論文、また一部の遺稿など、カッシーラーの仕事が、一貫して邦訳・紹介されており、カッシーラーへの多様な角度からの関心が持続してきたことが注意されなければならない。

このような広がりを見せているカッシーラー研究であるが、カッシーラーの多岐にわたる仕事を、遺稿の全体を視野に収めた上で捉えなおし、二十世紀思想のなかに位置づけ、その現代的意義を問う営みはまだ緒についたばかりである。一九二九年にダヴォスで行なわれたハイデガーとの討論も、その意味を改めて問いなおすことが求められているといえよう。

〈形式〉は、カッシーラーの重視した概念であるが、本遺稿集におけるカッシーラーの文章は、それに呼応するかのように、形式が明確で、意味の明澄な文の集積となっている。だが、一つには扱われている事柄の困難さのゆえに、一つには次々に溢れ出る発想の豊かさのゆえに、カッシーラーの遺稿は、安易な図式化を許さない多義的な内容を持つものとなっている。そこからは、萌芽的に提示されているものも含め、狭義の哲学的問題のほか、倫理学、美学、宗教哲学、文化哲学、科学論、精神史、技術論、人間と自然の関係、人間の営みにおける哲学の位置、グローバル化のなかでの文化のあり方、などに関しての数多くの示唆を取り出すことができるであろう。本訳書が、カッシーラー再評価の一助となることを願うものである。

＊

最後に、凡例に漏れたことどもを記しておきたい。

まず、本書の中心概念である〈象徴（Symbol）〉についてであるが、この語を象徴とするかシンボルとするかについては、岩波文庫『シンボル形式の哲学』の訳者、木田元氏の迷われたところである。本書では、象徴として訳出することとした。〈形象（Bild）〉、〈事象内実（Sachgehalt）〉、〈原現象（Urphänomen）〉などの概念とのつながり——あくまでも漢字の脈絡の上でのことではあるが——を保つためであり、また、本遺稿では論じられていないものの、象徴をめぐるカッシーラー以前の近代の古典的な諸思想との関係を立ち切らないためにである。なお、本書に登場する主要な概念については、逐一ではないが、適当と思われる箇所においてその原語を示した。主要概念の訳語の統一は、可能な範囲で行なっているが、機械的な統一を意味するものではない。

カッシーラーの遺稿には、その欄外にカッシーラー自身が記した若干の補記がある。また、少数ではあるが、文章の一部が抹消されている場合がある。これらについては、煩瑣となるため、本書では注記していない。これらの箇所、また遺稿の校訂の詳細については、直接、本書の底本を見られたい。なお、底本においては、本文の章節の表題と目次の表題の間に一部齟齬が見られるが、本書ではこれを改めた。

訳注は、本文の内容理解の上で必要最小限のものにとどめた。訳注の作成にあたってはクロイスによる「編集者注」を参照した。クロイスの注は、カッシーラーが言及している文献とその箇所の究明を中心に据えた詳細なものである。また、翻訳にあたっては、英訳、E. Cassirer, *The Philosophy of Symbolic*

Forms Volume 4: The Metaphysics of Symbolic Forms, including the Text of Cassirer's Manuscript on Basis Phenomena, edited by John Michael Krois and Donald Phillip Verene, translated by John Michael Krois (New Haven and London, 1996) を部分的に参照した。

本文中の引用に関しては、先学の数多くの翻訳を参照させていただいた。ここに感謝申し上げる。

次に、この翻訳の成立の経緯と過程について記しておきたい。

エルンスト・カッシーラー遺稿集第一巻の翻訳のきっかけは、二〇〇一年に発足したカッシーラー（遺稿集）研究会にある。訳者両名も所属する同研究会では、二〇〇四年にかけて遺稿集第一巻『象徴形式の形而上学』のⅠ「象徴形式の形而上学」の「第Ⅰ章　『精神』と『生』」を共同で読み進めていった。その際に、研究会の会員である喜屋武盛也と高山裕が提示した訳文に、会員全員で検討を加え、試訳の作成を進めていった。本訳書の「第Ⅰ章　『精神』と『生』」は、研究会での討議を経たこの試訳に森が検討を加え、笠原が一次稿を作成、森による修正点の指摘を踏まえて、笠原がその後、二次稿、三次稿を作成し、最終稿を作成したものである。Ⅰ「象徴形式の形而上学」の「第Ⅱ章　哲学的人間学の根本問題としての象徴の問題」は、高山、喜屋武が部分的に試訳をし、森が一次稿を作成、笠原が二次稿、三次稿を作成した。Ⅱ「基礎現象について」は、森が一次稿を作成、それに基づいて笠原が二次稿、三次稿を作成した。Ⅲ「象徴形式　第Ⅳ巻」は、「Ⅰ　序論」を研究会の会員である喜多村得也、「Ⅲ　最終-章」を同じく会員の長島隆が試訳を作成し、それを踏まえて森が一次稿を作成した。笠原は、「Ⅱ『精神』と『生』」の一次稿、Ⅲ「象徴形式　第Ⅳ巻」全体の二次稿、三次稿を作成した。Ⅳ「付録　象徴概念——象徴的なものの形而上学」は、研究会の会員である古川英明の訳に基づいて森が一次稿を作成、笠原が二次稿、三次稿を作成した。これらの間、森は各訳稿に検討を加えた。最終稿の作成と全体の統一は笠原が行ない、森はこれを確認した。

末尾となってしまったが、本書が出版されるにあたっては、法政大学文学部哲学科の牧野英二教授にご尽力をいただいた。また、安孫子信教授、奥田和夫教授には、翻訳の最終段階でいくつかの貴重なご教示をいただいた。この場を借りて、厚く御礼申し上げたい。また、校正担当の中村孝子氏、限られた期限にもかかわらず滞りがちな作業を終始忍耐強くお見守りいただいた法政大学出版局の平川俊彦氏、出版にあたってさまざまにお世話をいただいた法政大学出版局の秋田公士氏には、この場を借りて心よりの御礼の言葉を申し上げたい。

二〇一〇年七月

笠原賢介

人名索引

ア 行

アイネシデモス Ainesidemos　159
アヴェロエス Averroës　343
アドラー Adler, Max　197, 442
アナクサゴラス Anaxagoras　8, 432
アリストテレス Aristoteles　65, 178, 222, 281, 284, 307-309, 311, 446
アリストファネス Aristophanes　183
アルキメデス Archimedes　67, 258, 290, 440

ヴァールブルク Warburg, Aby　431, 436
ヴァイル Weyl, Hermann　431
ヴァッハ Wach, Joachim　313, 444
ヴィーコ Vico, Giambattista　142
ヴィニョリ Vignoli, Tito　94-95, 436, 438
ウーゼナー Usener, Hermann　365, 367, 445
ヴェルナー Werner, Heinz　436
ヴォルフラム Wolfram von Eschenbach　188, 441
ヴント Wundt, Wilhelm　54, 434

エックハルト Eckhart, Meister　40
エピクロス Epikur　40, 305
エンペドクレス Empedokles　304

オットー Otto, Rudolf　442
オルテガ Ortega y Gasset, José　195

カ 行

カイザーリング Keyserling, Hermann　433
カエサル Caesar, Julius　239
カッシーラー Cassirer, Ernst　367, 432-434, 441-442, 444
カッシング Cushing, Frank Hamilton　400, 446
カルス Carus, Carl Gustav　374-375, 446
カルデロン・デ・ラ・バルカ Calderón de la Barca, Pedro　440
カルナップ Carnap, Rudolf　168, 172, 440
カント Kant, Immanuel　4, 27-28, 46-49, 62, 71, 75-76, 78-79, 111-112, 187-188, 199, 213, 217, 221, 240-242, 272, 277, 291-293, 300-302, 311, 317, 343, 350, 376, 388, 403, 416, 421, 433-435, 442, 444-447
カンパネッラ Campanella, Tommaso　226

キュルペ Külpe, Oswald　208, 442
キルケゴール Kierkegaard, Sören　337-338, 341, 343-344

クザーヌス Cusanus, Nicolaus　43, 309, 321-322
クセノフォン Xenophon　284
クラーク Clark, Samuel　445

クラーゲス Klages, Ludwig　31, 33-36, 39-40, 43, 81, 145, 170, 315-318, 320-324, 326-329, 371, 374, 379-380, 408, 431-432, 445-446
クライスト Kleist, Heinrich von　426, 445
クリサート Kriszat, Georg　434
クリバンスキー Klibansky, Raymond　442
クローチェ Croce, Benedetto　111
グンドルフ Gundolf, Friedrich　239

ゲーテ Goethe, Johann Wolfgang von　22-23, 103, 108, 111, 144, 152, 174-175, 177, 179-181, 188, 190, 193-194, 198, 211, 218, 220, 237, 286-287, 313-314, 345, 378, 395, 403, 432-435, 439-441, 443-447
ケーニッヒ König, Josef　302, 347, 444
ケーラー Köhler, Wolfgang　94, 439
ゲーリンクス Geulincx, Arnold　392

コーヘン Cohen, Hermann　213, 428
コーン Cohn, Jonas　172, 207, 440, 442
コナート Konnerth, Hermann　436, 446
コペルニクス Copernicus, Nicolaus　111, 240, 395
コント Comte, Auguste　50

サ　行

ジェームズ James, William　209, 271-273
シェーラー Scheler, Max　50, 53, 170, 239, 373, 375, 390, 433, 435
シェリング Schelling, Friedrich Wilhelm Joseph　122-123, 227, 423, 443
シュパン Spann, Othmar　390, 446
シュプランガー Spranger, Eduard　371
シュペングラー Spengler, Oswald　143-149, 312, 383-385, 438
シュリック Schlick, Moritz　372, 376, 446
シュレーゲル Schlegel, Friedrich　39
シュレーター Schroeter, Manfred　437
シュレーディンガー Schrödinger, Erwin　172, 440
ショーペンハウアー Schopenhauer, Arthur　36, 169, 196, 228, 272, 440
シラー Schiller, Friedrich　62-63, 341, 346, 434-435, 441, 445
ジンメル Simmel, Georg　10-13, 15-19, 24, 178, 222, 287, 329-330, 333-334, 336, 343, 373-374, 431

スピノザ Spinoza, Baruch de　222, 305-306, 336, 345, 382, 391, 425, 432, 439, 444-446
スペンサー Spencer, Herbert　50, 373

ソクラテス Sokrates　182-184, 186, 282-287, 289, 294, 320, 441, 443

タ　行

ダーウィン Darwin, Charles Robert　52-53, 363, 373, 434

ディドロ Diderot, Denis　180, 441
ディルタイ Dilthey, Wilhelm　10, 164, 196, 202, 204, 235-239, 241-242, 373
テーテンス Tetens, Johann Nicolaus　210, 428, 442
デカルト Descartes, René　159, 187-188, 192-193, 205-206, 252-259, 261, 263-267, 271-272, 277, 291-292, 442
デ・フォルダー de Volder, Burcher　442
デ・フロート de Groot, Jan Jakob Maria

401, 446
デューイ Dewey, John　274
デュエム Duhem, Pierre　313, 444

ナ　行

ナトルプ Natorp, Paul　77-80, 173, 193, 202, 213-215, 217, 373, 428, 434-435, 442

ニーチェ Nietzsche, Friedrich　10, 36-37, 273, 373
ニュートン Newton, Isaac　144, 314

ネルソン Nelson, Leonard　162, 440

ノヴァーリス Novalis　237
ノワレ Noiré, Ludwig　201, 442

ハ　行

バークリ Berkeley, George　425, 447
ハーマン Hamann, Johann Georg　123, 439
ハイゼ Heyse, Hans　302, 350, 355, 444
ハイデガー Heidegger, Martin　200, 276, 337-348, 445
ハイネ Heine, Heinrich　441
バイロン Byron, Lord George Gordon　31, 323, 432
パスカル Pascal, Blaise　346
バッハオーフェン Bachofen, Johann Jakob　34, 121-122, 320, 432, 437
ハルトマン Hartmann, Nikolai　305, 392
パルメニデス Parmenides　222, 226, 444

ヒューム Hume, David　162-164, 206, 249, 301, 378, 443
ビューラー Bühler, Karl　178, 209, 215-218, 244, 259, 281, 434, 441
ピュタゴラス Pythagoras　307
ヒルデブラント Hildebrand, Adolf von　403, 408, 446

ファーブル Fabre, Jean Henri　105
フィードラー Fiedler, Konrad　111-116, 378, 402-403, 408, 420, 436-437, 439, 446
フィヒテ Fichte, Johann Gottlieb　39, 138-139, 176-177, 197, 228, 277-279, 328, 390, 423, 437
フォルケルト Volkelt, Hans　90, 358, 360, 435-438
フッサール Husserl, Edmund　191, 202, 210, 212, 215, 252, 255-259, 261, 266-268, 271-272, 276-277, 373, 428
フライヤー Freyer, Hans　287
プラトン Platon　20, 27, 140, 150, 179-180, 186, 226, 260, 262, 274, 284, 289-292, 294, 307-311, 345, 428, 432, 439-441, 443-444
フリース Fries, Jakob Friedrich　162, 440
フリートレンダー Friedländer, Paul　446
フリッシュアイゼン－ケーラー Frischeisen-Köhler, Max　421, 447
プリンツホルン Prinzhorn, Hans　321, 323-324, 445
ブルーノ Bruno, Giordano　226, 395
ブルン Brun, Rudolf　437
ブレイエ Bréhier, Emile　344, 445
プレスナー Plessner, Helmuth　60, 361, 371-372, 375, 391, 433, 435, 446
プロイス Preuß, Konrad Theodor　401, 446

フロイト Freud, Sigmund　228
プロタゴラス Protagoras　275, 289
フンボルト Humboldt, Karl Wilhelm von　20, 362, 404

ペイトン Paton, Herbert James　442
ヘーゲル Hegel, Georg Wilhelm Friedrich　118, 142, 204, 222, 230, 232-234, 243-244, 299, 325, 342-343, 387, 423
ベーコン Bacon, Francis　35
ベーテ Bethe, Albrecht　129, 437, 439
ヘーニヒスヴァルト Hönigswald, Richard　160, 204, 440
ヘーバーリン Haeberlin, Carl　372, 376, 446
ヘーバーリン Haeberlin, Paul　372, 376, 446
ベーメ Böhme, Jakob　227
ヘラクレイトス Herakleitos　83, 147, 222, 226, 236, 290, 432
ベルクソン Bergson, Henri　10, 39, 64-66, 68, 72, 80-82, 170, 193, 227, 252, 254, 257-259, 261-263, 265, 267, 337, 339, 347-348, 372-373, 376, 378, 422, 426, 434-435
ヘルダー Herder, Johann Gottfried　97, 120, 343, 436, 439, 445
ヘルダーリン Hölderlin, Friedrich　237
ヘルムホルツ Helmholtz, Hermann von　312

ボイムラー Baeumler, Alfred　437
ボイル Boyle, Robert　429, 447
ホッブス Hobbes, Thomas　206
ホメロス Homer　125
ボル Boll, Franz　282, 443

マ　行

マイアー Maier, Heinrich　284, 443
マウトナー Mauthner, Fritz　372, 425, 446
マッハ Mach, Ernst　206, 300
マルクス Marx, Karl　275
マンハルト Mannhardt, Johann Wilhelm　96, 439

ミュンスターベルク Münsterberg, Hugo　207-209, 442

メーリケ Mörike, Eduard　433, 443
メッサー Messer, August　209, 442

ヤ　行

ヤコービ Jacobi, Friedrich Heinrich　163-164, 170, 423
ヤッハマン Jachmann, Günther　446

ユウェナーリス Juvenalis, Decimus Junius　443
ユークリッド Eukleides　29-30
ユクスキュル Uexküll, Jakob von　57-58, 60-61, 70, 86-89, 359, 362-363, 370, 375, 394-395, 433-435, 437

ラ　行

ラードル Rádl, Emanuel　129, 437, 439
ライプニッツ Leibniz, Gottfried Wilhelm　171, 194, 222, 292, 301, 306, 424-425, 427-428, 440, 442, 445
ラッセル Russell, Bertrand　272, 437
ランゲ Lange, Carl Georg　209

リード Reid, Thomas　161, 170
リーバーマン Liebermann, Max　109,

439
リーベルト Liebert, Arthur　427, 447
リッケルト Rickert, Heinrich　344, 373, 421, 431, 447
リット Litt, Theodor　375, 386, 390, 392, 438
リップス Lipps, Theodor　210-212, 219, 442

ルター Luther, Martin　341
ルムホルツ Lumholtz, Karl Sofus　436

レアンダー Leander, Folke　274, 443
レヴィ－ブリュル Lévy-Bruhl, Lucien　93, 367, 395, 401, 436, 446
レーゼ Leese, Kurt　227, 443
レオナルド・ダ・ヴィンチ Leonardo da Vinci　111
レッシング Lessing, Gotthold Ephraim　237

ロッシウス Lossius, Johann Christian　428, 447
ロッツエ Lotze, Rudolf Hermann　428

《叢書・ウニベルシタス 941》
象徴形式の形而上学
エルンスト・カッシーラー遺稿集　第一巻

2010 年 8 月 1 日　初版第 1 刷発行

エルンスト・カッシーラー
笠原賢介／森 淑仁 訳
発行所　財団法人　法政大学出版局
〒102-0073 東京都千代田区九段北3-2-7
電話03(5214)5540 振替00160-6-95814
組版・印刷：平文社　製本：誠製本

Printed in Japan

ISBN 978-4-588-00941-9

著　者

エルンスト・カッシーラー（Ernst Cassirer）

ドイツの哲学者．1874年に生まれる．ベルリン大学で文学と哲学を学ぶ．マールブルク大学でコーヘンやパウル・ナトルプに学び，新カント派のマールブルク学派の中心的存在のひとりとなる．ベルリン大学の私講師（Privatdozent）を経て，1919年に新設されたハンブルク大学の教授を亡命する1933年まで勤めた．この間，主著『象徴形式の哲学』（1923-1929年）によって，言語，神話，科学など人間の精神的活動を包括する独自の文化哲学の体系を打ち立てた．ナチス政権成立とともにイギリスに移り，オックスフォード大学講師（～1935年）となる．のちスウェーデンのイェーテボリ大学教授（～1940年）となるが，ナチス勢力の拡大にともないアメリカ合衆国へ移る．イェール大学（～1943年）で教えたのちニューヨークのコロンビア大学に移った．1945年，ニューヨークで没．

訳　者

笠原賢介（かさはら　けんすけ）

東京大学大学院人文科学研究科修士課程修了（倫理学専攻，比較文学・比較文化専攻）．

現在，法政大学文学部哲学科教授．

Th. W. アドルノ『本来性という隠語――ドイツ的なイデオロギーについて』（訳書，未來社，1992年），『ノイズとダイアローグの共同体――市民社会の現場から』（共著，筑波大学出版会，2008年）ほか．

森　淑仁（もり　よしひと）

早稲田大学大学院文学研究科博士課程単位取得退学（ドイツ文学専攻）．

現在，東北大学名誉教授，日本ゲーテ協会会長．

„Goethe und die mathematische Physik. Zur Tragweite der Cassirerschen Kulturphilosophie“（In: *Cassirer Forschungen* 1, Hamburg: Felix Meiner, 1995），『カッシーラー　ゲーテ論集』（編訳書，知泉書館，2006年）ほか．